本书受佛山市高等教育高层次人才科研启动经费补贴资助出版

谨以本书庆祝华南师范大学成立九十周年

谨以本书庆祝华南师范大学国际商学院成立十周年

| 光明社科文库 |

# 中国特色的制度设计与创新

## 广东经验

杨干生◎著

光明日报出版社

**图书在版编目（CIP）数据**

中国特色的制度设计与创新：广东经验 / 杨干生著
. -- 北京：光明日报出版社，2023.6
ISBN 978 - 7 - 5194 - 7300 - 6

Ⅰ. ①中… Ⅱ. ①杨… Ⅲ. ①地方政府—政治制度—
研究—广东 Ⅳ. ①D676.5

中国国家版本馆 CIP 数据核字（2023）第 105285 号

**中国特色的制度设计与创新：广东经验**
ZHONGGUO TESE DE ZHIDU SHEJI YU CHUANGXIN：GUANGDONG JINGYAN

著　者：杨干生

责任编辑：郭思齐　　　　　　　责任校对：史　宁　龚彩虹
封面设计：中联华文　　　　　　责任印制：曹　净

出版发行：光明日报出版社

地　　址：北京市西城区永安路 106 号，100050

电　　话：010 - 63169890（咨询），010 - 63131930（邮购）

传　　真：010 - 63131930

网　　址：http://book.gmw.cn

E - mail：gmrbcbs@gmw.cn

法律顾问：北京市兰台律师事务所龚柳方律师

印　　刷：三河市华东印刷有限公司

装　　订：三河市华东印刷有限公司

本书如有破损、缺页、装订错误，请与本社联系调换，电话：010 - 63131930

开　　本：170mm×240mm

字　　数：251 千字　　　　　　印　　张：13.5

版　　次：2024 年 1 月第 1 版　　印　　次：2024 年 1 月第 1 次印刷

书　　号：ISBN 978 - 7 - 5194 - 7300 - 6

定　　价：89.00 元

# 前　言

我国改革开放四十余年，经历的正是一场有中国特色的轰轰烈烈的制度创新，即从计划经济转变为以市场经济为发展模式的、具有中国特色的社会主义制度。它使政府的基本职能和角色定位发生了根本性变革，迥异于人类历史曾经发生的任何一场制度变革，堪称一场中国特色的制度设计与创新。从实践来看，它体现了中国特色的制度优势，代表了世界发展的新方向。立足于我国改革开放的最前沿——广东省，本书研究的一系列命题，从制度软环境建设到经济发展与产业引导，涉及的正是中国特色制度创新中最基本、最重大、最关键的问题。

下面概述本书论及的六个问题的理论水平、社会影响和应用价值。

1. 制度软环境建设的难点——行政审批事项的评估与精简

不断扩张权力被认为是行政机关的"天性"，如果没有评估机制来约束，各个部门自行设定权力是不可避免的；即使有了法律规范，如果没有严格的评估机制来保障，或者监督不到位，重复设定许可也难以避免。因此，应该建立科学的评估机制，对拟设立和已经设立的审批事项进行科学、有效、必要和经常的评估，使那些不必要、不合理的管理制度及时得到废止。

我国经历了一场行政审批制度改革的攻坚之战。2011 年 11 月 14 日，全国深入推进行政审批制度改革工作电视电话会议提出：通过深化行政审批制度改革，清理、取消和调整行政审批事项，把政府不该管的交给企业、社会和市场。2012 年 2 月 27 日，广东省社会工作会议中指出：按照市场经济体制的要求改革行政体制，清晰界定政府的职能边界，把不该由政府负责的事项都转移出去，把各级各部门的主要资源和精力从事前审批转为事后监管。在随后提出的省政府 2012 年行政审批制度改革事项第一批目录中，明确取消行政审批事项 179 项、转移事项 55 项、委托事项 5 项。佛山市也正紧锣密鼓地进行行政体制改革试点工作，近期提出了以"精简职能，理顺事权；优化管理，提高效能；加快转移，协同治理"的工作目标，并以"清理市级各部门职能，优化行政审批流程和模式，改革企业注册登记制度，培育发展和规范管理社会组织，建立健全政府购买服务制度，推进行政体制综合改革试点，配套推进其他各项改革"作为改革重点。在这一大背景下，加强对行政审批制度改革决策的科学性和民主性，运用新的理念和方法构建科学有效的行政审批事项动态指标体系和评估方案，显得尤为迫切和必要。

2. 同城化改革与公共服务效率提升

《珠江三角洲地区改革发展规划纲要》提出实现广佛一体化以携领珠三角城市群协调发展，珠三角一体化发展的突破口是广佛同城化。然而，目前学术界对于广佛同城化可能引发的一系列效果尚缺乏深入研究，当政府已经着手规划并付诸实施广佛同城化时，迫切需要广泛深入的理论研究来指导广佛同城化的实践。

十八大提出要深入推进政企分开、政资分开、政事分开、政社分开，建设职能科学、结构优化、廉洁高效、人民满意的服务型政府，这就要求政府在市场经济背景下，选择适当的政府服务提供方式，既要提高服务效率，又要保证让人民满意。比较由政府内部提供（简称内供）、从外部市场购买（简称外购）这两种服务提供方式，从中选择一种成本最低、效率最高、质量最好、人民最满意的提供方式。由于政府作为服务提供主体在效率上存在天然的制度瓶颈，因此应该优先考虑政府服务外购的提供方式。要建立廉洁高效、人民满意的服务型政府，就要求将以内供为主的政府服务提供方式转化为更多地采取外购的方式，从而避免政府内供的弊端并获得更大的市场效率。实际上，在提高交易效率驱动下的同城化，其重要效果之一就是提高交易效率，降低政府服务外购成本，提高政府服务外购的可能性。

3. 山区发展的历史瓶颈——广东集体山林产权制度改革

广东是"七山一水二分田"的林业大省。全省林业用地面积1101.6万公顷，有林地面积927.4万公顷，林木蓄积量3.81亿立方米，森林覆盖率（按新标准计算）为55.9%，林木年总生长量为1742万立方米。但是，森林资源丰富的广东山区，主要是粤北、粤东地区，同时也是经济比较落后、农民相对贫穷的地区。森林资源的丰富与经济的相对落后，形成了强烈的对比，如何在这些地区充分利用森林资源，以林产业为依托，带动经济尽快发展，是亟待研究和解决的问题。市场是配置资源最有效的方式，对广东山区来说，应该以市场为配置资源的基础方式，以林业为主导推动经济快速、持续发展。市场机制的先决条件是产权明晰，而我国林产权是产权最不明晰的领域之一。清晰地界定林产权，是利用市场机制发展广东山区林业经济的关键。

4. 佛山陶瓷产业转移的效益分析与可持续发展探讨

佛山市是当今全球最大的建筑卫生陶瓷生产基地之一，改革开放四十余年来，已发展为产业体系完备、产业基础雄厚、就业容纳量大、影响辐射面广、极具地方特色优势的支柱产业。21世纪以来，珠三角地区劳动力、土地和原材料的廉价优势逐渐丧失，加之国际金融危机和全球贸易滑坡迫使企业通过降低成本来提升竞争力，迫使珠三角地区进行产业结构调整并实施"腾笼换鸟"计划，而"高污染、高消耗和低效率"的"两高一低"型企业是首选。在这场产业转移与升级的大规模变革中，必须清楚地认识其社会与经济效益，并厘清其可持续发展的重大意义。

5. 经济发展中的环境资源市场优化配置

环境作为一种典型的公共品，难以作为商品进入市场进行配置，造成其市场供给短缺和消费过度。本研究创新性地应用行为经济学的原理和方法，对环境的消费和投资行为进行了较为详尽的分析。首先提出了"环境消费"的概念，然后分两种情况（经济主体是否追求福利最大化）对经济主体在环境消费和投资中的行为进行分析。其次，对环境投资行为进行了分析。最后，对环境保护的机制做了基于行为经济学的分析。研究我国尤其是经济发达地区如何创新性地改善并有效利用环境提供了有益的探索。

6. 粤港澳优质生活圈生态休闲发展模式研究

继2008年"十二五"规划后，粤港澳共建绿色优质生活圈已逐渐达成共识，继上海自贸区成立以来，粤港澳自贸区也成为人们热议的话题。粤港澳优质生活圈的建设，势必带来大量的休闲需求，但粤港澳区域内的生态休闲资源却相对贫乏，因此极有必要对粤港澳优质生活圈生态休闲发展模式进行研究，以便有效地推动优质生活圈的建设。

# 目　录
## CONTENTS

# 第一章

## 制度软环境建设的难点

——行政审批事项的评估与精简①

## 一、引言

不断扩张权力被认为是行政机关的"天性"，如果没有评估机制来约束，各个部门自行设定权力是不可避免的；即使有了法律规范，如果没有严格的评估机制来保障，或者监督不到位，重复设定许可也难以避免。因此，应该建立科学的评估机制，对拟设立和已经设立的审批事项进行科学、有效、必要和经常的评估，使那些不必要、不合理的管理制度及时得到废止。

我国的行政审批制度改革进入攻坚阶段。2011 年 11 月 14 日，全国深入推进行政审批制度改革工作电视电话会议提出：通过深化行政审批制度改革，清理、取消和调整行政审批事项，把政府不该管的交给企业、社会和市场。2012 年 2 月 27 日，广东省社会工作会议中指出：按照市场经济体制的要求改革行政体制，清晰界定政府的职能边界，把不该由政府负责的事项都转移出去，把各级各部门的主要资源和精力从事前审批转为事后监管。在随后提出的省政府 2012 年行政审批制度改革事项第一批目录中，明确取消行政审批事项 179 项、转移事项 55 项、委托事项 5 项。佛山市也正紧锣密鼓地进行行政体制改革试点工作，近期提出了"精简职能，理顺事权；优化管理，提高效能；加快转移，协同治理"的工作目标，并以"清理市级各部门职能，优化行政审批流程和模式，改革企业注册登记制度，培育发展和规范管理社会组织，建立健全政府购买服务制度，推进行政体制综合改革试点，配套推进其他各项改革"作为改革重点。在这一大背景下，加强对行政审批制度改革决策的科学性和民主性，运用新的理念和方法构建科学有效的行政审批事项动态指标体系和评估方案，显

---

① 本章系"佛山市行政审批事项动态评估方案和指标体系"项目研究成果。

得尤为迫切和必要。

鉴于此，本研究广泛借鉴国外行政审批制度改革的经验，回顾和总结我国行政审批制度改革的历史、成绩与问题，充分理解当前有关行政审批制度改革的中央精神与广东省最新动向，结合佛山市的实际情况确定佛山市行政审批制度改革的目标，比较研究国内外同类指标体系，在以上基础上提出了佛山市行政审批事项动态评估的指标体系的设计思想与基本架构，建立了开放性的指标体系，并提出以成本效益分析为基础的指标估值原理，以系统动力学、条件估值法、灰色系统关联分析、多阶段分层抽样技术为基础的指标体系应用方案。本研究提出的指标体系及其应用方案，具有不同于其他评估方案的特点和优势，主要体现在：以系统动力学分析事项的系统因果关系，并从中发现事项可能影响的评估指标，避免了片面主观地采用指标评估带来的问题；以条件估值法评估行政审批事项中大量的非市场价值，避免了权重分配和主观打分带来的问题；以灰色系统关联度分析指标与影响因素的关系，并根据影响因素进行多阶段分层抽样来保证抽样推断的可信度。

为检验评估指标体系与应用方案的适用性和合理性，在2012年5月至6月，选取优先评估的三个事项进行试评估。试评估的三个事项为：广告招牌设计方案审核、执业医师注册许可、非营利社会福利机构托养服务收费审批。调研的具体对象是事项相关的政府部门、企事业单位、相关公众。为保证评估调研的科学性和代表性，在具体调研的过程中，按调研指标的影响因素（如年龄、受教育程度、收入水平等）对总体进行多阶段分层抽样，以保证每个影响因素的各层（如年龄分为青年、中年、老年）都有代表性样本。

课题组遵循严格规范的科学步骤，综合运用上述方法，在社会调查的基础上，对所选取的三个审批事项进行了系统的试评估分析，在此基础上得出包括政府审批成本、企业（或个人、机构）审批成本、总效益和净效益等在内的试评估结论，并根据试评估结论对每一审批事项提出相关的试评估建议。试评估实践表明：佛山市行政审批事项动态评估指标体系和应用方案具有很好的适用性和合理性，能够用于评估实践并得出想要的结果。

## （一）构建佛山市行政审批事项动态评估指标体系的背景

1. 行政审批事项动态评估指标体系的构建是积极适应政府职能转变的现实要求

为了积极理顺政府与企业、政府与社会、政府与市场的关系，完善社会主义市场经济体制，我国政府历来非常重视通过各种途径和手段促进政府职能的转变。温家宝同志在 2011 年 11 月 14 日电视电话会议中指出：通过深化行政审批制度改革，清理、取消和调整行政审批事项，把政府不该管的交给企业、社会和市场，逐步理顺政府与市场、政府与社会的关系，市场配置资源的基础性作用进一步增强，权力过分集中的现象有所改变，社会主义市场经济体制不断完善。温家宝同志的讲话，实际上反映出我国在进一步推进行政审批制度改革的进程中，把加快转变政府职能作为政府改革的重要目标之一。广东省目前正处于产业转型升级、新旧发展模式交替的"十字路口"。要顺利实现产业和企业转型升级，首先政府的服务要转型升级。广东省在这方面的积极探索也获得中央的肯定和支持，并获得了先行先试的权利。作为处于改革开放前沿阵地的广东省和处在珠三角腹地的佛山市，市场发育程度较高，经济社会发展也正全面进入转型期，深化行政审批制度改革、进一步转变政府职能的要求十分紧迫。正如广东省前省委书记汪洋在 2012 年 2 月 28 日的讲话中指出的那样，要加快建设与社会管理创新要求相适应的"小政府""强政府"，确保政府机构设置简约、运行机制完善、经济调节有力、市场监管有方、社会管理有序、公共服务全面。清晰界定政府的职能边界，把不该由政府负责的事项都转移出去，真正转到社会、转到市场上去，把该由政府负责的工作切实做好，建设"小政府"。而广东省原省长朱小丹在 2012 年 2 月 15 日的讲话中指出加快转变政府职能、深化行政审批制度改革工作，当务之急，要切实清理、压减行政审批事项，加大放权力度。特别要在"减少"上下功夫。要加大力度向社会放权，加大力度向下级政府放权。当年上半年争取出台向社会组织放权的指导性意见，明确向社会组织转移的职能目录。可取消的下决心取消，可下放的下决心下放，可转移的下决心转移。然而，对于如何取消、如何下放、如何转移，从行政审批制度改革的角度来看，涉及怎样科学、有序、有效地清理、取消和调整行政审批事项，从而清晰地界定政府的职能。这是加快政府职能转变的首要环节和现实需要。因此，秉承先进的理念，借鉴先进的经验，运用先进的技术和方法，构建科学的行政审批事项动态评估指标体系，科学、有序、有效地清理、取消和调整现有行政审批事项成为深化行政审批制度改革、积极适应政府职能转变的现实要求。

2. 行政审批事项动态评估指标体系的构建是稳妥推进行政管理体制改革的迫切需要

为了实现经济发展方式的转变，推动经济社会的可持续发展，加快行政管理体制改革，既是我国全面深化改革的关键，也是当前各级政府面临的一项重大而紧迫的课题。正如温家宝同志在 2011 年 11 月 14 日电视电话会议中指出的那样，包括行政审批制度在内的行政管理体制改革还滞后于经济社会发展，不适应发展社会主义市场经济的要求。原国务委员兼国务院秘书长、国家行政学院原院长马凯在由中国行政体制改革研究会主办的第二届中国行政改革论坛上也指出，围绕转变经济发展方式这条主线，加快推进行政管理体制改革，是摆在我国各级政府面前的一项重要任务。他还进一步提出了各级政府要深入研究进一步完善政府绩效管理，建立科学合理的政府绩效评估指标体系和评估机制，形成符合科学发展要求的政府绩效评价体系，完善行政问责制度的要求。汪洋在 2012 年 2 月 28 日的讲话中明确指出，要坚定不移地推进行政体制改革，下大力气真改实改，切实抓出成效；按照市场经济体制的要求改革行政体制，把政府从纷繁复杂的微观社会事务中解脱出来，真正建立有利于生产力发展、社会和谐稳定和增进民生福祉的行政体制。朱小丹在 2012 年 2 月 15 日的讲话中则更一针见血地指出：当前正处于加快转型升级、建设幸福广东的关键时期，也处于深化改革开放、加快转变经济发展方式的攻坚时期，行政管理体制改革已进入调整政府自身权力配置的"深水区"，改革最大的阻力来自既得利益格局，没有革自己的命的决心和勇气，就突破不了与科学发展、与市场经济不相适应的政府部门权力利益格局，行政审批制度改革就难以深入。而通过构建行政审批事项动态评估指标体系，建立健全行政审批事项动态监测机制，形成科学、规范的行政审批事项目录体系，有利于在行政审批制度改革的进程中，形成科学有序的决策咨询机制、民主高效的行政审批机制和合理有力的后续监管机制，是当前深化行政审批制度改革、稳妥推进行政管理体制改革的迫切需要。

3. 行政审批事项动态评估指标体系的构建是深化行政审批制度改革的关键环节

我国各部门和各级政府认真贯彻落实中央的部署和要求，加快转变政府职能，全面推进依法行政，加强政府管理创新，大力加强廉政建设，不断深化行政审批制度改革，取得明显成效，有力促进了政府职能转变，进一步增强了市场配置资源的基础性作用；有力促进了依法行政，进一步规范了政府行为；有力促进了政府管理创新，提高了行政效能；有力促进了反腐倡廉建设，进一步完善了政府系统预防和治理腐败的体制机制。自 2001 年 9 月启动改革以来，国务院分六批共取消和调整了 2497 项行政审批项目，占原有总数的 69.3%。从全国各地的行政审批制度改革进展情况和实际效果看，改革虽然取得了成效，但问题并未得到根本解决，审批项目依然过多，有些已经精简的审批项目又死灰复燃，审批环节和程序仍然复杂，收费并未明显减少。鉴于此，温家宝同志在 2012 年 8 月 22 日的会议上指出，今后一个时期，要坚定不移地深化行政审批制度改革，首先要按照应减必减、该放就放的原则，进一步取消和调整行政审批项目。凡公民、法人或者其他组织能够自主决定的，市场竞争机制能够有效调节的，行业组织或者中介机构能够自律管理的，政府都要退出。凡可以采用事后监管和间接管理方式的，一律不设前置审批。以部门规章、文件等形式违反行政许可法规定设定的行政许可，要限期改正。2012 年以来，广东全面启动新一轮行政审批制度改革。通过广泛调研，充分听取企业、社会组织、省直有关单位和地方政府的意见，形成《广东省人民政府 2012 年行政审批制度改革事项目录》，并经省政府常务会议审议通过。7 月 17 日，《广东省人民政府 2012 年行政审批制度改革事项目录（第一批）》正式公布实施，对 354 项行政审批做出调整，分别取消 179 项、转移 55 项、下放实施 115 项、委托管理 5 项行政审批事项。9 月 10 日，《广东省人民政府 2012 年行政审批制度改革事项目录（第二批）》公布实施，再次对 29 项由地方性法规设定的行政审批事项做出调整，将进一步推动广东行政审批制度改革向纵深迈进。

2003 年以来，佛山市在市委、市政府的正确领导下，在市、区审改办和各审批单位的共同努力下，不断深化行政审批制度改革，全面清理审批事项，规范建设服务载体，率先实施简政放权，努力开展电子监察，大力推进流程改革，探索整合审批职能，积极推行网上审批，推进全市审批服务标准化、规范化、便捷化，在清理审批事项、促进政务公开、构建服务体系、促进阳光审批、实行简政放权、促进重心下移、推进流程改革、促进服务优化、推行网上审批、促进管理创新、加强制度建设、促进规范管理等方面取得了良好的成效。2010 年 3 月底，佛山市组织市、区两级审批部门对照《广东省人民政府第四轮行政审批事项调整目录》（省政府令第 142 号），开展第四轮行政审批事项清理工作，印发了《佛山市第四轮行政审批（管理）事项调整目录》（佛府〔2010〕100 号），对审批实施主体随着大部制改革发生改变的予以调整，对设置不合理的事项予以取消，对下放下级实施更利于管理的改变管理方式。经过清理，市级行政审批事项共保留 391 项，取消 38 项，转为日常管理 25 项，改变管理方式 233 项，受上级委托代为管理 16 项；市级涉及基层组织、企事业单位和群众办事的日常管理事项共保留 165 项，取消 9 项，改变管理方式 75 项，受上级委托代为受理 113 项。第五轮行政审批事项清理工作正在进行之中。从历次行政审批事项清理工作过程来看，佛山市审改部门逐步形成了动态管理的经验和做法，但行政审批事项的清理和调整多凭行政部门或是审改部门的主观判断，有争议的行政审批事项的清理和调整还需要行政部门与审改部门之间长期反复的互动博弈来实现，总体看来，缺乏客观、科学的改革依据。因此，构建科学有效的行政审批事项动态评估指标体系，加强行政审批事项清理和调整的科学性、客观性和规范性，成为深化行政审批制度改革的关键环节。

总之，作为加快政府职能转变、推动行政管理体制改革的重要环节，行政审批制度改革不是一个阶段性的工作，而是一个长期的、动态的过程。而目前对审批制度的改革基本上是运用阶段性工作的方式来推动和进行的。"动员——设计——操作（实施）——总结"的模式给改革的当事各方一种临时性、阶段性的印象，因而改革的思路也比较短期，导致改革要一轮又一轮地进行。因此，行政审批制度改革需要遵循长期、动态和监控的整体思维，需要采用课题合作和项目外包的方式，继续坚持引入高校公共管理力量，参与行政审批制度改革的科学决策，做到扎实调研、科学论证和民主决策，采用更为先进的理念、方法和技术，构建科学有效的行政审批事项动态评估指标体系，来强化对行政审批事项的动态评估与监控。

4. 行政审批事项动态评估指标体系的构建是加大简政放权改革力度的重要前提

简政放权改革是我国各级政府在对外应对国际金融危机的冲击，对内应对经济发展处于下行压力的背景下，进一步深化行政审批制度改革，激发经济社会发展活力，积极扩大内需，增加政府投资，带动社会投资，促进体制改革和制度创新，规范行政权力运行，充分发挥市场机制的作用，进一步激发和释放企业、社会发展的活力的一项重要举措。简政放权改革往往以事权下放改革的方式实现政府向下分权、管理重心下沉、行政服务前移，促进体制机制创新，激活基层社会活力。

2003年以来，佛山市在广东省率先实行简政放权，各市直部门和中央、省属单位分批共向五区委托或下放行政管理事权322项，另将116项行政管理事项随职能划交（或委托）禅城区行使。几年来，市级部门不断理顺下放事权的运行，加强日常检查和备案管理，防止各区违规操作和越权审批，初步形成了发展在基层、管理在基层、责任在基层的行政管理运行机制。各区根据镇街经济社会的发展需要，也不同程度地积极向镇街、园区下放审批权或前移审批服务，其中，禅城区下放58项；南海区下放329项；高明区下放212项。根据审批流程改革要求，市交通局等10多个部门进一步向各区委托或下放53项事权，对103项未放权到位的，将服务窗口前移到各区，并明确市、区权责。截至2009年10月，佛山市共有356个事项涉及放权或服务前移。近期，按照省委、省政府和市委、市政府的统一部署，市政府进一步向顺德区下放了一批行政管理事权，赋予顺德区地级市管理权限；南海、顺德两个区分别在狮山镇和容桂镇实施简政强镇试点工作，赋予这两个镇县级管理权限。这项改革已经取得一定的成绩，但存在很多亟待解决的问题，总体来说，主要是事权放权不到位的现象仍然存在，前移审批服务效率难以再提高，事权下放后无法实现实时监管，各区向镇街放权缺乏统一规范和指导。具体体现为：一是事权放权不明确导致范围不明和事权回收；二是事权下放不规范导致二次委托现象；三是事权下放不彻底导致下放权截留现象；四是事权下放的监督检查不到位导致后续监管失控的现象。

广东省2012年行政审批制度改革事项第二批目录的发布，表明我省转变政府职能，深化行政审批制度改革向纵深推进，向市场和社会简政放权的力度将进一步加大。佛山市作为广东省行政审批制度改革的重要试点城市，必将进一步加大向市场和社会简政放权的力度，这就需要解决上述事权下放改革过程存在的一系列问题。构建科学有效的行政审批事项动态评估指标体系，结合佛山经济社会发展的现实，通过科学、客观的评估方法、技术和手段，确立哪些事项应该取消、哪些事项应该下放、哪些事项应该转移，则是进一步加大简政放权改革力度的重要前提。

**（二）构建佛山市行政审批事项动态评估指标体系的意义**

在我国不断完善市场经济制度的大背景下，行政审批作为最重要的一种政府规制手段，其作用主要体现在市场失灵的领域，由于诸如垄断、不公平竞争、信息不对称、外部性和公共物品等问题的存在，政府以行政审批的形式，对可能出现的市场扭曲加以矫正，尽可能使市场公平、有效地运行。但即使是在市场失灵的领域，行政审批的设立也并非一定合理。由于行政机关不断扩张权力的"天性"，他们会在法律允许的范围内尽力通过设立行政审批事项或其他方式来扩张权限，如果没有严格的对审批事项的评估机制来保障，或者监督不到位，就难以避免这种情况的发生。在不断扩张权力的"天性"驱使下，行政机关会以各种显性或隐性的方式扩大行政审批的权力，使行政审批制度改革的成果遭到侵蚀。因此，需要建立有效、常规的评估机制，对部门拟设立的、已经设立的审批事项的科学性、有效性、必要性进行经常性的评估，使那些不必要、不合理的审批事项及时得到废止。

随着全国包括广东省新一轮行政审批改革的推行，迫切需要由专门的第三方评估机构对行政审批实施动态进行客观评估，以准确地把握审批的进程，调整审批的目标与手段。可以由了解当地行政审批实际情况、从事行政审批研究的当地高校，牵头成立专门的第三方行政审批事项评估机构。专门的第三方评估机构的主要任务是进行与审批相关的数据、信息和个案的收集和处理，定期举行座谈会、访谈会等讨论对审批的评估，不定期地进行民意调查，了解公民对政府审批的评价等。在这些基础上，专门评估机构要发布研究报告，给审批的决策者提供建议，让公民了解政府审批的措施并积极推动审批的进程。这样既为政府审批的决策提供支持，又能关注审批的进展，动态地把握审批进程、效果，还能进一步提高政府审批决策的科学化、民主化，并与佛山市行政审批改革的实践相适应。

为了提高审批的效益，各国政府普遍采用成本效益分析机制，对审批的合理性、必要性进行经济评估，并要求审批的设定必须能够为社会带来净效益。比如美国里根政府，在 1981 年通过行政命令的形式规定，需要设立行政审批的行政部门，必须首先对其提出的审批项目进行成本收益分析，上报总统批准的行政审批必须能够产生净收益。奥巴马政府上台后，更是紧锣密鼓地进行规制改革（regulation reform），于 2011 年 1 月 18 日发布《改进规制及规制评估的行政令》（Improving Regulation and Regulatory Review—Executive Order），要求在此项命令发布之日的 120 天内，各部门必须向信息及监管办公室呈送初步计划。各部门将定期审查现存监管事项，以确定哪些需要修改、合理化、扩展化以及废止，从而使监管项目更加有效或简捷（more effective or less burdensome）。英国、欧盟国家也规定，行政审批在批准实施前必须经过经济评估。

### （三）构建佛山市行政审批事项动态评估指标体系的原则与目标

美国的规制改革和评估做得非常系统和完善。1993 年 9 月 30 日，美国白宫颁布的第 12866 号总统行政命令，指出任何规制项目必须遵行以下原则：一是提出或采纳一项规制项目必须要有充分的理由，即其效益必须要超过成本（需要认识到某些项目的效益和成本难以量化）；二是改善项目本身，使其产生最少的社会负担，可以达到一致的规制结果，同时充分衡量其可行性及累积成本；三是选择可以最大化净效益的规制方案（包括：潜在的经济效益、环境效益、公共卫生和安全等其他优势；分配的影响；公平）；四是以结果为导向；五是识别并评价可供选择的方案，包括采取经济激励来获得想要的结果，收取用户费用或提供计价许可，或提供供公众自行选择的信息。这些原则具有很大的参考价值，如果加以改造，就可以成为我们制定行政审批事项评估体系的原则。

我国的行政审批制度，与美国的政府规制具有很大的相似性，美国规制项目的原则值得我们借鉴。因此，佛山市行政审批事项动态评估的原则可以概括为以下几个方面：

（1）能够准确测量设立行政审批事项的净效益（效益减成本）。

一个行政审批事项设立的前提，必须是其净效益为正，这也是判别一个行政审批事项是否应该被保留的基本标准。由于设立行政审批事项的效益和成本有时是难以测量的，因此评估时可能会给出货币价值，也可能会给出量化而非货币价值，还可能是定性的，当然能够量化的要尽量量化。在测量审批事项设立前后的效益或成本变化时（成本可以理解为效益的减少），可使用机会成本的概念。只要受审批事项影响的产品或服务能在市场进行交易，则支付意愿就能准确测量出该审批事项的效益或成本。在市场交易难以监测或市场根本不存在时，应该采用适当的方法模拟市场交易发生时的支付意愿或受偿意愿，以"审批前与审批后的比较"作为判断审批事项是否必要的一个主要依据。条件估值法在非交易效益或成本估计中得到了广泛应用，但其有效性和可靠性极大地依赖于假设参数和被估值产品的复杂性。

（2）不仅要有助于减少不必要审批事项的数量，优化现有审批事项，还要有助于探索关于行政审批的制度创新。

行政审批的范围、行政审批程序、行政审批原则的内容等，都属于行政审批新机制的重要构成内容。目前，我们可以通过市场机制来调节某些审批事项，如实行招投标制度、拍卖等；实行备案制。比如，凡不属于国有资产或财政投入的，以及企业在自有资金、自主范围内的技改项目等，到有关部门备案即可；对一些技术性较强的审批事项，组织有关专家，进行专家咨询、联合审批；也可以由行业协会等市场中介组织进行协调、监督、公证等。此外，对一部分确需保留的行政审批，要强化公众参与的机制，增加公众参与的广度和深度，以提高审批的透明度。同时，还应切实建立与行政审批相应的责任制，对于由于不当审批给相对人造成侵害的，行政机关及有关人员要承担行政责任和赔偿责任，以遏制行政审批权的滥用。

（3）要以"多元共治"为行政理念，充分利用包括现代信息技术在内的各种手段，尽量增加审批事项各相关利益主体的参与程度与互动性。

行政审批的一大特点就是以行政机构为核心管理主体，通过管制或许可来管理社会，其实质与性质就在于治理主体的单中心化，是一种行政性治理模式。在这种模式中，政府机构是进行公共事务管理的单中心，并试图依赖其行政资源、强制力量与权威触及生活的方方面面。多元共治理念下的行政审批事项评估体系，则建基于西方新兴的网络化治理理论，强调国家权力向社会的回归，它指的是政府与民间、公共部门与私人部门之间的合作与互动。建立多元共治理念下的行政事项评估体系，就是要打破既有的行政审批主要由各行政部门自身及各级行政服务中心为主的政府组织垄断的局面，逐步引入人大、政协代表、政风行风评议员、第三方专家咨询机构、企业、社会公众、相关行业中介组织等主体参与对行政审批事项的评估。这就需要我们思考如何变革现有的"单中心"行政审批的政策框架，建构"多中心"、多角色互动与合作的行政审批事项动态评估机制。

（4）要运用系统反馈控制理论，通过系统因果关系寻求审批事项能影响的评估指标。

任何事物都处于普遍联系的因果系统之中，审批事项也是如此。评估不能割断这种普遍联系，而进入片面主观的误区。应用系统动态学理论和工具，能帮助我们透过事物的表象，观察到审批事项的内在因果关系，对审批事项进行全面系统的动态评估。由于动态评估要求有丰富可靠的时间序列数据，而目前评估还处于启动阶段，因此要长期积累评估的历史数据，在历史数据足够充分的时候，建立系统动态方程，进行系统模拟仿真，对审批事项的未来影响进行预测，对审批事项的设立进行长期规划。

综上所述，可以将佛山市行政审批事项动态评估的目标概括为：通过考察佛山市各级政府部门现有各类行政审批事项，全面收集和客观反映各利益相关者对佛山行政审批事项的看法、意见和建议。在此基础上，借鉴先进国家和国情相近国家行政审批事项评估的成功经验，结合中国国情和佛山市行政审批的实际情况，建立佛山行政审批事项的系统动态评估方案和指标体系。其目的不仅在于及时取消过时的审批事项、减少不必要审批事项的数量、优化现有审批事项、通过对审批事项净效益的系统动态监控和预测、对审批事项进行长期合理规划，还在于着重探索关于行政审批的制度创新。应用评估体系，对佛山市各级政府部门现有各类行政审批事项进行试验性抽样评估，提出评估报告，供佛山市行政审批改革参考，以推动行政审批制度改革进程。

## 二、构建佛山市行政审批事项动态评估指标体系的理论基础

### （一）成本效益分析

行政审批事项动态评估指标估值的基本原理是成本收益分析（BCA）和成本效率分析（CEA），我们把这两种方法统称为成本效益分析。

成本收益分析：收益和成本都用货币单位表示。通过评估审批事项的收益

和成本增量，可以评估审批事项的净效益。

成本效率分析：收益或成本不能以货币单位表示，应该尝试用其物理单位来衡量。如果不能用物理单位来衡量，应该对收益和成本进行定性分析。

成本收益分析的一个显著特点是收益和成本都用货币单位表示。通过评估审批事项的收益和成本增量，可以评估审批事项的净效益。当收益或成本不能以货币单位表示时，应该尝试用其物理单位来衡量。如果不能用物理单位来衡量，应该对收益和成本进行定性分析。在这种情况下，要通过成本效率分析来提供对所有相关收益和成本的全面评估。

进行成本效益分析时，必须准确界定评估范围。分析重点是与审批事项有关的收益和成本，因此分析时应该尽量使其他环境变量保持不变，只就审批事项设立前后的差别进行评估。分析的时间范围应该涵盖所有因审批事项导致的重要的收益和成本。

评估时需要设立收益和成本的比较基准，即将如果不设立审批事项，能得到的最佳结果，与这一基准进行比较，得出设立审批事项后引起的效益和成本变化。选择一个适当的评估基准，需要考虑市场的变化、引起预期收益和成本的外部因素的变化、政策及其执行情况的改变等一系列重要因素，以剔除非审批事项因素对评估结果的影响。

评估的结果要有助于对审批事项改革提供建议。评估时要观察影响评估结果的各种因素、分析调查对象的反馈信息、提供保留还是取消审批事项，以及关于该审批事项改革的其他建议。

需要分析审批事项系统因果关系，寻找审批事项可能影响的收益和成本指标，以及审批事项是如何影响收益和成本指标的。为便于评估审批事项的净效益，应该尽可能得到审批事项的收益和成本的货币化价值。评估时应分析收益和成本的类型，以及产生这些收益和成本的时间。对确实不能货币化的收益和成本，应尽可能能量化，并注意产生这些收益的时间因素；对不能量化的收益和成本，要给予适当的说明和描述。评估时要以调查所得数据为依据，通过适当的统计分析和计算得出收益和成本的数值，并在评估报告中加以说明。

### （二）货币化收益和成本的评估

对于已经通过市场货币化的收益和成本，直接统计计算即可。这里主要是研究非市场的收益和成本如何评估。通过比较，确定使用条件价值评估法（Contingent Valuation Method，CVM）来评估非市场的收益和成本。CVM 是一种利用假想市场评估物品价值的方法，是非市场价值评估的常用方法，也是研究公共产品的一种重要量化方法。这种方法在 1989 年 3 月瓦迪兹油轮泄漏事故中被两位诺贝尔经济学奖得主肯尼斯·阿罗和罗伯特·索洛引入①，并逐渐成为环境经济学和环境政策评估的一种基本方法，近年来在公共产品领域也得到了普遍的应用。尽管其可信度有很大的争议，但 CVM 是国际上非市场价值评估技术中最为重要的、应用最为广泛的一种方法，在公共产品领域的非市场价值评估方面显示出了巨大的优势和潜力②。

条件价值评估法本质上是一种模拟市场的技术方法，其核心是直接调查咨询人们对审批事项的支付意愿或受偿意愿，并以此评估审批事项的经济价值。

条件估值研究的步骤主要包括问卷设计、问卷调查和数据分析三部分：

（1）问卷设计中包括：一是对审批事项设立前的状况和环境变化的描述。二是对审批事项设立后状况的描述。这两类描述应该尽量精确，应该包含参与者需要的所有相关信息。三是帮助调查者得出支付意愿或补偿意愿的引导信息。引导技术可以分为开放式和封闭式两种类型，投标卡式是开放式问卷的变种。四是问卷需包含年龄、受教育程度和家庭人均收入等可能影响估值的因素。

（2）问卷调查是指通过邮寄、电话采访和面对面调查等多种不同的方式发放和回收问卷，收集调查对象反映的信息。

（3）数据分析是指在分析问卷有效性，补充或处理缺失值的基础上，用 SPSS 软件统计样本分布、CVM 估值的统计特征值、频率百分比，对估值和各影响因素进行灰色关联分析，以 CVM 估值的平均值作为评估指标的无偏估计。

### （三）非货币化收益和成本的评估

有效的收益和成本的量化分析优于定性分析，因为这样有助于决策者了解审批事项的净效益。但是，一些重要的收益和成本可能难以量化或货币化。对不能量化的收益和成本应该仔细地评估。一些行政机构将这些非量化和非货币化影响称为"无形"价值。

1. 难以货币化的收益和成本

评估时应当尽可能地采用货币化方法，用适当的货币单位对收益和成本进行货币化。如果不可能货币化，应当解释其原因，并提供所有可用的定量信息。

---

① ARROW K, et al. Report of the NOAA Panel on Contingent Valuation. National Oceanic and Atmospheric Administration Report [J]. Federal Register, 1993, 58 (10): 4601-4614.

② 邓崧，彭艳. 论 CVM 法在电子政务评估中的适用 [J]. 云南师范大学学报（哲学社会科学版），2008（3）：129-133.

例如，对环境审批引起的水质变化和鱼群数量变化，可以量化但不能货币化，则可以描述水质得以改善的河流长度，以及对钓鱼比赛中钓鱼量的增加等进行量化。评估时要描述引起上述变化的时间和产生上述影响的可能性。评估时还要注意避免重复计算。

2. 难以量化的收益和成本

如果评估指标难以量化，应当描述出审批引起变化的所有有关信息。如生态环境收益、生活质量改善、美感等。

由于收益和成本不总是同时发生，因此不考虑时间因素而简单地累加预期净收益或成本是不正确的。如果收益或成本在时间上不一致，在相关分析中必须加上时间因素。应当确定收益和成本发生的预计时间，并用适当的贴现率贴现。

在确定收益和成本时，要避免通货膨胀的影响。

### （四）成本效益分析的重点和难点

1. 不应当被漏算的成本

在评估时应当计算下列成本，必要时还要估计货币价值：一是企业、个人或机构的遵守成本；二是政府行政管理成本；三是消费者或生产者剩余的收益或损失；四是不适或不便成本和收益；五是时间收益或损失。

2. 注意区别转移的成本（或收益）

审批事项评估要求计算由事项引起的收益和成本增量，当收益和成本仅仅从一部分人转移到另一部分人时，不应当作为收益增量计算。在成本评估中，分清成本（或收益）增量与转移的成本（或收益）之间的差异是非常重要的，因为人们容易将转移支付的成本（或收益）作为审批事项的影响指标来计算。审批事项评估要求计算由事项引起的收益和成本增量，当收益和成本仅仅从一部分人转移到另一部分人，如某些审批事项会导致价格上涨，从而使收益从买家向卖家转移，但并未使总收益增加，不应当作为收益增量计算。

3. 不确定性的处理

当不能确定审批事项的某些收益和成本时，可以分析其发生的概率，尽早地进行不确定性分析。评估时要注意分析审批事项可能引起潜在的收益和成本的变化，以及审批事项对收益和成本的概率分布的影响。在审批事项评估中，可以结合这些概率分布去估计收益和成本。

4. 敏感性分析

如果收益或成本估计在很大程度上取决于某些假设，应该明确这些假设并进行敏感性分析，以确定哪些假设是合适的。因为不同的评估方法可能隐藏不同的假设，应该仔细分析，以明确任何隐藏的假设并分析这些假设对评估结果的影响。

# 三、佛山市行政审批事项动态评估指标体系设计

由于行政审批事项评估在国内没有先例，在国际上只有美国的规制评估可以借鉴，因此确定其评估指标体系与评估方案，是一件开创性的研究工作。课题组认为，在充分借鉴国际先进经验尤其是美国规制评估的指标体系，参考国内一系列政府绩效评估研究的指标体系的基础上，根据中央精神、省内最新动向和佛山的实际情况，分析佛山市新一轮行政审批制度深度改革的目标，可以确定佛山市行政审批事项动态评估的指标体系。

## （一）国内外相关指标体系借鉴

### 1. 美国规制评估的指标体系

美国的行政审批和管制的理论与实践在"二战"后经历了曲折的探索过程。20世纪70年代，美国政府对于公民个人行为的管制、企业经济活动的管制以及政府内部事务的管制，达到了高峰。许多学者和政治家都认为，过多的管制，束缚了公民和企业的自由和企业家精神；过多的管制，往往牺牲了社会利益，保护了垄断者的利益，保护了特殊集团的利益；过多的管制，不符合法治精神；过多的管制，束缚了美国经济的活力。在放松管制理论和政策思想的影响下，自20世纪70年代末开始，美国政府开始了大规模的放松管制的改革。行政审批项目大幅度减少，行政审批程序进一步简化，在许多管制领域引入了市场机制。这一改革虽有一些消极的效应，但总的来说，其效果非常显著。20世纪90年代，美国经济持续高速增长，这有许多原因，但放松管制、改革行政审批制度，可以说是其中非常重要的因素。

1971年，尼克松总统在总统办公室设立了管理和预算办公室，负责审核白宫内阁行政机构的规章。此后，历届总统都通过行政命令的方式要求对规制政策进行规制影响评价。1974年，福特总统签署了11821号行政命令，要求任何行政机构提出重要的法律建议或公布重要的法律法规，都必须有一个经过评估的通货膨胀影响报告。1978年，卡特总统签署了12044号行政命令，要求行政机关对建议规章的经济影响和主要替代方案的经济结果做规制分析。1981年，里根总统签署了12291号行政命令。以前行政命令只是要求行政机关在公布规

章前要对重要的规章进行成本收益的分析，而该命令要求对规章进行成本收益分析时，除非潜在的社会收益超过潜在的社会成本，否则不得进行规制。规制的目标应该是使社会净收益最大化。1993 年，克林顿总统签发了 12866 行政命令，该行政命令对联邦的规制理念、方法和程序等做了改革，并要求规章应以一种让人容易理解的语言和最小社会成本的方式设计。2002 年，布什总统签发了 13258 号行政命令，对 12866 号行政命令中涉及有关副总统作用的条款进行了修改；2007 年，布什总统签署了 13422 号行政命令，对 12866 号行政命令做了进一步修改，强调了对规制机构制定规章和制定统一的规制指引的要求。

2011 年 1 月，奥巴马发布 13563 号有关改进规制及规制评估的行政令，要求规制体系必须保护公众健康、福利、安全、环境，同时促进经济发展、创新、竞争力的提升和创造就业机会。[①] 美国规制评估的指标体系，主要围绕民生设定，健康、福利、安全、环境、就业是民生的五个主要方面，这为我们的指标体系提供了重要的借鉴。而促进经济发展、创新、竞争力的提升，则反映了对促进经济发展、提高创新能力和完善市场经济制度的关注。

2. 国内主要相关指标体系

自我国开展政府绩效评估以来，国内的学者及研究机构根据具体国情，提出了一系列政府绩效指标体系。课题组在研究过程中主要借鉴和参考了国内以下类似或相近研究的指标体系。

原国家人事部"中国政府绩效评估研究"课题组制定了一套中国地方政府绩效评估指标体系，该体系共分三层，由职能指标、影响指标和潜力指标 3 个一级指标、11 个二级指标以及 33 个三级指标构成，内容涉及经济调节、市场监管、社会管理、公共服务、国有资产管理、经济、社会、人口与环境、人力资源状况、廉洁状况和行政效率等方面的具体问题。该体系适用于全面系统地评估中国地方各级政府，特别是市县级政府的绩效和业绩状况，为我国政府绩效评估的制度化、标准化奠定了基础。

浙江大学范柏乃教授结合国内外政府绩效的评价指标，在对浙江大学 200 多名 MPA 学员的问卷调查和召开多个专家会议的基础上，从行政管理、经济发展、社会稳定、教育科技、生活质量和生态环境 6 个领域遴选了 66 个指标，构成了中国地方政府绩效的理论评价体系，采用隶属度分析、相关分析和鉴别力

---

① Section 1. General Principles of Regulation. （a）Our regulatory system must protect public health, welfare, safety, and our environment while promoting economic growth, innovation, competitiveness, and job creation.

分析等多种方法对理论指标进行实证筛选，最后得出具有代表性的 37 项指标。①

北京师范大学的唐任伍教授设计了一套测度中国省级地方政府效率的指标体系，它由政府公共服务、公共物品、政府规模和居民经济福利 4 个因素及其子因素组成，共计 47 个指标。②

湘潭大学的彭国甫教授通过对地方政府公共事业管理体系的研究，提出了衡量地方政府公共事业管理的业绩指标、成本指标和内部管理指标 3 个维度的 33 项指标，构成了地方政府公共事业管理绩效评价指标体系。彭国甫教授还对平衡计分卡按公共部门的战略逻辑进行修正和改造，把平衡计分卡引入公共部门，调整为政府成本、政府业绩、政府管理内部流程及政府学习与发展 4 个指标。③

厦门大学的卓越教授认为，政府绩效评估模式主要包括类指标、评估维度、评估指标、指标要素和技术指标 5 方面内容。从结构来看，类指标是评估模式的理论前提和总体原则；维度划分与评估主体的多元结构密切联系，反映出设计者的理念和视角；评估指标可以看成维度的直接载体和外在表现；指标要素为评估的具体实施提供操作依据；技术指标是帮助评估具体实现的程序保障机制。④

兰州大学的中国地方政府绩效评价中心课题组根据兰州的具体实践情况，指出市州政府绩效评价指标体系由职能履行、依法行政、管理效率、廉政勤政和政府创新 5 个一级指标，经济运行等 14 个二级指标，40 个三级指标构成。三级指标按非公有制企业、省政府评价组和评价工作专家委员会 3 类评价主体分别设置。⑤

中山大学的倪星教授从政治合法性以及政府所应遵循的价值标准的角度出发，从投入、管理过程、产出及结果维度构建了一套完整的地方政府绩效评估指标体系，并依据对政府官员、教师、MPA 学员的问卷调查，运用相应的统计方法对指标体系进行筛选，最终得出一个较为精简的、包含 65 项指标的地方政

① 范柏乃，朱华. 我国地方政府绩效评价体系的构建和实际测度 [J]. 政治学研究，2005 (1)：84-95.
② 唐任伍，唐天伟. 2002 年中国省级地方政府效率测度 [J]. 中国行政管理，2004 (6)：64-68.
③ 彭国甫. 地方政府公共事业管理绩效评价指标体系研究 [J]. 湘潭大学学报（哲学社会科学版），2005 (3)：16-22.
④ 卓越. 政府绩效评估的模式建构 [J]. 政治学研究，2005 (2)：88-95.
⑤ 兰州大学中国地方政府绩效评价中心课题组. 兰州试验：第三方政府绩效评价新探索 [J]. 上海城市管理职业技术学院学报，2005 (3)：22-25.

府绩效评估指标体系。①

华南理工大学"广东省地方政府整体绩效评价研究"课题组，自 2007 年以来，每年都对广东省地方政府进行独立第三方评估并提供评估报告。他们提出的指标体系，分为促进经济发展、维护社会公正、保护生态环境、节约政府成本、实现公众满意五类，共计 56 个指标（以 2009 年指标为例）。

### （二）佛山市行政审批制度深度改革的目标

根据中央精神、省内最新动向和佛山的实际情况，结合国内外行政审批制度改革的经验，应该将佛山市新一轮行政审批制度深度改革的目标集中于以下几个方面：

一是强化对涉及公众健康、福利、安全、环境、就业等事项的行政审批，完善后续监管，提高民生幸福度。在涉及公众健康、福利、安全、环境、就业的行政审批领域，一方面要实行更为严格的行政审批，确保人民生命财产安全和保障百姓健康福祉；另一方面要建立健全行政审批监督制约机制，完善审批单位的内部管理，按"谁审批，谁负责"原则实行责任追究制度，减少审批的随意性和自由裁量权，强化审批责任，完善后续监管，防止和制约权力滥用，防止重特大安全事故和重大有影响的社会事件的出现。② 积极转变过去"以批代管""重审批轻服务、重审批轻监管、重权力轻责任"的管理方式，建立审批与服务、监管并重，审批与责任挂钩的新的审批管理机制，以便捷、优质、高效的人性化的服务，努力提高民生幸福度。

二是优化对涉及经济发展水平、产业结构、经济增长能力、创新能力等事项的行政审批，并强化系列服务，促进经济发展。积极优化产业结构，大力推进企业创新，不断促进经济增长，提高经济发展水平，永远是政府行政工作的核心主题之一。应运用多种手段、通过多种途径，不断优化对促进经济发展类事项的行政审批。要积极借鉴泉州、哈尔滨、无锡、上海浦东等地的做法与经验，创新行政审批方式和具体工作模式，积极推行"网上审批""并联审批""首问责任制""告知承诺制"和"一表制"审批工作模式，不断优化"绿色通

---

① 倪星. 地方政府绩效评估指标的设计与筛选 [J]. 武汉大学学报（哲学社会科学版），2007（2）：157-164.

② 2011 年出现的高明区注水牛肉事件、南海区"小月月"事件、红十字会医院弃婴事件、三水区"8·23"大火事件等，给佛山人民的生命财产、健康安全和社会观感带来极大伤害。这些事件在一定程度上暴露了佛山市相关行政部门在相关领域"重审批轻服务、重审批轻监管、重权力轻责任"的问题。

道"和"一站式"集中审批服务，简化办事流程，提高办事效率，优化服务质量，努力为各类企业提供更为便捷、优质、高效的行政服务，全力营造"亲商、爱商、富商"的营商环境，积极推动企业创新，不断促进经济发展。

三是推动相关配套改革，不断健全行政审批体系，积极完善政府制度，切实推进政府职能转变。结合佛山市行政审批改革的历史与现实，主要采用"六个结合"推进相关改革与发展：与大部制改革相结合，促进市、区、镇三级行政审批体系的优化与再造；与事权下放改革相结合，促使行政审批权的有序下放；与行政服务体系建设相结合，积极促进行政审批的标准化；与公共资源交易中心建设与发展相结合，落实政府廉政建设；与电子政府建设相结合，全面推进网上审批；与创新社会管理相结合，向社会分权，向市场还权，促进行政审批事项的科学精简，推动行政审批主体的多元参与。

四是积极利用先进技术，科学整合审批流程，大力精简审批环节，努力降低审批成本。可借鉴福建泉州市的"全程式网上审批"的经验和做法，加快政府部门应用现代信息和通信技术力度，将管理和服务通过网络技术进行集成，在互联网上实现政府组织结构和工作流程的优化重组，科学整合审批流程，大力精简审批环节，努力降低审批成本，不断提高办事效率，向社会提供优质和全方位的、规范而透明的、符合国际水准的管理和服务，实现电子政务更高层次的应用。同时加强部门间的协调配合，推进政府部门资源整合、信息共享，以各种手段和途径积极推行并联审批和联合审批，破除大部制改革和简政强镇事权改革后市、区、镇街三层政府之间以及各级政府与垂直部门之间的体制蔽障和沟通障碍，不断优化政府行政体系，降低政府行政成本。

五是与高校公共管理力量相结合，强化行政审批制度改革科学决策与动态监控。作为推动行政管理体制改革的重要环节，行政审批制度改革不是一个阶段性的工作，而是一个长期的、动态的过程。而目前对审批制度的改革基本上是运用阶段性工作的方式来推动和进行的。"动员——设计——操作（实施）——总结"的模式给改革的当事各方一种临时性、阶段性的印象，因而改革的思路也比较短期化，导致改革要一轮又一轮地进行。因此，行政审批制度改革需要遵循长期、动态和监控的整体思维，需要采用课题合作和项目外包的方式，继续坚持引入高校公共管理力量，参与行政审批制度改革的科学决策，做到扎实调研、科学论证和民主决策，采用更为先进的理念、方法和技术强化对行政审批事项的动态评估与监控。

### （三）佛山市行政审批事项动态评估指标体系的建立

1. 一级指标

根据本研究关于佛山市行政审批制度改革的路径探析，可以确定佛山市行政审批事项动态评估的一级指标为"提高民生幸福度""促进经济发展""完善政府制度""降低审批成本"四大类。它们代表了行政审批应该达到的四个目标。

"提高民生幸福度"和"促进经济发展"反映政府的外部职能，前者是政府绩效考核的最新方向，而后者目前仍然是政府最重要的职能。

"完善政府制度"和"降低审批成本"则反映政府的内部管理职能。完善政府制度能保证经济体制改革深入持久地进行，是目前最为紧迫的政府改革目标，而"降低审批成本"则是提高政府效率的重要途径。

2. 二级指标

参考美国规制评估的做法，确定本指标体系的二级指标。

提高民生幸福类包括的二级指标为健康、福利、安全、环境、就业、社保、教育，这与美国的规制评估基本一致，反映了对民生幸福的日益重视和关注。根据中央相关政策，提高民生幸福度将逐渐取代 GDP 增长率的位置，成为评估政府绩效的最重要的指标。

促进经济发展类包括的二级指标为：经济发展水平、产业结构、经济增长能力、创新能力。经济发展水平仍然是衡量政府绩效的最为重要的指标，因此审批事项的评估不可能离开这类指标。而产业结构是否优化，是衡量一个地区经济增长质量和发展是否具有可持续性的重要指标，尤其是广东省佛山市，长期以来以"三高两低"（高投入、高消耗、高污染、低水平、低效益）的产业结构为特征，一直坚决执行广东省提出的"腾龙换鸟"计划，致力于产业转移和结构调整，因此审批事项是否有利于产业结构优化必然是不容忽视的重要指标。至于经济增长能力，是指内资企业注册户数、实际利用外资金额、人均全社会固定资产投资额、全员劳动生产率、GDP 增长率等这一类反映经济增长能力的指标。我国要实现赶超的目标，必须重视经济增长能力。而创新能力代表了我国经济增长的未来持久的推动力，审批事项评估应该将创新能力作为一个必要的指标。

完善政府制度类包括的二级指标为：制度客观评价、制度主观评价、政府制度成本。制度客观评价指用政府员工素质、廉洁性，以及反映行政审批服务水平的一系列指标客观衡量政府制度的完善性；制度主观评价指用一系列满意度指标主观评价政府制度的完善性；政府制度成本指用有关财政收支、国有单位人员比重、公务员工资、公车数量等一系列数字客观反映政府制度的完善性。

降低审批成本类包括的二级指标为：政府成本、企业成本、公众成本。审批成本是影响审批事项净效益的重要因素，降低审批成本是提高事项净效益的重要手段。

3. 三级指标

参考国内政府绩效评估研究，特别是华南理工大学"广东省地方政府整体绩效评价研究"的指标体系，在每个二级指标下设若干三级指标（详见附件）。要求三级指标全面覆盖所有审批事项的影响范围，并且要有利于做出较为准确的定量评估。课题组认为，要达到以上要求，必须使本指标体系保持开放性，在评估实践中不断丰富和完善这些三级指标。

## 四、佛山市行政审批事项动态评估指标体系的应用研究

### （一）评估方法

综合运用经济学、管理学、政治学、社会学、心理学等多种学科的分析方法和手段；采用定性与定量相结合、综合研究与专题研究相结合的方法，充分利用历史数据和统计分析工具；应用文献研究、专题研讨、抽样问卷调查、个别访谈、实地考察、案例分析和专家咨询等方法，选择典型案例进行研究，确保课题的科学性并努力有所创新。应用比较分析法，对美国、英国、日本、新加坡、印度、韩国和中国香港的行政审批事项评估进行比较研究，从中得出可供我们借鉴的理论与经验。应用多阶段分层抽样技术保证样本的代表性；应用条件估值法测量效益和成本；应用系统动力学的研究方法，系统动态地研究行政审批事项的相关因素、动力机制和速度机制；应用灰色系统分析测度评估指标与影响因素之间的灰色关联度。

1. 多阶段分层抽样法

按调研指标的影响因素（如年龄、受教育程度、收入水平等）对总体进行多阶段分层抽样，以保证每个影响因素的各层（如年龄分为青年、中年、老年）都有代表性样本。

2. 系统动力学分析法

系统动力学分析法是一种以反馈控制理论为基础，以计算机仿真技术为手

段，通常用以研究复杂的社会经济系统的定量方法。自 20 世纪 50 年代美国麻省理工学院福雷斯特教授创立以来，它已成功地应用于企业、城市、地区、国家甚至世界规模的许多战略与决策等分析中，被誉为"战略与决策实验室"。系统动力学对问题的理解，是基于系统行为与内在机制间的相互紧密的依赖关系，并且透过数学模型的建立与操作的过程而获得的，逐步发掘出产生变化形态的因果关系。试评估利用系统动力学分析审批的系统因果关系，寻找相关的成本、效益指标。

3. 条件估值法

条件价值评估法（Contingent Valuation Method，CVM）是一种利用假想市场评估物品价值的方法，是非市场价值评估的常用方法，也是研究公共产品的一种重要量化方法。

条件价值评估法本质上是一种模拟市场的技术方法，其核心是直接调查咨询人们对所接受的服务功能的支付意愿或受偿意愿，并以支付意愿或受偿意愿来表达服务功能的经济价值。试评估中通过引导帮助调查对象建立"审批前和审批后"对比参照系，利用 CVM 来评估审批效益和成本中的非市场价值。

4. 灰色关联分析法

灰色关联分析方法，是根据因素之间发展趋势的相似或相异程度，亦即"灰色关联度"，作为衡量因素间关联程度的一种方法。因此，灰色关联度分析为一个系统发展变化态势提供了量化的度量，非常适合动态历程分析。试评估中利用灰色关联分析，分析 CVM 估值与各影响因素（如年龄、受教育程度、收入水平等）的关联程度。

**（二）评估步骤**

（1）用系统动力学软件 VENSIM PLE 画出事件的系统因果图，找出事件可能影响的指标。

（2）根据指标的性质，确定每个指标的具体调查方案和调查对象。对需要抽样调查的指标，根据影响指标的因素进行多阶分层抽样，选择适当样本调查。

（3）对民生幸福类、审批成本类指标中的非市场交易指标，设计条件估值问卷以进行货币化，分析影响估值的因素，并根据这些因素对利益相关者进行多阶分层抽样，确定 CVM 问卷的具体填写对象。

（4）在行政服务中心配合下制订调研日程计划并实施。

（5）分析调研数据的可靠性和代表性，调查每一审批事项的年审批数量，计算单位时间（年）内每个指标受审批事项影响的均值和标准差。

（6）撰写试评估报告，分析审批事项的评估结果，并提出对策和建议。

（7）分析评估方案和指标体系的适用性和合理性，发现缺陷并适当调整完善。

### （三）未来应用建议

第一，对佛山市所有行政审批事项进行初步梳理。梳理时可采用专家CVM估值法。

（1）用系统动力学分析找出每个审批事项可能影响的指标。

（2）收集可以直接获取的指标数据。

（3）召集相关专家对所有非市场价值类指标用CVM法进行估值。

（4）计算净效益，并对佛山市所有行政审批事项进行排序。

（5）采用末位淘汰法，初步确定应该取消或改革的审批事项，拟定改革方案。

第二，将以上初步拟定的改革方案，报请相关领导、部门，广泛征询意见。

第三，对有争议的审批事项，采用利益相关者CVM估值法，即本研究中应用案例所应用的方法。

第四，根据对有争议事项的评估结果和广泛收集的相关意见，形成最终改革方案并予以推行。

第五，定期采用上述方法进行周期性评估，形成历史数据，并预测每个审批事项的长期效益，对所有审批事项进行长期规划。

## 五、佛山市行政审批事项动态评估指标体系的应用案例

### （一）试评估基本情况

为检验评估方案与指标体系的适用性和合理性，在2012年6月至7月，选取优先评估的三个事项进行试评估。[①] 试评估的三个事项为：广告招牌设计方案

---

① 课题组调研人员有：

佛山市人民政府行政服务中心：陈光卿、卢海英、郑莹、陈嘉敏。

华南师范大学南海校区：杨干生、杨俊凯、张惠、郝新东、喻少如、张军，另外还有学生调查员数名。

审核、执业医师注册许可、非营利社会福利机构托养服务收费审批。

1. 样本数量及大致分布

具体见表1-1。

表1-1 问卷数量统计

| 事项 | | 发出问卷数 | 收回有效问卷数 | 问卷大致分布情况 |
|---|---|---|---|---|
| 1 | 企业 | 27 | 23 | 5 区 |
| | 公众 | 199 | 198 | 3 区 |
| 2 | 医师 | 177 | 150 | 市一院、市二院、市中医院、市妇幼院 |
| | 公众 | 175 | 166 | 3 区 |
| 3 | 福利机构 | 15 | 10 | 4 区 |
| | 公众 | 176 | 172 | 3 区 |

事项1：广告招牌设计方案审核。

事项2：执业医师注册许可。

事项3：非营利社会福利机构托养服务收费审批。

2. 试评估结果概述

三个审批事项的评估结果见表1-2。

表1-2 评估结果

| 事项 | 平均每年审批事件数 | 政府审批成本（元） | 企业、个人、机构审批成本（元） | 总效益（万元） | 净效益（万元） |
|---|---|---|---|---|---|
| 广告招牌设计方案审核 | 401 | 457855 | 4646820 | 22330.08 | 21819.62 |
| 执业医师注册许可 | 5637 | 28090 | 9184308 | 323206.76 | 322285.52 |
| 非营利社会福利机构托养服务收费审批 | 2 | 294 | 5700 | 258.06 | 257.46 |

三个审批事项的单次审批评估结果见表1-3。

**表 1-3 单次审批评估结果**

| 事项 | 平均每年审批次数 | 政府单次审批成本（元/次） | 企业、个人、机构单次审批成本（元/次） | 单次总效益（万元/次） | 单次净效益（万元/次） |
|---|---|---|---|---|---|
| 广告招牌设计方案审核 | 401 | 1142 | 11588 | 55.69 | 5.44 |
| 执业医师注册许可 | 5637 | 5 | 1629 | 57.34 | 57.17 |
| 非营利社会福利机构托养服务收费审批 | 2 | 147 | 2850 | 129.03 | 128.50 |

3. 试评估总结

（1）试评估实践结果

佛山市行政审批事项动态评估方案和指标体系具有很好的适用性和合理性，能够用于评估实践并得出想要的结果。同时，也反映出方案和指标体系中一些不成熟的地方，如对审批事项影响范围的准确界定、开放性指标体系的完善机制等，有待进一步完善。

（2）本评估方案的特点和优势

以系统动力学分析事项的系统因果关系，并从中发现事项可能影响的评估指标，避免了片面主观地采用指标评估带来的问题。

以条件估值法评估行政审批事项中大量的非市场价值，避免了权重分配和主观打分带来的问题。

以灰色系统关联度分析指标与影响因素的关系，并根据影响因素进行多阶段分层抽样来保证抽样推断的可信度。

**（二）案例 1：广告招牌设计方案审核**

1. 系统动力学分析

用系统动力学软件 VENSIM PLE 画出事件的系统因果图（如图 1-1 所示），找出事件可能影响的指标（见表 1-4）。

表1-4 广告招牌设计方案审核指标及调查方法

| | 一级指标 | 二级指标 | 三级指标 | 适用评估方法 | 调查对象 |
|---|---|---|---|---|---|
| 1 | 审批成本 | 政府审批成本 | 人力资源成本 | 从政府获得 | 市城乡规划局 |
| 2 | 审批成本 | 政府审批成本 | 固定资产成本 | 从政府获得 | 市城乡规划局 |
| 3 | 审批成本 | 政府审批成本 | 行政管理成本 | 从政府获得 | 市城乡规划局 |
| 4 | 审批成本 | 企业审批成本 | 给企业造成的不适或不便 | CVM | 抽样企业 |
| 5 | 审批成本 | 企业审批成本 | 给企业造成的时间损失 | CVM | 抽样企业 |
| 6 | 民生幸福 | 环境 | 环境和市容市貌满意度 | CVM | 抽样公众 |
| 7 | 民生幸福 | 环境 | 建设用地 | 较小，忽略 | |
| 8 | 民生幸福 | 安全 | 安全事故死亡率 | CVM | 抽样公众 |

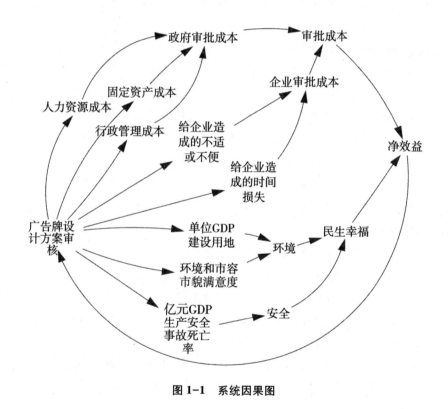

图1-1 系统因果图

## 2. 问卷调查与相关分析

在对企业和公众进行问卷调查的基础上，通过 CVM 估值分析、灰色关联分析和成本-效益分析，结合采集到的相关统计数据，计算出该项行政审批事项的净收益（详细调查描述、统计分析和计算过程见总报告完整版）。

3. 结论

（1）从净效益来看，该事项净效益为正，表明有设立的必要。这一点从企业调查结果也得到了反映。提供有效问卷的 23 家被访企业，全部认为有设立这一审批事项的必要，并阐述了各自的理由。比如，有一家企业认为：广告牌设计方案审核事项设立有一定的必要，因为审批可以在一定程度上规范广告内容和形式，避免城市广告发布的无序状态，有利于改善城市形象，提升城市品位。但也有企业认为审批使他们把很多的精力花在如何通过广告牌设计方案审核上，而不是广告创意设计本身。

（2）从平均每年审批事件数来看，只有 401 件，对于佛山这样一个工业大市来说，这个数字偏小，小于每年增加的户外广告数。这个事项主要是为了规范户外广告牌，而户外广告牌仅占广告总数的一部分，但即使考虑到这一点，这个数字还是偏小。究其原因，可能是部分户外广告利用各种手段绕过了本审批，具体原因待查。

（3）从政府审批成本来看，平均每次审批的政府成本为 1142 元，这个数字偏高，是三个事项中政府单次审批成本最高的。原因在于审批手续较烦琐，需要较多人力。

（4）从企业审批成本来看，平均每次审批的企业成本为 11588 元，这个数字很高，也是三个事项中最高的。CVM 估值得出估值 1（给企业造成的不适或不便）和估值 2（给企业造成的时间损失），均值分别为 10608.70 和 5526.09，反映了企业的审批成本很高。这在企业调查问卷中也得到了反映。多数企业呼吁政府精简审批手续，明确审批标准，降低审批门槛，透明审批信息，不能由某个领导说了算。

（5）从总效益来看，总效益达到 22330.08 万元，单次总效益达到 55.69 万元，属于较高的水平。通过公众调查的 CVM 估值得出的估值 1（环境和市容市貌满意度）的均值为 125.84，估值 2（安全事故伤亡）的均值为 191.64，反映了相关公众对该事项效益的高度评价。另外，该事项影响范围较大，涉及相关公众数量较多，也是导致总效益较高的原因。

（6）从净效益来看，净效益达到 322285.52 万元，单次净效益达到 54.41 万元，属于较低水平。原因在于审批成本太高，特别是企业审批成本过高。

4. 建议

（1）保留该审批事项。

（2）加强执法力度，防止部分户外广告利用各种手段绕过本审批，造成不必要的环境和市容市貌损害以及安全事故伤亡。

（3）简化审批手续，高效使用人力，降低政府审批成本。

（4）明确审批标准，降低审批门槛。明确审批标准，让大家做到心中有数，对于哪些广告能通过审批，哪些不能，大家看标准就很清楚，可以让企业专注于广告创意，而不必担心是否能通过审批。另外，据部分企业反映，由于设置了不合理的报批门槛，存在只允许广告公司才能报批的现象，造成他们因被迫支付高额委托费用而增加了审批成本，这也在一定程度上造成部分企业规避过高的审批成本，助长了室外广告乱张贴乱悬挂的现象。

（5）进一步透明审批信息，保证审批的公正性和严格性。

（6）进一步精简报批材料，减少企业负担。有企业反映，审批要准备的文件材料多，特别是延期申请的，比新报批需要的资料还要多，这是不合理的。

（7）进一步简化审批环节，缩短审批时间。

（8）利用行业协会做好审批前置工作，充分利用行业协会的专业水平严格规范前置审批条件。利用协会的专业知识和市场信息，有利于规范户外广告的整体性，起到美化城市形象，整顿城市的户外广告的作用；可以不断优化审批流程，为广告审批提供重要的前置意见；还可以不断吸取经验，规范广告发布，提高企业的客户服务水平；通过协会让协会成员了解到审批流程和标准，减少不符合条件的申报，提高审批工作效率。

### （三）案例2：执业医师注册许可

1. 系统动力学分析

用系统动力学软件 VENSIM PLE 画出事件的系统因果图（如图1-2所示），找出事件可能影响的指标及试评估方法，见表1-5。

表1-5　执业医师注册许可指标及调查方法

| 序号 | 一级指标 | 二级指标 | 三级指标 | 适用评估方法 | 调查对象 |
|---|---|---|---|---|---|
| 1 | 审批成本 | 政府审批成本 | 人力资源成本 | 从政府获得 | 市卫生局 |
| 2 | 审批成本 | 政府审批成本 | 固定资产成本 | 从政府获得 | 市卫生局 |
| 3 | 审批成本 | 政府审批成本 | 行政管理成本 | 从政府获得 | 市卫生局 |
| 4 | 审批成本 | 个人审批成本 | 给个人造成的不适或不便 | CVM | 抽样医师 |
| 5 | 审批成本 | 个人审批成本 | 给个人造成的时间损失 | CVM | 抽样医师 |
| 6 | 审批成本 | 个人审批成本 | 个人遵守成本 | CVM | 抽样医师 |
| 7 | 民生幸福 | 健康 | 执业医师数 | CVM | 抽样公众 |
| 8 | 民生幸福 | 健康 | 医疗事故发生率 | CVM | 抽样公众 |

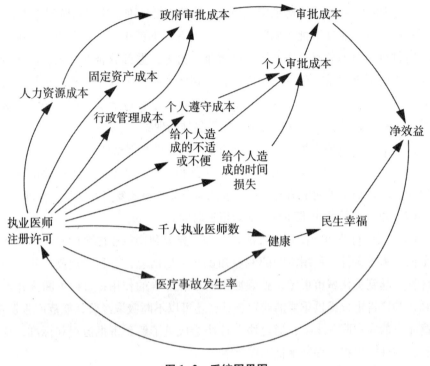

图1-2  系统因果图

2. 问卷调查与相关分析

在对执业医师和公众进行问卷调查的基础上，通过 CVM 估值分析、灰色关联分析和成本-效益分析，结合采集到的相关统计数据，计算出该项行政审批事项的净收益（详细调查描述、统计分析和计算过程见总报告完整版）。

3. 结论

（1）从净效益来看，该事项净效益为正，表明有设立的必要。执业医师的质量事关千家万户，直接影响到当地卫生医疗水平。政府为此把关，既是其分内之事，也是其职责所在。

（2）从平均每年审批事件数来看，有5637件，这个数字说明平均每年新增加的执业医师有5637人，相当于每千人口执业医师数每年增加0.846人（未扣除因退休、死亡和调动等原因造成的执业医师数减少），也充分说明了佛山市医疗卫生条件在不断改善。

（3）从政府审批成本来看，平均每次审批的政府成本为5元，这个数字很低，是三个事项中政府单次审批成本最低的。原因在于审批手续简便，节省较多人力。

（4）从医师个人审批成本来看，平均每次审批的个人成本为1629元，这个数字适中，也是三个事项中最低的。CVM估值得出估值1（个人遵守成本）、估值2（给个人造成的不适或不便）和估值3（给个人造成的时间损失），均值分别为519.12、562.20和547.97，反映了个人审批成本在能承担的范围以内。

（5）总效益达到323206.76万元，单次总效益达到57.34万元，属于较高的水平。通过公众调查的CVM估值得出的估值1（执业医师数）和估值2（医疗事故发生率），均值分别为175.43、232.11。这反映了相关公众对该事项效益的高度评价。另外，该事项影响范围较大，涉及相关公众数量较多（每名执业医师影响到510名公众的医疗条件），也是导致总效益较高的原因。

（6）净效益达到322285.52万元，单次净效益达到57.17万元，属于较高水平。原因在于总效益较高，政府审批成本很低，医师个人审批成本适中。

4. 建议

（1）保留该审批事项。

（2）加强对《中华人民共和国执业医师法》的宣传力度，促使更多医师达到执业医师注册许可条件，使佛山市每千人口执业医师数量进一步增加，促使佛山市医疗卫生条件不断改善。

（3）加强对《中华人民共和国执业医师法》的执行力度，打击不法行医，减少因此而造成的医疗事故发生率。由于不同层次的求医需求，非法行医者有其市场，部分非法行医者引发不必要的医疗事故，给求医者造成难以估量的身心和经济损失，应该给以严厉打击。

### （四）案例3：非营利社会福利机构托养服务收费审批

1. 系统动力学分析

用系统动力学软件VENSIM PLE画出事件的系统因果图（如图1-3所示），找出事件可能影响的指标及评估方法，见表1-6。

表1-6　指标及调查方法

| 序号 | 一级指标 | 二级指标 | 三级指标 | 适用评估方法 | 调查对象 |
|---|---|---|---|---|---|
| 1 | 审批成本 | 政府审批成本 | 人力资源成本 | 从政府获得 | 市发改局（物价局、粮食局） |
| 2 | 审批成本 | 政府审批成本 | 固定资产成本 | 从政府获得 | 市发改局（物价局、粮食局） |
| 3 | 审批成本 | 政府审批成本 | 行政管理成本 | 从政府获得 | 市发改局（物价局、粮食局） |

| 序号 | 一级指标 | 二级指标 | 三级指标 | 适用评估方法 | 调查对象 |
|------|---------|---------|---------|------------|---------|
| 4 | 审批成本 | 个人审批成本 | 给非营利组织造成的不适或不便 | CVM | 抽样福利机构 |
| 5 | 审批成本 | 个人审批成本 | 给非营利组织造成的时间损失 | CVM | 抽样福利机构 |
| 6 | 审批成本 | 个人审批成本 | 非营利组织生产者剩余净损失 | CVM | 抽样福利机构 |
| 7 | 民生幸福 | 福利 | 残疾人、老人、孤儿社会托养率 | CVM | 抽样公众 |
| 8 | 民生幸福 | 环境 | 环境和市容市貌满意度 | CVM | 抽样公众 |

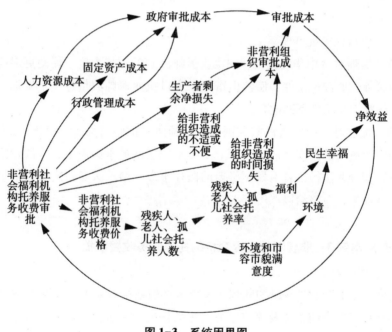

图1-3　系统因果图

2. 问卷调查和相关分析

在对福利机构和公众进行问卷调查的基础上，通过CVM估值分析、灰色关联分析和成本-效益分析，结合采集到的相关统计数据，计算出该项行政审批事项的净收益（详细调查描述、统计分析和计算过程见总报告完整版）。

3. 结论

（1）从净效益来看，该事项净效益为正，表明有设立的必要。这一点从福利机构调查结果也得到了反映。提供有效问卷的 10 家福利机构，全部认为有设立这一审批事项的必要，并阐述了各自的理由。如有一家福利机构认为：有必要，这是由政府统一的非营利社会福利机构托养服务收费标准。因我院每次调整收费，由我院做出调整收费方案经过相关部门审批后才执行新的收费标准。我院自费老人较多，每次调整收费前后都要同老人及家属解释，此次调整收费是经过相关部门审批批准文件执行。还有一家福利机构认为：可以让单位的收费项目在阳光透明的环境下进行，体现公平公正的原则，开展工作更加和谐统一。

（2）从平均每年审批事件数来看，只有 2 件，这个数字实在太小。该审批事项只对纳入政府定价范围的 4 家机构产生直接影响。市发展和改革局（物价局）提供的数据显示，该审批事项在 2009—2011 年全市（含市、区两级物价部门）实际审批次数共计 6 次（2009 年 1 次、2010 年 2 次、2011 年 3 次），涉及福利机构 5 家（2009 年 1 家、2010 年 2 家、2011 年 2 家），平均每年审批 2 次，审批福利机构 2 家。

（3）从政府审批成本来看，平均每次审批的政府成本为 147 元，这个数字适中，在三个事项中居中。原因在于该事项审批次数少，分摊的政府审批成本也小。

（4）从福利机构审批成本来看，平均每次审批的成本为 2850 元，这个数字适中，在三个事项中居中。CVM 估值得出估值 1（非营利组织生产者剩余净损失）、估值 2（给非营利组织造成的不适或不便）和估值 3（给非营利组织造成的时间损失），均值分别为 2600、150 和 100。

估值 1 衡量的是非营利组织生产者剩余净损失，也就是价格减去成本后的剩余，从理论上说应该较大，因为如果放开收费，福利机构可以自由决定收费价格。问卷调查结果显示估值 1 的均值并不大，而且有 45.5% 的样本为 0。如何从经济学上进行合理的解释呢？

大多数社会托养的需求者，经济条件都不太宽裕，否则他们完全可以选择其他更好的托养方式。对于经济条件不好的托养需求者来说，除非万不得已，面对社会福利机构的高价收费，他们如果难以支付会认为不值得支付如此高价，他们也会选择其他托养方式，因此他们对社会托养的需求弹性较大。只有少数需求者，他们由于身体或其他原因而不能选择其他的托养方式，而且有能力承担较高的社会托养费用，因此他们对社会托养的需求弹性较小。

对于社会福利机构来说，一次性固定资产投资较大，这些属于沉没成本。在决定接收托养者的数量时，社会福利机构只会考虑边际成本而不会考虑沉没成本。由于托养的边际成本很小，他们宁愿接收更多的托养者。社会福利机构在面对较大的需求弹性时，即使可以自由定价也不愿意高价收费，以避免托养人数锐减，入住率很低。

至于估值2（给非营利组织造成的不适或不便）和估值3（给非营利组织造成的时间损失）均很小，调查结果显示，福利机构大多认为这两个指标在他们可以承受的范围内，甚至可以忽略。

（5）总效益达到258.06万元，单次总效益达到129.03万元，属于较高的水平。通过公众调查的 CVM 估值得出的估值1（社会托养率）、估值2（环境和市容市貌满意度），是以家庭为单位的每月估值，其均值分别为313.95和259.95，反映了相关公众对该事项效益的高度评价。据佛山市老龄办反映，全市60岁以上老年人口总数达到48.5万人，5%的老年人有入住养老机构的愿望，需要2.4万张床位，但全市仅有养老床位8000多张。巨大的缺口造成了进养老院要排队等号的现象。① 当然，这里等号争抢的大多是指公办养老机构，特别是全市纳入政府定价范围的4家，即市社会福利院（380张床位）、南海区社会福利中心（700张床位）、三水区社会福利中心（500张床位）、高明区社会福利院（150张床位），这4家机构最多容纳1630人，实际上这4家机构基本都处于满员状态，入住率接近100%。而广大的私人养老机构则门可罗雀，长期亏损经营。

（6）净效益达到257.46万元，单次净效益达到128.50万元，属于较高水平。原因在于纳入政府定价范围的4家福利机构有很高的总效益，而政府审批成本适中，福利机构审批成本也适中。

4. 建议

（1）保留该审批事项。

（2）扩大审批范围。目前平均每年审批只有2件，只对纳入政府定价范围的4家福利机构进行收费审批。实际上，福利机构的审批成本很小，为了增加收费的权威性和说服力，他们愿意接收收费审批。而广大的社会托养需求者认为审批能提高社会托养率与环境和市容市貌满意度，对审批效益给予很高评价。

（3）加强政府对民办托养机构的支持力度。佛山市老年学学会副会长兼秘书长区振滇认为，佛山养老机构发展的瓶颈在于对民办养老机构政策的支持力度不够。据了解，国内不少地方已经对建设福利机构进行综合补偿，对征地税费、办证费、管理费、水电气费各种税费实施了减免。如：北京顺义，政府对建设福利机构进行补贴，其中，投资额在500万元以上的给予200万元，1000万元以上的给予500万元的3年贴息奖励。离佛山很近的中山市，对开办福利机构进

---

① 见2009年10月30日《南方日报》报道（记者：夏小荔、赵越）。

行开办经费补贴，每张床位1000元，床位补贴按级别分每月每张150、100元。

（4）对有经济困难的社会托养需求者进行政府和社会救助。大多数社会托养的需求者经济条件都不太宽裕，他们对社会托养的需求价格弹性较大，对托养收费的支付能力很低，造成没有得到政府补偿的民办福利机构入住率低，长期亏本经营。只有增强需求者的支付能力，才能使民办社会福利机构得到繁荣发展，从根本上解决佛山市社会托养实际需求大而供给不足的问题。也只有这样，本审批的必要性才能进一步增强，因为目前的状况是，允许民办托养机构涨价他们也不可能涨，在亏本经营的现行价格下他们的入住率都严重不足。这就是经济学上所说的实际需求很大而有效需求不足的现象。

（5）进一步提高审批标准的科学性和合理性。审批要求按成本价格收费，但成本价格的核算是很复杂的。有福利机构反映，应该允许按不同床位等级和护理等级进行差别收费。

（6）充分利用行业协会估算托养成本。行业协会是行业的集体组织，对业内行情非常了解，能准确估算出托养成本，并且有一定的公允性。审批时应充分利用行业协会进行成本估算，并作为收费审批的依据。

## 附件：行政审批事项动态评估指标体系

| 一级指标 | 二级指标 | 三级指标 | 单位 | 数据来源 | 处理方法 | 评估结果类型 |
|---|---|---|---|---|---|---|
| 提高民生幸福类 | 健康 | 病床数 | 张 | 市卫生局（爱卫办） | 统计 | M |
| | | 医疗卫生支出占财政一般预算支出比重 | % | 市卫生局（爱卫办） | 统计 | M |
| | | 甲乙类传染病发病率 | % | 市卫生局（爱卫办） | 统计 | M |
| | | 居民平均寿命 | 岁 | 市卫生局（爱卫办） | 统计 | M |
| | | 执业医师数 | 人 | 市卫生局（爱卫办） | 统计 | M |
| | | 医疗事故发生率 | % | 市卫生局（爱卫办） | 统计 | M |
| | 福利 | 人均可支配收入 | 元 | 市经济和信息化局 | 统计 | M |
| | | 恩格尔系数 | % | 市经济和信息化局 | 统计 | M |
| | | 城乡居民收入差异 | 倍 | 市经济和信息化局 | 统计 | M |
| | | 人均通车里程 | 千米/人 | 市交通运输局（公路局） | 统计 | M |
| | | 人均邮电业务量 | 亿元/人 | 市经济和信息化局 | 统计 | M |
| | | 公共图书馆人均藏书量 | 册/人 | 市文化广电新闻出版局 | 统计 | M |
| | | 城市人均住宅面积 | 平方米/人 | 市住房和城乡建设管理局 | | |

| 一级指标 | 二级指标 | 三级指标 | 单位 | 数据来源 | 处理方法 | 评估结果类型 |
|---|---|---|---|---|---|---|
| 提高民生幸福类 | 福利 | 人均公共服务用地面积（包括文化、教育、医疗、体育、避难和社会福利设施用地） | 平方米/人 | 市国土资源和城乡规划局 | | |
| | | 最低收入家庭住房保障率 | % | 市住房和城乡建设管理局 | | |
| | | 残疾人、老人、孤儿社会托养率 | % | 市民政局 | | |
| | | 对个人及家庭收入的满意度 | | 公众 | 调查 | M |
| | 安全 | 生产安全事故死亡率 | % | 市安全生产监督管理局 | 统计 | M |
| | | 刑事案件发案率 | % | 市公安局 | 统计 | M |
| | | 对社会治安的满意度 | | 公众 | 调查 | M |
| | 环境 | 年日照时数 | 小时 | 市环境保护局 | 统计 | M |
| | | 空气污染指数 | 天 | 市环境保护局 | 统计 | M |
| | | 人均林地面积 | 平方米/人 | 市农业局（市委农村工作办公室、市林业局、市渔业局、市畜牧兽医局） | 统计 | M |
| | | 机动车拥有量 | 辆 | 市交通运输局（公路局） | 统计 | M |
| | | 工业废水排放达标率 | % | 市环境保护局 | 统计 | M |
| | | 工业固体废物利用率 | % | 市环境保护局 | 统计 | M |
| | | 工业烟尘排放达标率 | % | 市环境保护局 | 统计 | M |
| | | 酸雨频率 | % | 市环境保护局 | 统计 | M |
| | | 单位GDP能耗 | 吨标准煤/万元 | 市环境保护局 | 统计 | M |
| | | 单位GDP水耗 | 立方米/万元 | 市环境保护局 | | |
| | | 单位GDP建设用地 | 平方米/万元 | 市环境保护局 | | |
| | | 环境和市容市貌满意度 | | 公众 | | |
| | | 绿化覆盖率 | % | 市环境保护局 | | |
| | | 自然保护区面积比例 | % | 市环境保护局 | | |
| | | 城市生活污水无害化处理率 | % | 市环境保护局 | | |
| | | 城市再生水利用率 | % | 市环境保护局 | | |
| | | 生活垃圾无害化处理率 | % | 市环境保护局 | | |
| | | 环保投资占GDP比重 | % | 市环境保护局 | | |
| | | 可再生能源使用比例 | % | 市环境保护局 | | |
| | 就业 | 失业率 | % | 市人力资源和社会保障局 | 统计 | M |
| | | 对工作或就业机会的满意度 | | 公众 | 统计 | M |

| 一级指标 | 二级指标 | 三级指标 | 单位 | 数据来源 | 处理方法 | 评估结果类型 |
|---|---|---|---|---|---|---|
| 提高民生幸福类 | 社保 | 基本养老保险基金征缴率 | % | 市人力资源和社会保障局 | 统计 | M |
| | | 失业保险基金征缴率 | % | 市人力资源和社会保障局 | 统计 | M |
| | | 工伤保险参保率 | % | 市人力资源和社会保障局 | 统计 | M |
| | | 对医疗保障的满意度 | | 公众 | 统计 | M |
| | 教育 | 教育经费占 GDP 比重 | % | 市教育局 | 统计 | M |
| | | 义务教育普及率 | % | 市教育局 | 统计 | M |
| 促进经济发展类 | 经济发展水平 | 人均 GDP | 元 | 市经济和信息化局 | 统计 | Q |
| | 产业结构 | 第三产业增加值占 GDP 比重 | % | 市经济和信息化局 | 统计 | Q |
| | | 旅游收入占 GDP 比重 | % | 市经济和信息化局 | 统计 | Q |
| | 经济增长能力 | 内资企业注册户数 | 户 | 市工商行政管理局 | 统计 | Q |
| | | 实际利用外资金额 | 万元 | 市对外贸易经济合作局 | 统计 | Q |
| | | 人均全社会固定资产投资额 | 亿元/人 | 市经济和信息化局 | 统计 | Q |
| | | 全员劳动生产率 | 元/人 | 市经济和信息化局 | 统计 | Q |
| | | GDP 增长率 | % | 市经济和信息化局 | 统计 | Q |
| | 创新能力 | 科技经费 | 万元 | 市科学技术局（知识产权局） | 统计 | Q |
| | | 专利授予量 | 项 | 市科学技术局（知识产权局） | 统计 | Q |
| | | 高层次人才（博士、高级职称）数量 | 人 | 市人力资源和社会保障局 | 统计 | Q |
| | | 具有大专以上学历者占总人口比例 | % | 市人力资源和社会保障局 | 统计 | Q |
| | | 高校（含科研院所）数量 | 所 | 市教育局 | 统计 | Q |
| | | 外资企业总部数量 | 个 | 市对外贸易经济合作局 | 统计 | Q |
| | | 外资企业研发中心数量 | 个 | 市对外贸易经济合作局 | 统计 | Q |
| | | 自主知识产权占高新技术产品产值比重 | % | 市科学技术局（知识产权局） | | |
| | | R&D 投入占 GDP 比重 | % | 市科学技术局（知识产权局） | | |
| 完善政府制度类 | 客观制度评价 | 行政人员中本科以上学历比例 | % | 市统计局 | 统计 | Q |
| | | 政府人员腐败案件涉案人数 | 人 | 市监察局 | 统计 | Q |
| | | 行政服务中心完成审批工作量比例 | % | 市人民政府行政服务中心 | 统计 | Q |
| | | 审批系统存在兼容性问题比例 | % | 市人民政府行政服务中心 | 统计 | Q |
| | | 数据重复录入比例 | % | 市人民政府行政服务中心 | 统计 | Q |
| | | 网上审批数量 | 项 | 市人民政府行政服务中心 | 统计 | Q |
| | | 并联审批数量 | 项 | 市人民政府行政服务中心 | 统计 | Q |

| 一级指标 | 二级指标 | 三级指标 | 单位 | 数据来源 | 处理方法 | 评估结果类型 |
|---|---|---|---|---|---|---|
| 完善政府制度类 | 主观制度评价 | 对政策稳定性的满意度 | | 公众 | 调查 | Q |
| | | 对政府部门服务态度的满意度 | | 公众 | 调查 | Q |
| | | 对政府部门服务效率的满意度 | | 公众 | 调查 | Q |
| | | 对执法公正性的满意度 | | 公众 | 调查 | Q |
| | | 对政务公开的满意度 | | 公众 | 调查 | Q |
| | | 对市场监管的满意度 | | 公众 | 调查 | Q |
| | | 对当地政府总体表现满意度 | | 公众 | 调查 | Q |
| | | 对公众参与的满意度 | | 公众 | 调查 | Q |
| | 政府制度成本 | 行政管理管理费用占财政支出的比重 | % | 市财政局 | 统计 | Q |
| | | 政府消费占最终消费比重 | % | 市财政局 | 统计 | Q |
| | | 财政赤字占GDP比重 | % | 市财政局 | 统计 | Q |
| | | 国有单位人员占总人口比重 | % | 市人力资源和社会保障局 | 统计 | Q |
| | | 公务员工资与平均工资的差异 | 倍 | 市人力资源和社会保障局 | 统计 | Q |
| | | 公车拥有量 | 辆 | 市政府办公室（政府金融工作局） | 统计 | Q |
| 降低审批成本类 | 政府审批成本 | 人力资源成本 | 万元 | 各审批局 | 统计 | M |
| | | 固定资产成本 | 万元 | 各审批局 | 统计 | M |
| | | 行政管理成本 | 万元 | 各审批局 | 统计 | M |
| | 企业（非营利组织）审批成本 | 生产者剩余净损失 | 万元 | 各企业 | 调查 | M |
| | | 给企业（非营利组织）造成的不适或不便 | 万元 | 各企业 | 调查 | M |
| | | 给企业（非营利组织）造成的时间损失 | 小时 | 各企业 | 调查 | M |
| | 个人审批成本 | 个人遵守成本 | 元 | 公众 | 调查 | M |
| | | 消费者剩余净损失 | 元 | 公众 | 调查 | M |
| | | 给个人造成的不适或不便 | 元 | 公众 | 调查 | M |
| | | 给个人造成的时间损失 | 小时 | 公众 | 调查 | M |

说明：

1. 评估时根据各审批事项的因果系统图确定所涉及的指标。

2. 评估结果类型中：M是指货币化结果，对没有直接市场价值的指标，采用CVM法评估；Q是指定量但不能货币化的结果，根据一定权重进行指数化处理。

3. 数据来源是根据各职能部门职能范围初步确定，能否获得还需进一步核实。

4. 本指标体系参考了美国规制改革与评估的原则，我国行政审批改革的目标，以及华南理工大学"广东省地方政府绩效评价研究"课题组、"中国地方政府绩效评估体系研究"课题组的指标体系。

# 第二章

# 同城化改革与公共服务效率提升①

## 一、引言

十八大提出要深入推进政企分开、政资分开、政事分开、政社分开，建设职能科学、结构优化、廉洁高效、人民满意的服务型政府，这就要求政府在市场经济背景下，选择适当的政府服务提供方式，既要提高服务效率，又要保证让人民满意。外包理论要求每个组织都做自己最擅长的，把其他的交给市场。政府服务种类繁多，服务对象的需求多样，要做到高效、满意，就不能采取单一的内部提供方式，而应该面向整个市场，比较由政府内部提供（简称内供）、从外部市场购买（简称外购）这两种服务提供方式，从中选择一种成本最低、效率最高、质量最好、人民最满意的提供方式。由于政府作为服务提供主体在效率上存在天然的制度瓶颈，因此更应该优先考虑政府服务外购的提供方式。

《珠江三角洲地区改革发展规划纲要》提出实现广佛一体化以携领珠三角城市群协调发展，珠三角一体化发展的突破口是广佛同城化。然而，目前学术界对于广佛同城化可能引发的一系列效果尚缺乏深入研究，当政府已经着手规划并付诸实施时，迫切需要广泛深入的理论研究指导广佛同城化的实践。同城化一般是指两个或两个以上城市因地域相邻、经济和社会发展要素紧密联系，具有空间接近、功能关联、交通便利、认同感强的特性，通过城市间经济要素的共同配置，使城市间在产业定位、基础设施建设、土地开发和政府管理上形成高度协调和统一的机制，使市民弱化属地意识，共享城市化所带来的发展成果的现象。同城化之所以产生并成为区域城市间经济与社会发展到一定程度的必

① 本章是 2009 年度佛山市哲学社会科学课题研究项目"广佛同城化之交易效率比较研究"（J-24）的阶段性研究成果。

然趋势，从经济学意义上来说，一方面体现在因市场更加完全而带来的资源配置效率的提高，另一方面体现在因降低交易成本而引起的交易效率的提高。古典经济学和新制度经济学认为，经济发展的过程也就是分工和专业化发展、市场范围扩大、交易复杂化的过程，而城市的出现满足了人们的这种因分工而不断扩大的交易的需要，交易效率的不断改进则是城市从分工中出现的重要驱动力。同城化作为城市化发展进程中经历的一种形式或阶段，无疑也主要是由这一驱动力所推动的。

要建立廉洁高效、人民满意的服务型政府，就要求将以内供为主的政府服务提供方式转化为更多地采取外购方式，从而避免政府内供的弊端并获得更大的市场效率。实际上，在提高交易效率驱动下的同城化，其重要效果之一就是提高交易效率，降低政府服务外购成本，提高政府服务外购的可能性。本章力图在对所有影响因素进行理论分析的基础上，建立一个政府服务提供方式选择模型，并以此预测同城化对政府服务提供方式选择上可能产生的重大影响。

## 二、文献综述

### （一）交易成本的计量

交易成本的计量是本课题研究的主要困难。由于缺乏交易成本的统一概念，生产成本和交易成本往往是相互决定的，交易成本在很大程度上与制度、政府政策甚至文化习俗等存在内在关联，而这些因素很难被量化，因此阻碍了对交易成本的直接测量。

直接衡量交易成本的文献大致可划分为两类：一类是针对经济体交易成本总量或交易部门比重的估计；另一类则通过估计具体交易价格的方法来比较不同国家交易成本的大小。前者如沃利斯（Wallis）和诺斯（North，1986）及其继承者将整体经济活动划分为交易活动（transaction activities）和生产转换活动（transformation activities），并通过加总与交易活动相关的资源耗费来获得对交易成本的大致估计。后者如贝纳姆（Benham，1998）提出交换成本（the cost of exchange）概念；简科夫、洛配兹·西拉内斯和施莱弗（Djankov，La Porta De Silanes and Shleifer，2000）对75个国家开办新企业所需的程序、等待官方批准的时间和金钱成本进行跨国比较。

Eigen-Zucchi（2001）和钟富国（2003）等运用较高级的计量分析工具——

因素分析法（factor analysis）或主成分分析法（principle factor analysis），从有关政府制度、法规、反腐败、通信交通、基础设施、教育水平等众多指标中，构造出一个能反映经济体一般交易价格指数或交易效率水平的单一指标，为直接衡量一国经济体的单位交易价格或交易效率水平提供了重要启示。

### （二）城市化、同城化与交易效率

古典经济学认为，城市的出现反映了人们具有天然的交往倾向，城市中的高交易效率带来了高生产效率。新古典经济学家在解释城市形成时认识到了运输成本的重要性，却诉诸外部规模经济以产生生产集中。当代的经济学家大多借用报酬递增和交易效率说明城市形成。

法国地理学家戈特曼（Gottmann，1942）对城市群、城市带、中心城市、同城化现象进行了系统的研究，形象地描述了地域空间的特殊组织，戈特曼借用"Megalopolis"来命名巨型的城市群体；日本的木内信藏（1951）提出了著名的"三地带学说"，加拿大学者麦吉（McGee，1987）提出"城乡一体化（Desakota）""特大城市区（Mega-urban Region）"概念；1988年在美国夏威夷召开的以麦吉论文为主题的国际研讨会上，各国学者提出了一系列与城市群、城市带、中心城市、都市圈近似的概念，如扩展大都市区、分散大都市区、都市连绵区等。

我国学者在同城化研究中也取得了一定进展，如周一星（1986）提出了"都市连绵区"概念；陈立人等指出城市密集带与大都市连绵区是城市群体向高级化发展的两个不同阶段；姚士谋等（2001）从区域空间布局角度出发，提出城市群概念；《深圳2030城市发展策略》中提出了"深港同城"，以及长三角、珠三角都市群建设等。随着研究的进一步深入，"一小时经济圈"已成为人们关注的焦点。

### （三）交易效率与服务提供方式选择

政府服务可以由政府内部提供，也可以由外部市场提供。虽然有大量文献对服务的两种提供方式进行了比较，但很少有文献研究政府服务提供方式的选择问题。Sonenblum，Kirlin和Ries（1977）研究了政府服务外购的比例，并给出了解释。令人遗憾的是，这些研究仅局限于小城市，而且假定所有服务外购的决定因素都是相同的。

费里斯（Ferris，1986）和美国政府关系咨询委员会（1987）对外购成本决定论进行实证研究，指出小城市更倾向于选择外购方式来获取规模经济收益，而政府员工工资高于私人企业时，则有减少选择内供方式的趋势。

以上这些研究一致认为，政府一般根据效率或成本原则来选择服务提供方式。它们也在一定程度上支持政府服务内供方式失败论。但上述文献都得出这样一个结论：在选择服务提供方式时，政府首要考虑的是财政压力。只有当没有财政压力时，政府官员才会考虑效率问题。即使面临较小的财政压力，也可能导致成本效率的缺失。

对于支持政府服务内供方式失败论的实证研究，鲍彻尔丁（Borcherding，1988）和惠特曼（Wittman，1989）两位学者共同提出了疑问。他们认为，公共管理者虽然会有无效率和高成本行为，但并不足以导致内供和外购方式在成本上的显著差异。即使制度缺陷不利于人们观察到这些行为，但由于"蒂博特移居"（人们通过选择居住地来表达对公共品的偏好，对公共品"用脚投票"）的存在，也会使这些行为不能长久。两位学者一致认为，上述实证研究过于强调服务提供方式的技术成本，却忽略了服务外购方式的交易成本。在很多情况下，这种交易成本是不容忽视的，在成本最小化的决策原则下，交易成本的存在可能会使外购方式并不比内供方式更有效率。

交易成本产生如此显著的影响，是因为"政治意识"很难在合同中得到体现，也很难在合同执行时受到监控，从而提高服务外购成本，使某些公共服务的外购提供方式显得并不经济。例如，鲍彻尔丁的研究指出，比佛利山（美国加州西南部小城）与洛杉矶曾试图签署警察服务外购合同，但即使有证据表明能显著降低犯罪预防和罪犯拘捕的成本，由于难以在正式合同中解决"政治意识"的监控问题，这份外购合同最终未能签署。

遗憾的是，尽管指出了公共品供给趋于成本最低化，但鲍彻尔丁和惠特曼都没有给出严密的公共品提供方式选择模型。

## 三、交易效率与同城化的理论分析

交易效率与城市的形成和发展紧密相关，城市是降低交易成本的产物；降低交易成本是城市发展的动力。在交易成本过高的情况下，城市有扩大规模的潜在需要。而城市不同于企业，有着明确的地域界线，并且城市扩大规模的建设投资额相当大。因此，在这种需求下的"融城"即同城化不失为一个明智的决策。

### （一）同城化与交易效率的影响机制

1. 交易效率对同城化的影响机制

首先，交易效率会影响产品市场、要素市场和劳动市场的形成与完善，影响生产过程及相应的劳动分工，进而影响生产效率和人口迁移，最终对同城化产生影响。其次，交易效率会对规模经济与专业化产生影响。最后，交易效率提高会促使工业化不断进行，从而推动同城化的发展。

2. 同城化对交易效率的影响机制

第一，同城化本身所带来的经济活动、人口能直接促进交易效率的提高或改善。

第二，同城化促进生产专业化或技术创新程度的提升，从而有利于交易效率的提高。

第三，交易集中和交易信息传播之间存在相互作用，促进生产专业化、技术创新和知识积累，并通过生产效率影响交易效率。

### （二）同城化交易效率的构成要素

第一，政府以及政府治理或相关的制度、法规措施可降低交易成本，这毫无疑问是影响交易效率的重要方面。

第二，通信科技、电子商务等能大大降低交易成本，提高经济体的总体交易效率。

第三，教育水平、文化程度、识字率提高可大大降低交易成本，提高交易效率。

另外，人口特征、自然和地理条件也是影响交易效率高低的重要因素。

## 四、政府服务提供方式选择模型

### （一）研究难点的解决方案

要建立同城化的交易效率比较模型，就必须想办法解决交易成本计量这一难题。从前面的文献综述可以看出，直接衡量交易成本的方法虽然简捷，但无论是计算经济体交易成本总量或交易部门比重还是具体交易价格，都具有本身不可克服的困难，而构造出一个能反映经济体一般交易价格指数或交易效率水平的单一指标，也不可能全面地反映一个国家或地区的交易效率或水平。

为解决研究中的这个难点，研究者通过仔细分析，认为没有必要对交易成本进行准确计量，只需要对同城化前后政府服务外购的交易成本进行比较即可。如果同城化后的交易成本小于同城化前，则可以认为同城化改善了城市的交易效率。现在的问题就变成：如何比较同城化前后的交易成本？或者说，同城化是如何影响交易成本和交易效率的？

### （二）提供方式选择模型

以上研究难点的简捷解决方案，要求对政府在同城化前后的决策进行比较，即证明同城化后，政府是否因市场交易成本的减少和交易效率的提高，而更多地选择服务外购，以替代原来的服务内供。这就要求对政府的这一决策进行研究并建立相应的模型。

研究假定政府根据成本最小化进行决策，这里的成本是包括交易成本在内的，提供服务的全部成本。只有在以下条件下，政府才会选择服务外购，以替代原来的服务内供：

$$C_i^c < C_i^{nc} \tag{1}$$

这里 $C_i^c$ 表示外购服务 $i$ 的总成本，$C_i^{nc}$ 表示内供服务 $i$ 的总成本。

以 $S_i^{nc}$ 表示由内供服务的技术成本，$B_i$ 表示组织成本，$u_i$ 表示呈正态分布的随机扰动量，则：

$$C_i^{nc} = aB_i + bS_i^{nc} + u_i \tag{2}$$

以 $S_i^c$ 表示外购服务的技术成本，$A_{si}$ 表示交易成本，$v_i$ 表示呈正态分布的随机误差量，则：

$$C_i^c = cS_i^c + dA_{si} + v_i \tag{3}$$

预期式中的系数 $a$，$b$，$c$，$d$ 都是正值。

以 $R_W$ 表示相对工资率，$I$ 表示导致组织成本升高的其他制度约束（如税收）[①]，则：

$$B_i = \alpha + \beta R_W + \gamma I \tag{4}$$

预期式中的系数 $\beta$ 为正值，如果其他制度约束能有效抑制组织成本升高，

---

① 有管制力量的政府或其他机构常常对市场交易和在企业内部组织同样的交易区别对待。如果我们考察一下销售税的课征就会看到，显然，它是一种有关市场交易而不是在企业内部组织的同样交易的税收（见科斯《企业的性质》第10页）。

则预期 $\gamma$ 为负值。

外购服务概率为：

$$P(C_i^c < C_i^{nc}) = P[v_i - u_i < a(\alpha + \beta R_W + \gamma I) + bS_i^{nc} - (cS_i^c + dA_{si})]$$

$$= F[a(\alpha + \beta R_W + \gamma I) + bS_i^{nc} - (cS_i^c + dA_{si})] \tag{5}$$

这里 $F$（·）表示累积逻辑概率函数。模型的似然函数为：

$$L = \prod_{i=1}^{n} F[a(\alpha + \beta R_W + \gamma I) + bS_i^{nc} - cS_i^c + dA_{si})]^{Y_i}$$

$$\times \{1 - F[a(\alpha + \beta R_W + \gamma I) + bS_i^{nc} - (cS_i^c + dA_{si})]\}^{(1-Y_i)} \tag{6}$$

当外购服务时，$Y_i = 1$；当内供服务时，$Y_i = 0$。

## 五、实证研究

在实证研究时，我们在进行研究假设和定义变量的基础上，应用前面建立的实证模型，对外购概率的 logit 值和各变量之间进行逻辑回归分析。选择典型政府服务作为研究样本，通过逻辑回归分析，建立了政府服务提供方式选择模型。最后应用该模型研究受同城化影响最大的 30 项政府服务，预测在广佛同城化后这些政府服务外购的概率。

### （一）研究假设与变量描述

实证研究中做出如下假设：

（1）规模经济是决定技术成本的主要因素，并且人口数量能充分代表城市的规模经济水平。

因此，在实证模型中，内供服务的技术成本 $S_i^{nc}$ 主要由市区人口决定。同等情况下，小城市（市区人口少）中的组织趋向选择外购服务。外购服务的技术成本 $S_i^c$ 是两个变量的函数，这两个变量分别是城市地区人口 $S_{1i}^c$，以及由城市是否位于大都市圈决定的变量 $S_{2i}^c$。一般来说，城市地区人口越多，政府越趋于选择外购服务；当城市位于大都市圈时，政府更愿意选择外购服务，因为在大都市圈有更多的专用性资产供应商可供选择，而且这些供应商也更容易形成规模经济效应。

（2）相对工资率 $R_W$ 由政府员工相对当地平均工资的比率度量。

一般来说，较高的相对工资率会降低内供服务的概率。

（3）其他制度约束 $I$ 由两个变量 $I_1$ 和 $I_2$ 来度量，其中 $I_1$ 表示决策时是否考虑财产税税负，$I_2$ 表示同城化的两城市之间是否允许达成相互提供产品或服务协议。

如果这两个变量的回答是肯定的，则政府趋于选择外购服务的方式。

（4）人口特征是政府服务提供方式决策中与交易成本 $A_{si}$ 最相关的因素。

人口特征与产品或服务偏好的差异性直接相关。当偏好具有差异性时，由于需要提供的产品或服务具有更大的复杂性，与外部签订产品或服务合同的交易成本就更高。为了度量偏好的差异性，需要用到教育、年龄结构、民族构成、收入（或财富）等几个变量。每个变量的赫芬达尔指数能较好地度量偏好的差异性。较高的赫芬达尔指数意味着较大的差异性，这直接关系到是否使用外购产品或服务。

当然，在决定产品或服务的提供方式时，偏好差异性的影响和交易成本的显著性会随产品或服务的特点而改变。例如，费里斯（Ferris）和格雷迪（Graddy）（1991）指出，应以外购方式对具有偏好差异性的人口提供有形的产品或服务，因为在这种情况下签订和执行合同的成本较低。另外，产品或服务的重要程度决定了关系专用性资产①的租金流规模以及资产专用性程度。重要程度很高的产品或服务一般不能外购，因为一旦失误可能造成很严重的后果。总之，只有当产品或服务是有形的，从而易于在合同中规定其检验条款，并且重要程度不高，一旦失误后果不太严重时，才适宜由外部来提供。

研究中所涉及的变量及其描述见表2-1。

表2-1　变量描述

| 变量 | 变量描述 |
| --- | --- |
| 提供方式（$y$） | 当选择外购方式时等于1，当选择内供方式时等于0 |
| 市区人口（$S_{nc}$） | 市区人口（千人）取自然对数 |
| 地区人口②（$S_1^c$） | 城市地区人口取自然对数 |
| 都市圈（$S_2^c$） | 城市位于都市圈时等于1，否则等于0 |
| 员工相对工资（$R_W$） | 员工平均工资/城市人均货币收入 |
| 财产税考虑（$I_1$） | 决策时考虑财产税等于1，否则等于0 |

---

① 指有些资产（可能是无形资产）是相互依赖的，如果双方的关系不存在了，它们的价值也就可能不存在了。

② 指城市所在行政区域的人口，包括所辖各区县的总人口。同城化后，指同城化区域所辖各区县的总人口。

| 变量 | 变量描述 |
|------|---------|
| 城市合作协议（$I_2$） | 如果有城市合作协议等于1，否则等于0 |
| 年龄差异性（$A_{S1}$） | 地区人口年龄的赫芬达尔指数。年龄分组为：≤5，5~9，10~14，15~19，20~24，25~29，30~34，35~44，45~54，55~59，60~64，65~74，≥75 |
| 受教育差异性（$A_{S2}$） | 地区人口（≥25岁）受教育程度的赫芬达尔指数。受教育程度分组为：初中及以下，高中，大学及以上 |

## （二）逻辑回归分析

由于国内统计方面的相对不完善，难以获得国内城市相关的完整数据，不得以选择国外的相关数据①。数据来自1992年国际城市管理协会（ICMA）对美国1221个城市的63种政府服务的调查结果②。剔除了部分非典型观察值后，剩下32496个观察值。表2-2列出了模型的逻辑回归分析结果。似然比卡方统计和一致性比率检验表明，模型的回归分析结果表现良好。一致性比率达到近90%，反映了模型良好的预测能力。

表2-2 描述性统计与回归分析结果

| 变量 | 均值（标准差） | 回归分析结果 |
|------|--------------|-------------|
| Logit（P）（$y$） | 0.34（0.48） | 常数项：$-9.361$（139.69） |
| 市区人口（$S^{nc}$） | 3.28（0.95） | $-0.421^{***}$（469.34） |
| 地区人口③（$S_1^c$） | 12.34（1.51） | $0.233^{***}$（232.60） |
| 都市圈（$S_2^c$） | 0.75（0.44） | $0.221^{***}$（21.45） |

---

① 本内容在第十二届制度经济学年会交流时，有评议者指出根据国外城市数据得出的回归模型是否适应国内情况，这一点受到作者高度重视，与山东大学经济研究院黄少安教授、李增刚教授讨论并取得共识，认为在国内数据不完善时根据国外数据得出的模型是对国内有参考意义的，虽然国内外结构性差异可能导致实际结果的偏离，但在不考虑结构性差异的情况下，仅就数量变化来预测同城化前后政府外购服务概率的变化，至少可以说明通过结构变化可能达到的一种良好结果。

② 被调查城市包括市区人口数量超过了10000的所有城市，并从市区人口在2500至10000的城市中抽取了1/4的样本。

③ 指城市所在行政区域的人口，包括所辖各区县的总人口。

续表

| 变量 | 均值（标准差） | 回归分析结果 |
|---|---|---|
| 员工相对工资（$R_W$） | 0.19（0.05） | 0.614*（3.25） |
| 财产税考虑（$I_1$） | 0.86（0.35） | 0.032（0.47） |
| 城市合作协议（$I_2$） | 0.67（0.47） | 0.184***（16.97） |
| 年龄差异性（$AS_1$） | 0.08（0.02） | 4.037***（15.69） |
| 受教育差异性（$AS_2$） | 0.41（0.03） | 2.316***（13.35） |

说明：*** 表示显著性为1%，** 表示显著性为5%，* 表示显著性为10%。回归结果后的括号中为回归系数与标准估计误差比率的卡方统计值。

总的来说，单个解释变量结果与前面的预期一致。规模经济是政府选择服务提供方式的主要决定因素，同等情况下较小规模或位于人口较多地区的城市，更趋向于选择外购方式。

较高的员工相对工资能显著提高政府选择外购方式的概率，这一结论与早期多数文献的研究结论一致。关于财产税考虑对提供方式的影响，费里斯（1986）和美国政府间关系咨询委员会认为财产税使政府决策者热衷于成本节约，从而更趋向于选择外购方式，但本研究得出的结论却并不能证实这一观点。研究还发现，城市合作协议能显著增加外购方式的选择。

在初步的分析中，没有发现财富/收入的赫芬达尔指数对提供方式选择有显著性影响，因此在最终的研究中排除了这一因素。比较起来，年龄和教育的赫芬达尔指数则表现出较大的统计显著性，同等情况下城市处于年龄和教育差异较大的地区，政府更倾向于选择外购方式。研究用赫芬达尔指数的样本最大值和最小值计算每种政府服务外购的概率，估计人口统计学差异的影响。结果表明：有近半数的政府服务，年龄差异性影响外购概率达10%以上；有近1/7的政府服务，教育差异性影响外购概率达10%以上。其中影响最大的政府服务，包括图书馆、法律服务、急救医疗、住宅区垃圾收集、税务、污泥处理、环卫、机场、欠税催缴等。

### （三）预测广佛同城化对政府服务提供方式的影响

根据上述回归分析结果，剔除不显著因素财产税考虑，建立逻辑回归模型：

$$y = -9.361 - 0.421S^{nc} + 0.233S_1^c + 0.221S_2^c + 0.614R_W$$
$$+ 0.184I_2 + 4.037A_{S1} + 2.316A_{S2} \tag{7}$$

式中 $y$ 为政府服务外购概率的 Logit 变换值。选取提供方式受广佛同城化影响较明显的 30 项政府服务，这些政府服务在同城化前外购概率见表 2-3。用以上模型预测同城化后这些服务外购的概率，按升序排列，得到如表 2-3 所示的结果。

表 2-3 同城化后政府服务外购概率

| 序号 | 服务 | 外购概率 | | | 序号 | 服务 | 外购概率 | | |
| | | 同城化前 | 同城化后 | 增加比例（%） | | | 同城化前 | 同城化后 | 增加比例（%） |
|---|---|---|---|---|---|---|---|---|---|
| 1 | 救护车服务 | 0.16 | 0.68 | 325.00 | 16 | 图书馆 | 0.26 | 0.49 | 88.46 |
| 2 | 动物收容 | 0.19 | 0.70 | 268.42 | 17 | 戒毒 | 0.57 | 0.97 | 70.18 |
| 3 | 养老院 | 0.19 | 0.69 | 263.16 | 18 | 公用电力事业 | 0.38 | 0.64 | 68.42 |
| 4 | 商业垃圾收集 | 0.22 | 0.69 | 213.64 | 19 | 会展中心 | 0.18 | 0.30 | 66.67 |
| 5 | 收容所 | 0.27 | 0.99 | 213.64 | 20 | 下水道清理 | 0.32 | 0.53 | 65.63 |
| 6 | 固体垃圾处理 | 0.25 | 0.72 | 188.00 | 21 | 儿童福利项目 | 0.58 | 0.94 | 62.07 |
| 7 | 病虫害防治 | 0.25 | 0.66 | 164.00 | 22 | 税务审计 | 0.52 | 0.74 | 42.31 |
| 8 | 医院 | 0.38 | 0.96 | 152.63 | 23 | 税务账单处理 | 0.42 | 0.56 | 33.33 |
| 9 | 公共保健 | 0.35 | 0.86 | 145.71 | 24 | 生活垃圾收集 | 0.34 | 0.44 | 29.41 |
| 10 | 机场 | 0.26 | 0.61 | 134.62 | 25 | 急救医疗 | 0.35 | 0.45 | 28.57 |
| 11 | 燃气供应 | 0.39 | 0.86 | 120.51 | 26 | 心理保健 | 0.84 | 0.99 | 17.86 |
| 12 | 危险物处置 | 0.39 | 0.83 | 112.82 | 27 | 污水处理 | 0.25 | 0.29 | 16.00 |
| 13 | 卫生监督 | 0.30 | 0.60 | 100.00 | 28 | 停车场 | 0.18 | 0.20 | 11.11 |
| 14 | 城市公交 | 0.38 | 0.76 | 100.00 | 29 | 动物管制 | 0.32 | 0.35 | 9.37 |
| 15 | 幼儿园 | 0.47 | 0.93 | 97.87 | 30 | 法律服务 | 0.50 | 0.50 | 0.00 |

## 六、结论

从表 2-3 的结果可以看出，总的来说，同城化后政府服务外购概率比同城化前有显著的提升，这与研究者预期的结果一致。其中概率提高幅度达到 200% 以上的有救护车服务、动物收容、养老院、商业垃圾收集、收容所，提高幅度达到 100%～200% 的有固体垃圾处理、病虫害防治、医院、公共保健、机场、燃气供应、危险物处置、卫生监督、城市公交，提高幅度在 50%～100% 的有幼儿园、图书馆、戒毒、公用电力事业、会展中心、下水道清理、儿童福利项目。

以上研究结论表明，广佛同城化后交易效率得到很大的提高，从而提高了绝大多数政府服务外购的概率。虽然这是以广佛同城化后政府服务为例所做的研究，但我们可以进一步推测，由于同城化引起交易效率提高，也会提高其他产品或服务外购方式的概率。当然，以上研究结论的直接意义，在于向政府决策者提供建议：在广佛同城化进一步展开和深化时，对以上研究结论中外购概率增幅较大的政府服务，更多地采用外购方式来提供，以充分利用同城化带来的好处。

# 第三章

## 山区发展的历史瓶颈
### ——广东集体山林产权制度改革

## 一、引言

广东是"七山一水二分田"的林业大省。全省林业用地面积1101.6万公顷，林地面积927.4万公顷，林木蓄积量3.81亿立方米，森林覆盖率（按新标准计算）为55.9%，林木年总生长量为1742万立方米。但是，森林资源丰富的广东山区，主要是粤北、粤东地区，同时也是经济比较落后、农民相对贫穷的地区。森林资源的丰富与经济的相对落后形成了强烈的对比，如何在这些地区充分利用森林资源，以林产业为依托，带动经济尽快发展，是亟待研究和解决的问题。市场是配置资源的最有效方式，对广东山区来说，应该以市场为配置资源的基础方式，以林业为主导推动经济快速、持续发展。市场机制的先决条件是产权明晰，而我国林产权是产权最不明晰的领域之一。清晰地界定林产权，是利用市场机制发展广东山区林业经济的关键。

## 二、文献综述

中华人民共和国成立以来，国内尤其是南方集体林区的山林产权发生了一系列的复杂变化，先经土改将山林所有权和经营权分给农民的初级合作化时期，使所有权归林农，开始形成规模经营；高级社和人民公社时期，又将所有权经营权统一集体；改革开放，实行林业"三定"等几次大的变革。国内对森林产权制度的研究主要始于20世纪70年代末，有关林业经济类专业学术期刊也主要产生于这个时期，如《林业经济》《林业经济问题》两大期刊，以及《中国林业企业》《林业财务与会计》《林区经济》等专业性更强的林业经济期刊。在

1981 年 3 月 8 日发布的《关于保护森林发展林业若干问题的决定》中，提出稳定山权林权、划定自留山、确定林业生产责任制（简称林业"三定"），学术界对实践中出现的两种形式，即"分林到户"还是"折股经营"展开了热烈的讨论。学术界对"分林到户"普遍持反对态度（如黄维毛、方林），也有人持赞成态度（如徐世格）；而对"折股经营"普遍持赞成态度，也有人持反对态度（如孙昌金）。

20 世纪 80 年代中期，南方木材市场开放导致的木材需求剧增所伴随的局部地区"过伐"，引起学术界和政府部门对林业责任制的质疑，认为分林到户是不适应现代林业规模生产要求的。这一时期，外资如世界银行贷款开始进入造林项目，但由于分林到户后林农对联合造林的反应冷淡，主要由政府强制推行。理论界认为，必须建立活立木市场、进行活立木交易，来促进林地的联合、扩大联合造林。但是产权不清晰使联合造林存在许多问题，这一时期的研究热点集中在分林到户的联合模式上，"林业合作制"得到理论界的广泛认同。

20 世纪 90 年代初，市场取向改革方向的确立引发了林业如何步入市场经济的讨论。随着国有部门和集体组织控制能力的衰退，私人部门占据了经营木材的主流。这一期间，许多学者致力于南方集体林区市场制度的研究。20 世纪 90 年代末，在政府减轻农民负担的政策导向下，木材需求上升带来了森林资源价值变化，森林产权的研究重心全面向环境与经济双目标下的可持续发展目标转移。目前的集体森林产权研究中，主要有林权制度历史变迁（陈根长，2002；徐秀英，2003；刘伟平，2006），集体森林产权制度存在问题和对策（张蓄等，2002；陈幸良，2003；刘璨，2006），近年来南方集体林区林权制度改革实践与成效（吕月良等，2005；范方礼等，2005）。

随着我国法律的进一步发展，国家逐渐意识到林业资源资产运营主体的新定位必须由林业物权来保证，基于物权理论的森林资源产权制度研究逐渐成为我国林业经济的专家学者研究的热门。赵俊臣认为，在实践中，林地使用权已经出现了物权化的趋势。陈根长提出，林业物权基本上就是林权，但是林权与林业物权又有一定的区别。陈晓东认为，在现阶段只能坚持和完善集体土地社会主义公有制，在集体土地上建立地役权、土地典权、土地抵押权、土地租赁权制度。郑小贤提出，应从不同层面上对林业利益相关主体的权利义务关系加以界定。程云行和汤肇元提出，林地产权制度安排可以采取"稳定所有权、强化使用权、收益权和转让权，并把使用权上升为物权"的思路。陈幸良认为，林业产权是一项政策性约束的集合，政府不应该干涉林业经营主体的经营行为和设置不符合市场规则的行政审批制度。徐秀英等认为，应该对产权的各项权能进行明确的界定，而不应该盲目地对集体林所有权进行国有化和私有化。柯水发和温亚利指出，林业资源的稀缺性是林业产权制度变迁的原始动因，林业产权制度的变迁是利益分配制度重新调整的过程。张维和胡继连指出，农区林业实行股份联合经营的体制是比较适宜的制度选择。张敏新和戴怀宝指出，农区林业必须以生态目标为主，寓经济目标于生态目标之中，实行生态、经济双目标经营。

　　森林产权也受到了世界各国的普遍重视，为我们开阔思路提供了许多有益的参考。在世界许多国家和地区，林地的产权制度公有和私有并存，但以公有为主。围绕林地资源以公有为主的特征，研究的重点放在了公有产权的类型以及公有产权安排的效率方面。在全球39亿公顷的森林面积中，大约77%由政府所有和管理；至少4%为社区所有；7%由土著社区群体所有；大约12%归私人所有。自20世纪80年代以来，一些国家将森林交由当地社区管理，甚至转变为社区所有。在公有林地的使用模式上，各国呈现出巨大的差异。如在俄罗斯联邦、刚果共和国、中非共和国、加蓬等国家，政府仍然管理着所有森林资源。加拿大、印度尼西亚等国，政府管理的森林面积占90%以上；而在墨西哥和巴布亚新几内亚，政府管理的森林面积不到5%；瑞典政府管理的森林面积为20.20%；美国为37.8%；日本为41.8%。受产权学派的影响，许多国外学者都沿着"规则、权利和产权制度"这一思路展开研究。他们把人的行为分为两个层次：一是个人行动，二是集体决策和行动。

　　从国外森林产权制度安排可以得到如下启示：第一，成功的共同管理模式要求有明确的责权利边界和执行主体，并要求他们之间保持一致性和对称性，这种明确对称的责权利关系必须以社区的一致认同和遵守为基本前提。第二，有效的林地产权制度安排必须同时满足权利的排他性、稳定性和收益性。第三，考虑产权界定、转让和实施的环境（包括制度规则、法律、社会习惯和道德标准等）或机制，按照成本和效率进行森林产权制度安排。

　　国内外森林产权制度研究从不同角度、不同学科、不同专业领域、不同的切入点来研究、分析森林产权制度改革、运营机制改革等重大问题，但由于森林产权制度研究横跨物权法学和林业经济学两大学科，目前国内外将两者结合起来进行的各项研究尚处于起步阶段，还存在以下不足：

　　（1）国内对森林产权制度的研究，绝大多数都集中在对现有产权制度中所有权的分析和对所有权制度的改革形式、方向、政策的研究，而对林业他物权中的用益物权和担保物权及林权登记公示制度等进行研究并取得一定成果的则寥寥无几。

（2）国外森林产权制度研究大多停留在对国外森林资源物权制度的描述上，对国内外森林产权制度差异的原因没有进行深入剖析，因此需要通过对比对我国森林产权制度改革进行针对性深入研究。

（3）目前国内外的研究多使用定性的方法，而对定量方法的使用严重不足。究其原因，一方面是社会制度、当地风土人情、政治环境等影响森林产权的社会因素不易实现数量化，另一方面是数据的可获得性以及数据的统计口径不能满足定量研究要求。

# 三、我国山林产权制度的理论分析

山林产权，就是林业范畴内的财产权属关系，其核心是森林、林木和林地的占有权、使用权、收益权和处分权。我国实行土地的社会主义公有制，山林资源属于公有（国家所有和集体所有），包括森林、林木、林地，以及依托森林、林木、林地生存的野生动物、植物和微生物，所以，森林资源产权非常复杂，既是一个整体的归属，又是多项权能的组合。

## （一）我国山林产权制度的设计与建设

### 1. 我国山林产权制度的设计目标

我国山林产权的制度设计目标，在于以市场为制度基础，通过山林产权的制度设计，达到山林资源配置的帕累托最优。为了研究我国林区的山林资源配置状况，我们可以引入埃奇沃斯盒状图进行分析。由于我国劳动力资源过剩，可以看成无限供给，故只考虑林地、资本两种生产要素的情况。假定在技术水平不变，林地、资本总量也不变的条件下，利用埃奇沃斯盒状图，可以研究林地和资本这两种生产要素在木材生产、环境生产间的重新配置，来实现帕累托改进。

### 2. 我国山林产权制度的建设主体

集体山林产权制度体系建设的多元化主体不仅仅是政策部门，而且要有其他社会主体，他们的偏好和要求也应该能够平等地进入包括山林产权制度的目标、制度制定和执行、监督和评估等过程，而不仅仅是被动的执行者，也不是分而治之，更不是秩序的竞争，而是一个平等参与、表达意愿的过程。根据山林产权主体的不同，设计参与森林产权制度形成的主体可以分为四类：经营山林的主体（林农与相关的林业企业）、管理山林的主体（政府包括中高层政府、基础政府、政府系统内的林业部门及关联部门）、山林存在与发展的社区（包括乡村、村民小组）、关注林业的其他社会团体组织（林业科研机构和国际相关组织）。他们在集体山林产权制度体系建设过程中，应该发挥各自不同的作用。

3. 三种基本山林产权制度安排比较

制度设计的目的是减少经济活动中的交易成本，提高生产效率，促进经济增长。目前，最具有代表性的限制性产权形式（主要指林地使用权与林木所有权形式）主要有国有产权、集体产权及个人产权。不同历史条件下各种产权安排之间存在制度效率上的极大差别。目前森林资源产权的交易费用包括森林资源产权的界定成本、实施成本、保护成本、市场交易成本等，不包括难以比较的道德、风俗习惯等社会成本，这些成本在各种不同产权制度安排下有极大的差异，由此显现了各种森林产权安排的制度效率特征。

4. 我国山林产权制度体系

从产权制度演进的内在机制来看，当外部性内在化的收益大于内在化的成本时，新的产权制度就产生了。从产权形成的途径来看，山林产权制度体系由法律与政策、技术、道德与风俗三种产权形式构成。

首先，法律与政策形式的山林产权。从我国宪法和森林法的角度来看，林地产权的归属是明确的，只有国有和集体所有。只有把森林所有权与经营权划分开来，使所有者（国家、集体）与经营者（企业、林农）之间形成一种经济或契约关系，才有可能建立完善的产权制度，激励多元主体投资森林生产。

其次，技术形式的山林产权。所谓技术形式的山林产权，是指通过科学研究、技术创新来提高森林生产的"技术"，包括森林资源开发技术和环保型技术。在森林产权界定不清的制度下，因为不必支付过度利用资源而伴生的外部成本，就难以形成经济主体对森林保护技术产权的有效需求，从而导致森林保护技术产权创新的市场动力不足，利用森林环境保护技术产权难以得到自觉的采用和推广，更难以产生技术进步的净保护效应。

最后，道德形式的山林产权。新制度经济学认为包括价值理念、风俗习惯、意识形态等在内的形成的对物的权利在经济发展中起着重要作用。在广东集体林区中，当地社区村民在长期的生产、生活实践中形成了一些规则和惯例。这些规则和惯例，有书面形式的，而有的仅是人们之间的一种约定俗成，并没有形成书面文字。但无论是何种形式的规定和惯例，长期的实践证明，它们对社区的山林资源管理起到了十分重要的作用，如《村规民约》《森林防火公约》等，一些社区利用当地习俗等保留下大量大树，以及生态和生物多样保护良好的风水林、祖宗山等。

### （二）我国山林产权制度改革

**1. 我国山林产权制度的缺陷**

从所有权、经营权、抵押权、产权流转等多个方面分析我国山林产权制度的缺陷，主要表现为：所有权主体缺位、处分权被忽视、受益权被侵犯；经营权概念不清、经营权主体缺位、经营权残缺、所有者与经营者的权利和义务界定不清晰、经营权不利于流转；抵押权缺失、林产抵押权得不到银行承认；资产评估体系不完备、交易不规范、登记发证存在缺陷、监督机制不健全、所有权不能流转；林业政策法规不完善、政府职能不完全、林产保险制度缺失等。

**2. 我国山林产权制度改革动因分析**

制度的变迁总是受一些因素的驱使和诱发，如资源的日益稀缺、人类需求的变更、一国社会制度创新，都会有力地驱动产权制度的调整和变革。林农等经营主体对经济利益的追求是非公有制林业发展的根本动力。在非公有制林业发展过程中，利益获取机制的运行使林农产生了生产经营的动力。为了实现经济利益而进行林业生产也是非公有制经济主体的主要活动，对经济利益的追求是非公有制林业经济主体遵循的原则与追求的目标，利益获取机制就是非公有制林业发展的动力机制。

**3. 我国山林产权制度改革的难点**

山林产权制度改革的难点是山林资源的外部性问题。产权经济学认为，所谓外部性问题，其实质就是由于在市场中存在尚未界定清晰的权利边界，从而导致市场价格与相对价格的严重偏离。外部边际成本就是资源的市场价格与相对价格之间的差值，而解决外部性问题的最有效办法，就是通过产权界定使资源的权利边界逐渐明晰。每一次产权交易都使产权的权利边界更为清晰，从而使资源的市场价格与相对价格更为接近。因此，明晰产权是市场交易的结果。外部性问题完全可以由私人合约来解决，即基于自愿交易的私人合约行为对市场运转有着自我修正的效能，这正是科斯定理的精髓所在。解决森林产权外部性的问题，目前主要有两种方法，即庇古手段和科斯手段，在森林日益稀缺的情况下，科斯手段优于庇古手段。科斯手段从生产领域入手，通过对山林资源进行产权明晰，将山林资源推向市场，实现优化配置。由于森林的稀缺价格，在利益最大化原则的驱动下，技术与产权的互动演进会逐渐增加森林的供给，缓解森林稀缺的压力。

# 四、案例研究方法

为了研究广东集体山林产权制度改革，我们对广东省梅州市的梅县、平远县和韶关市的新丰县进行了调查，它们分属粤东和粤北，是广东省有代表性的主要林区。案例研究按行政县、镇（街办）、村分级进行，深入村民小组和家庭，采取访谈、座谈和问卷调查等形式进行。通过典型案例研究，了解广东集体山林产权制度改革的历史、现状，分析存在的主要问题并探讨解决对策，总结成功经验并推广普及。

## （一）案例选取和调查内容

调查区域在山林资源丰富地区选取，选点时主要考虑集体山林产权改革的典型类型，调查对象是参与山林产权的权利人各方及与权利相关的利益方（包括政府及其主管部门），具体来说，包括林地所有权人（国家或集体）、林地使用权人、林木所有权人（林农或商品林生产企业）和当地政府及政府有关部门。案例调研的目标是通过对山林资源丰富地区的山林产权制度改革典型案例的研究，了解目前的山林产权改革能否促进山林经营的积极性，满足经济发展和生态环境对山林资源的需求，能否承担起山林可持续经营的重要任务。

调查了解的主要内容包括以下几个方面：

（1）明确案例县、镇（街办）、村的基本状况。包括农户数量、基本经济特征、收入结构、森林资源类型和管理方式，森林产权现状、面积和分布结构，森林资源状况及按分类经营的要求划分的林地经营类型，村集体及农户对林地的依赖程度，林地的收益状况等。

（2）明确案例县、镇（街办）、村政府、企业和林农对集体森林产权制度及产权安排的认知程度。了解山林产权改革的历史发展进程与反映，了解村集体作为林地产权所有人对林地的使用、经营、管理有什么看法，林农对林地使用权的合理使用、转让、租赁、作价出资或入股经营的认识与要求，村集体和林农对森林产权有什么样的预期，对商品林产权改革的态度。

（3）明确案例县、镇（街办）、村山林产权改革的基本做法，各利益群体的动机、目标和利益区分，林地流转或合作形式及其包含的利益分配关系等。

（4）明确当地政府有关商品林建设的政策法规和规划。如地方各级政府有关商品林基地建设的政策法规和情况，商品林基地建设的形式，执行国家有关森林产权制度和产权安排的情况，对在商品林基地建设过程中出现的有关森林产权纠纷的处理情况和态度；地方各级政府对在商品林基地建设中森林产权合作或流转是否制定了具体政策制度，是否制定了保护林地产权人合法权益的相关政策措施；地方各级政府是否参与了商品林基地建设的整个过程，是参与方式指导还是行政干预，是行使行政管理职能还是行使经济管理职能，是为地方经济发展服务还是有其他的利益动机。

### （二）调研方案

第一步：到县林业局，主要做三件事，第一件事是收集资料，包括县志、林业志、统计资料，填写样本县特征，某年某县办理采伐证环节预征费用项目，某县木材木竹税费（预征收）标准，某年全县分乡镇统管山、责任山、自留山面积分布比例，某县木制品出口环节征收项目，某县生态公益林面积统计表等表格（见附件1），可事先将这些表格发给林业局，请他们帮助收集资料或填写；第二件事是对林业局领导进行访谈（内容见附件2）；第三件事是请林业局领导介绍并牵线，调研一个典型乡镇、一个典型林业企业或林户。

第二步：对典型林业企业或林户进行访谈（内容见附件3）。

第三步：到一个典型乡镇，先到乡林业站了解情况，对林业站领导进行访谈（内容见附件2）。请乡镇领导介绍并牵线，调研一个典型村。

第四步：对一个典型村的领导（村主任、支书）进行访谈（内容见附件2），对村里的林业情况进行调查并填写村人均林地资源统计表、村林木使用权属情况表（第七次森林资源清查）、调查村参与集体商品林改革面积表、调查村人均资源与收入情况表、调查村集体森林村民自留山占用量表、调查村集体森林国有占有量表、调查村商品林改革重要时间点对比表、调查村社会经济状况（见附件5）。

第五步：由村领导组织本村村民代表（5~10人）进行座谈（内容见附件4）。村民代表应包括部分妇女及年长村民，应注意邀请德高望重、在林业经营上有代表性、文化程度较高的村民。

第六步：对村民发放问卷100份（见附件6），由调查员向村民解释并协助填写，当场回收，并在对问卷统计后填写样本村某年收入调查情况表、样本村发展生产项目意向统计表、样本村发展生产项目最大困难统计表（见附件7）。这一工作如果能得到村领导协助，由他们事先组织村民填写是最好的。

## 五、梅县调研

### （一）梅县林业基本情况

梅县位于广东省东北部，县境总面积410万亩，现有山地面积312万亩，其中有林面积277万亩，森林覆盖率69.4%，活立木蓄积量430.2万立方米。现有生态公益林174万亩，其中国家级生态公益林76万亩，省级生态公益林98万亩。目前已建成1个省级自然保护区（阴那山）、3个市级自然保护区、4个森林公园、6个县级自然保护区，面积计31.08万亩。

1952年土地改革，将240多万亩山地分配给农民。1953年春土改复查后，在查田定产中，由县人民政府颁发土地房产证，确定了山地连同耕地、房屋的所有权和使用权。从1956年冬到1957年冬，全县山林全部折价入社，山林的所有权由农民所有改变为高级农业生产合作社集体所有。1958年9月转为人民公社所有。1962年全县除国营梅南林场、梅西水库林场、社队林场和水源山外，其余的山地由生产队统一管理，并允许社员在房前屋后种植少量竹林、果树，收入归社员个人所有。20世纪60年代中后期个别大队一度实行大队核算。1975年冬，贯彻林业工作会议精神，在林区大办"采育场"，将生产队的山林地收归大队和采育场一段时间，除此之外一直维持生产队统一管理的体制。

1981年6月，梅县贯彻省委、省政府《关于稳定山林权和落实林业生产责任制的决定》，在松东、三乡两个公社进行"三定"试点。同年11月28日，县委、县政府制定《关于稳定山林林权和落实林业生产责任制具体问题的若干规定》，全面展开"三定"工作，至1982年春基本结束。"规定"的主要政策界限是：

（1）稳定山权、林权。坚持"五个维护、五个不准"，即维护现有国营林场林权、社队林场（上山队）林权，不准进行分割或侵占；维护山上资源，不准乱砍滥伐；维护现有生产队规模，不准拆队或跨队分山；维护"四固定"及以后的各种山林合法证件（包括判决书、协议书），不准要回"土改山""祖宗山"；维护安定团结，不准挑起纠纷。

（2）确定社员自留山数量并具体划分到户。自留山一般不超过山地面积的15%，或人均1亩左右。山多人少的生产队最多人均不超过2亩。自留山要划近山、荒山，适当集中连片。自留山权仍属集体所有。社员对自留山只有经营使用权，不准出租、买卖。社员在自留山种植的林木、果树归社员个人所有，允许继承。

（3）落实林业生产责任制。国营农场、林场、茶场需办山地征用手续，山权林权属于国家所有。除确定为水源山、风景林、风围林、自留山外，其余为责任山，实行多种形式的林业生产责任制。有的实行专业管理或专业承包，有的实行分组或分户管理。责任山属集体所有，经营承包到户，一定30年不变，责任山的收益现金八二分成（集体占二），营造的树木可留5%以下的自用材。

（4）阴那山灵光寺和泮坑等名胜古迹风景区的范围，确定为县旅游区的保护林，不划作自留山和责任山。

据统计，全县除国营农、林、茶场和阴那山风景区等共4.48万亩，占山地总面积的1.27%外，有山林的4725个生产队、93027户社员，在"三定"时分得自留山共77.46万亩（含补划），占山地总面积的22.03%，人均1.4亩。划定责任山的有4620个生产队，各种承包管理形式的责任山269.7万亩，占山地总面积的76.7%。其中，公社林场12个，面积2.71万亩，占责任山的1.01%；大队林场或大队管理的水源林等170个，面积25.01万亩，占责任山的9.27%；联队管理的有330个，面积12.24万亩，占责任山的4.54%；生产队管理的有880个，面积35.07万亩，占责任山的13%；管理责任到户的有7.42万户，面积194.67万亩，占责任山的72.18%。确定山林权属后，由县政府分别给国营林场、公社、大队林场（上山队）、生产队、社员发放《山权林权证》《社员自留山证》；各公社、大队、生产队与各承包户（或专业组）签订《山林管理责任制合同书》。1983年，对"三定"做了一次复查，调处山林纠纷案件113宗，补划自留山640户，面积3200亩，补发自留山证和山林责任制合同书3110户。

**（二）梅县林业局调查结果**

2009年7月15日上午，我们对梅县主管林政的曾庆安副局长进行了访谈，他是一位从事林业工作二十多年的老林业干部，对林业工作相当熟悉。

首先，回顾了梅县林权改革的历史。

从1950年代中期开始，林权长期归生产队、大队、人民公社三级所有，在大炼钢铁时期很多树林都被毁掉了，后期比较注意保护森林。

1981年开始"三定"林权改革，划分自留山、责任山后，林农滥伐树木的现象十分严重，迫使县林业局采取了封山、停止分山等相关措施制止事态的扩展，同时也导致分山不彻底。当时分山时，只是大致地分，没有到现场勘查，存在界线不清的问题；林农虽然持有县政府发的自留山证，但如今县、乡镇已没有这方面的档案，林权纠纷时有发生。

1985年开始进行"两山并一山，扩大自留山"的改革，但这个政策在某些乡镇没有得到很好的执行，主要是因为得不到当地群众的重视。由于农民收入主要依靠果树等经济林，而扩大的自留山离家较远，并不适于果树等经济林的栽种管理。扩大自留山的林权证是由当时的区公所颁发的，由于与1981年县政府发的自留山证相矛盾，有些乡镇也由此产生了一些林权争议。

这次开始的集体林权改革，主要目的是让农民得到实惠，想法虽然很好，但实际执行时也会存在一些问题。多次林权改革遗留下许多林权不清晰的问题，并且随着人口的迁移、分家等情况的出现，林权的归属也出现了新的情况，由于人口多，重新分山也不现实。另外，南方与北方的林业具有不同的特点，南方林地资源分布零散，人均面积不多，农民主要收入不是来自林业，因此造林、护林的积极性不高，分林到户很可能导致林地经营管理疏懒，甚至出现偷砍、火灾时也无人问津，结果导致森林资源的损失。因此，曾副局长主张在南方的林改要区别对待，对于农民营林积极性不高的地方，最好实行集体经营管理。

接着，曾副局长谈及梅县林业现状：梅县现有50多万亩经济林，坡度在25度以下的都种有果树，金柚占了20多万亩。有速生林20多万亩，基本上都是桉树，大都承包给个人或企业（承包集体山林要有村民的同意）。

关于林业投资，投资主体是外地或本地的个人和企业。大部分投资者以营利为目的，但也有部分投资者以保护生态、回报家乡为主要目的，如绿色公司。由于面临市场风险、自然灾害和病虫害等问题，近两年来林业投资成本加大了。

关于林业收益，承包款一般为2元/亩、5元/亩、7元/亩，最多20元/亩，通常由承包者给集体，再由集体分给户主。由于天然林、荒山造林方面的收益很不确定，农民经营管理天然林的积极性也就不高。为提高林业收益，梅县林业局采取各种优惠政策减少林业经营成本，如工业原料林合计收费只有16~19元/方（国家规定的是30元/方），对个人造林也有优惠。

关于采伐管理，梅县积极响应2009年4月28日国家林业局启动的采伐管理改革试点方案，特别是积极推行制订森林经营方案，目的有两个：第一，简化林木采伐的审批程序；第二，实现合理采伐，保护生态平衡。这次林业局邀请了省设计院的专家来梅县勘查，费用由造林户出。拥有林地1500~5000亩的林农，要确定森林经营方案，可以由市一级的咨询机构来做；1500亩以下的，可以由县一级的机构来做，最后的评估结果要拿给林农看。2008年已经下发了这个文件，2009年上半年林业局到各镇去调研。县里面已经与各造林户开了会，讲清楚目前的情况，2010年开始实行森林经营方案。其中，个人造林8万多亩，三大公司造林 10 多万亩，在做方案的有 3 万亩。

### （三）梅县程前镇调查结果

2009 年 7 月 15 日下午，访谈梅县程江镇林业站叶站长。

该镇 1981 年大部分山林以责任山、自留山分到各家各户，集体只留了一小部分。但因界线不明和时间久远，仍有山林纠纷发生，解决办法是由涉及纠纷的户主出示林权证。如果林权证遗失，可去县档案馆查档案，或走访当年的干部（老生产队长）。新版的林权证已在 2005 年左右下发，超过 98% 的林户换了新证。换发新林权证时界线分得很清楚，纠纷的情况很少。林地或自营或承包给别人，没有联合经营和林地拍卖的情况。

该镇总山林面积不到 5 万亩，以生态公益林为主（占 50% 以上），很少采伐，农民一般在自留地（很少在自留山）种果树。生态公益林归村民小组管，现在补助是 8 元/亩，直接拨到村民小组账户上，主要用于公益事业，做什么公益事业需要户主的同意。

承包山林款一般为 8~15 元/亩，自留山、责任山的承包款发给户主，集体林的承包款没有完全按规定的 70% 返还农民，部分村、村民小组全部留作公益事业。以晨鸣公司承包 3000 多亩林地（转包自华润公司）为例，每年付承包款，第一年是 2 元/亩，逐年提高。承包款由公司给村委会，再由村委给村民小组，最后发给户主。户主授权给村民小组，村民小组与村委会签订一个合同，村委会再与公司签订承包合同。公司对合同的执行没有意见。承包款的发放受到林业部门的监督，一年一发，年底付清。如果有拖欠、违约的情况出现，则合同自动作废。分钱时每个村不一样，按人口进行。

关于森林经营方案，投资者对森林经营方案表现得很主动，该镇有六家造林户或公司，省设计院对其中五家进行勘测，主要是测量树高、密度、胸径等项目，定点测量，再取平均值。结合专家意见和市场价格，由投资者制订林木的砍伐计划，方案五年内有效。

### （四）梅县程前镇大和村调查结果

2009 年 7 月 16 日上午，调查梅县程前镇大和村。大和村总人口 1638 人，总户数 428 户，有 15 个村民小组。2008 年人均年收入为 4000 元，外出务工是主要收入来源，村里有 600 人外出打工。土地总面积 6752 亩，林地面积 5300 亩（自留山 500 亩），人均林地面积 3.24 亩，生态公益林 4300 亩，占林地面积的 81.1%。

该村在林权上具有一定的特殊性，虽然"林业三定"时期也划分了责任山、自留山，但后来又被收回。关于收回林权证的具体情况，我们曾访谈了86岁的余载林老人，他从1959年到2005年长期担任生产队长（村民小组长）。据他回忆，20世纪80年代（具体时间不详）县里面要求把林权证统一收回到生产队，当时镇林业站站长管尚林（已故）来到村里宣读文件。此后，林权长期归生产队（村民小组）所有，2004年左右也没有发新的林权证。另据该村会计廖新力介绍，1984年发林权证时，因林地很少，第5、7、10、12、13、14、15小组没有发证。1987年，除第3、6、8小组外，又将已发的林权证收回来。大和村民兵营长、治保主任廖庆平认为，山林归村民小组管理比较好，一方面因林业收入有限，分到户后农民管理山林的责任心不强，另一方面建设征地也比较方便。

余载林老人所在的第二组有2000多亩林地，公益林1360亩，水田90亩。对于生态林，省里每年补贴6000多元，这些钱按人头平均分。据反映，村里偷砍树木的现象很多，第二组的树几乎被砍光了，因为护林员少，管不了。但森林火灾救护比较及时，以前发生过两次火灾，救火都很及时，村民去救火一次补助20元。另外，林区农村居民搬迁的比较多，老人所在小组的人家除3户留守外都搬出来了，有的搬到村委会所在地的附近，有的搬到县城。之所以搬迁，主要是因为山体滑坡，2007年在木头坑、石岩下、夹岗就发生了几十年一遇的山体滑坡，县政府主张搬迁，但没有补助，建房土地费50元/平方米。留下的3户人家，由村民小组买下一栋楼住，栽种组内的部分农田。但由于人口外迁，基本没有人管理山林。

### （五）梅县林业承包户调查结果

2009年7月16日下午至17日上午，我们对部分典型林业经营承包户进行了调查。

王德龙是来自福建漳州的林业经营大户，1989年就来梅县、平远等地从事林业经营，从2005年开始承包林地2000亩左右。林地分布在王岗村、长滩村、大塘村，承包价5元/亩，承包期为30年，种的都是桉树。王德龙还任广东梅县造林工程队苗圃场场长，有两个育苗场（每个一次性付给30000元承包款），从事育苗和绿化植树近10年，育的苗主要用于荒山、道路两旁的绿化。

比较起来，王德龙更愿意从事苗圃育苗和承包绿化植树，因为这比承包经营山地风险更小。王德龙算了一笔账，苗圃育苗收入1000元/亩，除去成本480元左右/亩（包括工人的工资、种苗费、肥料费），一亩可以赚近500元，再加上承包绿化植树每亩也可以赚15~20元。而承包山地种桉树，一般要5~6年才能长大，一亩成本要 1500 元，可以砍树 6~7 吨，1 吨可以卖 400 元，砍树成本要 65 元一吨（包括装车），最后算出来一亩可以赚 600~700 元。但种树周期长，砍伐需要审批，而桉树价格有波动（前两年桉树是 500 元/吨，现在是 400 元/吨），价格好时想砍不一定批准，另外如果发生火灾，多年的心血可能付之一炬。

王德龙表示现在不想再扩大规模，因为资金不够，不敢去贷款，有风险。当问及为何不参加森林火险，王德龙表示保险公司没有这方面的险种，即使有这方面的险种，王老板也不愿意买，主要是担心发生火灾，林业公安破不了案，保险公司不赔偿。虽然灭火的费用由政府出，但损失都要自己承担。

王德龙认为，已经承包的山林被划为生态公益林，承包户利益受到损害较大。生态林的补偿 6~7 元/亩直接发给村民小组，这些钱大部分用于公益事业，如修路、修水渠。如果自己的林被划为生态公益林，亏了就认了。有一个朋友的林被划为生态林，要求政府直接把钱补给他。后来政府把钱补给他，但当地群众有很大意见，他不得不把钱退回该村民小组。这件事已经过去两三年，现在不了了之。

王德龙也结合自身承包山林的经历，谈了他对林权改革的看法，认为林权最好由村民小组管理，这样便于承包经营。当年他承包责任山地时，要逐户落实，经过林业站、村委会、村民小组、各户代表这样一个程序，非常复杂。承包责任山要与村民小组签合同；承包私人的自留山，与户主签合同，但要到村委会出证明。承包款发放也比较麻烦，他把钱先给村民小组长，然后每家每户领钱的人要按手印、签名，这样基本上没有出现争执。

除了王德龙，我们还调查了另外一个承包户杨干华，他于 2002 年承包了程江镇大和村第一村民小组林地 1500 亩。2008 年修了环山公路，主要是想把木材运出去。修公路占用了村民的水田、旱地，村民通过村委会要求杨老板给予合理的补偿。村委会和程江镇驻村的干部多次出面协调，但都没有达成协议，到现在这个问题还没有解决。杨老板曾两次来砍树，但遭到村民阻拦。

## 六、平远县调研

### （一）平远县林业基本情况

平远县木材蓄积量在全省居于前列。据统计，该县现有森林面积 163.3 万亩，森林蓄积量 458.8 万立方米，森林覆盖率达 73.4%，森林活立木蓄积量连续 3 年年净增率达 4.2%。全县有 52 万亩生态公益林，其中一类林、二类林面积达 42 万多亩，占 81.4%。目前，全县建起了 5 万亩速生丰产林基地、8 万亩油茶基地、5 万亩脐橙基地、2 万亩南药基地。已有各类木材加工企业 152 家，年销售收入 4 亿元，约占全县工业总产值的 20%。

全县山林权属情况是，已颁发林权证的有 150.9 万亩，占全县林地面积的 92.4%。其中，国家所有的达 2.56 万亩，占 1.7%；集体所有的达 148.3 万亩，占 98.3%。在已颁发林权证的集体林地中，自留山有 58.3 万亩，占 39%；责任山有 43.1 万亩，占 29%；集体经营的达 46.9 万亩（其中集体流转林地 12 万亩），占 32%。

### （二）平远县林业局调查结果

2009 年 7 月 20 日上午，与平远县林业局陈福锦副局长、王股长、甘股长等座谈。

1. 集体林权制度存在的问题

（1）林权不清晰。林业"三定"时，平远北部山区是按土改的情况分的，南部是按人口来分的。由于林业"三定"时时间短促、经验不足，加上以村干部为主的工作组未经培训临时上阵，未严格按照规定程序进行林权勘界、登记，许多宗地的林权不够明晰，尽管后经换发证，问题仍十分突出，具体表现为四至不清、交叉重复登记、有证无山、有山无证、随意联户登记发证、林权证面积与实地面积不符等。

（2）集体林失管。全县集体经营的商品用材林有 24.5 万亩，但经营责任不落实，导致经营主体虚置，山林失管，收益无保障，农户利益难以实现。

（3）林权流转不规范。自林业"三定"至今，各类权属的山林以租赁、转包、转让、互换等形式，林地使用权和林木所有权发生了变更转移，但大都存在流转合同不够完善的问题，也未申请办理林权变更登记。

（4）山林权属纠纷不断。据初步统计，全县在案的山林纠纷有 53 起，争议林地面积达 0.9501 万亩。

2. 林权改革的具体做法

平远县计划用三年时间完成全县集体林权改革任务，并严格遵照上级林改的文件执行，具体做法是：

（1）明晰产权。全面清理"三定"和换证后的山林权属档案，审查各宗地权属情况，对换发的新证存在图、表、册不一致，人、地、证不相符的，重新勘界、登记、换证。对持有"三定"自留山林权证、责任山承包合同书而未换新证的，尽快勘界、登记、换证。无"三定"自留山林权证、责任山承包合同书，如在县、镇"三定"档案中已登记，则可确认并核发新证。如果以上两种条件都不具备，但能提供其他有效权属证明或有经营事实且大多数村民认可的责任山，可以确认并及时核发新证。以上条件都不满足的，就视同集体经营的山林进行改革。

对联户造册登记换发的林权证，对确因不同权利人的宗地面积小、相互交织、在地形图上难以标示、户与户之间无明显地物标志、四至不能清楚表述、权利人一致同意联户发证的，应予保持。否则，就重新划分不同权利人的宗地，进行林权勘界、登记、换证。

集体经营的山林，采取均股均利等形式落实到农户。可继续集体统一经营，将现有林地、林木折股均分给集体成员。对拟列入开发计划的园地和25度以下的坡地不均股均利到农户，继续由村集体实行民主管理。

经政府区划界定的生态公益林和已划入自然保护区、森林公园、风景名胜区的集体山林，以及农民比较满意的集体林场、联办林场采取均股均利的经营方式，维持其经营主体不变。可通过法定方式将自然保护区和界定为生态公益林的集体林地逐步收归国有。

稳定已流转的林地。本着尊重历史、维护稳定、依法办事的原则，对流转合同不规范的，应在村委会、镇人民政府和县林业部门指导下订阅补充协议予以完善；对流转程序不合法的，当事人应向人民法院起诉，由人民法院裁决。待问题妥善处理后核发新证。

（2）减轻负担。农户经营自留山的收益，归农户所有；经营承包林地的收益，除依法缴纳国家和省规定的税费及合同约定的费用外，归经营者所有。取消其他一切收费。禁止乱收费、乱摊派、乱罚款。征占用农户承包的林地，要依法足额支付林地补偿费、安置补助费、地上附着物和林木的补偿费等费用，安排被征林地农民的社会保障费用。对没有落实被征地农民社会保障措施和费用、没有按规定履行征地报批前有关程序的，一律不予报批征地。林地补偿费按有关政策法规规定和林地发包、承包双方协议执行。

（3）放活经营。实行商品林、生态公益林分类经营管理。对商品林，经营者可依法自主决定经营方向和经营模式，生产的木材实行产销见面。在坚持森林采伐限额管理的前提下，不断改进采伐管理办法，简化林木采伐审批程序，实行木材采伐指标分配公示制度，接受群众监督。严格控制生态公益林采伐，依法进行抚育和更新性质的采伐，合理控制采伐方式和强度。同时，在不破坏生态功能的前提下，可依法合理利用林地资源，开发林下种养业，利用森林景观开发森林旅游业。

（4）规范流转。除已达到近、成、过熟林的用材林，政府已界定的生态公益林和已划入自然保护区、森林公园、风景名胜区的集体山林不得转让外，其他集体山林的经营者在依法、自愿、有偿的前提下，可采取转包、出租、互换、转让等方式流转林地经营权和林木所有权。主要规范：流转的山林权属无争议，并具有林权证。流转期限不得超过承包期的剩余期，流转后保持集体林地所有权不变，不得擅自改变林地用途。流转当事人双方应签订书面合同，采取转让方式流转的，应经发包方同意；采取转包、出租、互换或者其他方式流转的，应当报发包方备案。经营权流转合同一般包括以下条款：双方当事人的姓名、住所；流转山林的名称、坐落、四至界线、面积、地类、林种、树种、林龄、蓄积量；流转期限和起止日期；流转价款和支付方式；合同期满时森林资源存量的补偿；违约责任；解决争议的方法。合同订立后，应及时到具有资质的公证机关进行认证。集体统一经营管理的林地使用权和林木所有权采取拍卖、招标、协议或其他方式流转的，应经具有资质的森林资产评估单位进行森林资产评估，评估报告应报县级人民政府林业主管部门审核备案。流转方案应在本集体经济组织内提前公示，并经村民会议半数以上或村民代表会议三分之二以上成员同意。山林流转后，流转双方应同时向县人民政府林业主管部门申请办理林权变更登记。

3. 林权改革的问题或困难

县林业局从 2002 年到 2006 年集中五年的时间做林权证的换发工作，2007 年到 2009 年做后续的工作，林权证中划分林地有错的就纠正过来，漏发的就补发。林改是"政府热，林户冷"，林户对林权登记不积极。存在的问题或困难有：

（1）林权工作的组织有待加强，即如何把全县、各级单位调动起来。关于林权换发的期限，中央要求 3~5 年，省里面要求 3 年。要做好这方面的工作，需要做到三个"保证"：①领导要重视，建立一个完善的工作机制，县直接领导，镇组织实施，村具体操作，部门做好服务。②要有专门的技术人员，一个镇至少两个。③要有经费。

（2）林业政策法规对土地流转的保障还不够，基层的人对相关的政策不了解，体现在三个方面：①承包户与林户签合同不经过林业局，林业局没有备案，实际上已经造成了土地流转事实。签的合同也存在一些问题，如没有规定流转期限；转让的价格偏低；签合同时林户没有意见，但后来又反悔，容易出现争执。②事实经营的认定不好操作，政策法规要对事实经营具体化。事实经营是指有投入、有经营、有看护的行为。这个问题是林业"三定"时期遗留下来的。③认定林权证的材料还不规范，建议应尊重历史材料。

4. 关于生态公益林

平远县有52万亩生态公益林，108名专职护林员，每3000~5000亩配一名护林员。

根据省里面的标准，生态林的补偿从2003年至2007年8元/亩，但直接发给林户的只有7.5元。但是，生态林的补偿搞一刀切，不能准确体现林木的价值。而且存在一系列问题：一是承包户承包了林地，但林业局不知道，补偿时会出现争议。如果争议暂时不能解决，只好把钱存放在镇财政所。二是新出台的林权改革意见对林地流转形式并不明确，林地如何流转应在改革的文件中体现出来。

5. 林业资源在经济发展中的地位及作用

林业对平远县经济举足轻重，林业收入占县财政收入的1/4，林业收入有2500万元，全县的财政收入刚刚过亿。

（1）木材。2009年以前，平远县木材加工企业在全省来说都是做得不错的。2008年以后，梅州市委、市政府发文整顿木材加工企业，全县原有174家木材加工企业，现在只剩下67家，主要的木材加工企业都保留下来了，关闭的都是规模小的、耗费资源多的。木材主要用于做纤维板、胶合板、木质家私。家私基本上是出口，卖到美国、德国等地，内销做不了，主要是效益低。林业局对木材的管理很严格，采伐、收购、运输都要有相应的证件。县里有一个林业综合执法大队，大队人员对木材实行监控，木材卸下车，要有执法人员在场。

（2）油茶。从2004年到现在种了43000多亩油茶，2004年之前种有40000多亩，总共有80000多亩，分布在各个镇。2004年以来种的，规模化经营较多，2004年之前以自己种的为主。价格方面，私人加工的卖得比公司的还贵，前者卖35元/斤，后者卖33元/斤。油茶对土质的要求不高，从生态角度讲，林地应不超过25度。林户对种油茶很热情，油茶的种植期要三四年，新种的油茶产值尚未统计出来。油茶是20世纪80年代从广西引进的，土油茶产量高，一亩产10斤油。以前管理粗放，油茶产量大小年很明显，2004年后采用新的管理方式，改善了这一情况。

6. 林业收费情况

2009年7月22日下午，访谈平远县林业局邱德泉副局长，调查林业收费情况。

规格材 143 元/立方米（包括育林金 98 元、税 15 元、检测费 30 元），非规格材 46 元/立方米（包括育林金 30 元、税 5 元、检测费 11 元）。对人工造林采取优惠政策招商引资，收费只有 25 元/立方米（包括育林金 15 元、检测费 10 元）。

税收包括木材所得税 3 元/立方米，城建税 5 元/立方米，教育税 3 元/立方米，增值税 3%、5%。检测费用于原木材公司（原森工所）遗留人员工资。办理运输证时，收齐以上费用。2008 年之前，育林金全部返还林业局，2009 年的返还比例还没有确定，但肯定有返还。育林金全部用于造林，没有发就累积下来。

所收费用全部上缴财政。全县设有四个木检站，运输木材的车辆凭证放行，没有办齐证件的就要罚款。木检站有的有十多个人，有的只有三四个人，人数的多少根据车流量来定。木检站的执法队员要经过考核取得上岗证。林户自用材经申请审批，不用缴任何费用。

收购木材要有木材公司、执法队的人在场监督。木材公司的人分布在各个乡镇，一个镇有两三个人。木材公司是国企，从事木材经营，负责检测，有 100 多人。木材加工企业的整顿有利于加强监管，因为如果木材加工企业数量多且分散，经营不规范，不易于监管，乡镇的小型木材加工企业存在的意义不大。

### （三）平远县泗水镇调查结果

2009 年 7 月 21 日上午，访谈平远县泗水镇张书记、林业站李站长等人。

1. 泗水镇概况

泗水镇位于平远县东北部，面积 137 平方千米，有 10000 多人，常住人口 7000 人左右。泗水镇是平远县最大的用材林基地，共 16.9 万多亩，其中杉树约 7 万亩，天然林约 10 万亩，森林覆盖率为 80.4%，年产木材 1 万多立方米。林业年产值 2000 万。全镇共有 2800 多户人家，平均每户拥有的林地近 60 亩，全镇人均年收入 4000 多元。每年镇财政收入 100 多万元，包括水电站入股收入 30 多万元，铁矿企业纳税 30 多万元，省转移支付 30 多万元。

泗水镇共 19 个林场，其中集体林场 18 个（镇林场 6 个，村林场 12 个）。如今，有 13 个林场转制，承包给私人，3 个维持原状，还有 3 个解体了。该镇没有林权入股的情况，主要是各家各户自主经营。林场承包出去的，林农希望收回来，自己经营。

2. 林业方面存在的问题

总结起来，泗水镇林业方面存在的问题主要有：

第一，林种结构单一，只种有杉树，而杉树的生长周期长，要 15~20 年；

第二，林业经济效益相对较低，高品质木材不多；

第三，木材加工的深度不够，主要是卖原木，增值少；

第四，林业"三定"时界址划分不明确，换发林权证时有漏登、错登的情况，林权纠纷不断，调解难度大。

泗水镇的收入主要来源于用材林，特别是杉树。据张书记保守计算，杉树以15年为一个生长周期，每亩平均产量为6立方米，每亩平均成本800元（包括工资、运输费、税费等），售价500元/立方米，每亩年收益为150元左右。自2008年开始，梅州整治木材加工企业，暂停砍伐天然林，造成泗水镇林业收入减少。面对这一问题，该镇提出了以下几种解决办法：

第一，在水田上种经济作物，如仙人草。全镇共有水田5000多亩，有1000多亩种了仙人草，亩产1200斤，每斤可卖3~6元；

第二，加工黄板（又称禾米，稻谷的一种）；

第三，种油茶，产值30000元/亩；

第四，种蕉芋。

根据泗水镇收入来源大小排序，依次为木材、仙草、水稻、其他经济作物。

林业经济效益低的原因为：

第一，采伐指标明显不够用。全县每年约下达采伐指标2.5万立方米，泗水镇的采伐指标是1.1万~1.3万立方米，占全县的40%以上。如果超过生长周期不采伐，杉树中间会出现空心的现象，这样经济效益减少，打击林农种植的积极性。

第二，不能从天然林获取收益。梅州市委、市政府提出"绿色崛起"，从2008年开始，暂停了对天然林的采伐。而天然林以白椎、藜蒴等树种为主，本身生长量很大，需要进行更新采伐。

泗水镇没有做过森林经营方案，原因在于：具体到每户的林地较少，林户感觉没有必要做这个方案；因为不愿承担制订森林经营方案的费用，林业承包户参与的积极性也不高；如果以镇为单位做，好处肯定是有的，但镇财政也拿不出这个钱。张书记算了一笔账，做方案的费用以10元/亩计，全镇就要170万元左右，全镇每年财政收入不到100万元，而行政支出要200万元，本来就有100万元的财政缺口。因此，张书记提议：森林经营方案应以服务为主，降低收费标准，乃至不收费。对于个别愿意出钱的林户，可以单独给他做方案。

现在，泗水镇的林农普遍认为，把林地承包出去获利少，而自己经营收益更高。因此，林农不愿意回到集体管理时代。原来承包出去的林地，林农的利益分成往往只有百分之几，林农认为自己亏了，分成比例应随实际情况适当改变。因此，在林地收益较高的地区，如泗水镇，农民不愿意将林地承包给别人经营，而愿意自己经营。

泗水镇很重视山林防火，几十年都没有发生大的山火，有火但不成灾。

镇政府前几年做了一个经济发展规划：第一，发展生态旅游，问题是基础设施不好，如交通不便；第二，山林养殖，如养鸡、鸭、猪等。

3. 林业承包户调查结果

2009 年 7 月 21 日下午，参观并访谈了平远县泗水镇的两个主要林业承包户，长联林果场的黄森福和大角坳林场的林远清。

（1）第一个调查对象：长联林果场承包户黄森福。

①基本情况：该林场原来是国有林场，始建于 1987 年。黄老板从 2003 年开始承包该林场，承包期为 40 年，一次性付了 60 多万元承包款。林场面积 2800 多亩，其中天然林 2000 亩左右，杉树林 900 多亩。从 2003 年开始，黄老板每年投入 20 万元，迄今一共投入了 150 多万元。

②种植情况：主要种植杉树、白椎、藜树。根据生长情况杉树一年砍伐量可达 700 立方米，而根据指标实际砍伐量只有 500~600 立方米。由于管理好，生长 15 年的杉树每亩可以产 12 立方米（而平均只有 8 立方米/亩）。

③收入情况：杉树每年有 28 万~30 万元的纯收入。如果每年砍 300 立方米天然林，会有 10 万元收入（现在不允许砍）。工人工资每年 12 万~15 万元。黄老板还单独投资 70 多万元建小型水电站 1 座，每年发电 30 多万千瓦时，年收入 10 万元。另外还投资了 190 万元与人合资兴建小型水电站 2 座，年发电 80 万千瓦时，收入 15 万元。所发电以 0.40726 元/度卖给电网，要交 3% 的销售税。

④最担心的问题：担心政策发生变化，砍伐指标的限制太严苛，不能适应市场的变化。

⑤其他：以前做木材加工，现在已经停产了，不想做其他产品，也没有做过森林经营方案。每年的专项指标根据承包前的产量而定。以前林场与林农有纠纷，在承包时，纠纷都处理好了。林地边界没有纠纷，有林带区分。

（2）第二个调查对象：大角坳林场承包户林远清。

①基本情况：该林场原属镇政府所有，成立于 1969 年前后。林老板从 1996 年开始承包该林场，承包期为 30 年，从 2002 年换证算起，承包款 70 多万元，分三次付清，首付为 35 万元左右，第二年付 20 多万元，第三年付清。70 多万元是根据种的树折合出来的价钱，这 70 多万元属于镇政府财政收入。林场总面积 4000 亩，杉树 3000 亩左右，其中人工林 80%，天然阔叶林 20%。人工林主要是杉树，天然林主要是白椎。林场现有工人 45 人，每年工资支出 40 多万元。

该林场林地属于林农，种的林属于镇政府。由于有些树是林农种的，因此林老板砍了树，还要给他们分红 15%。

②对"生态梅州"的看法：赞同这这一政策，但限制砍伐指标不符合农村实际情况，对泗水林农影响很大。泗水镇最多可砍伐 30000 立方米，但实际指标只有 10000 立方米。

③收支情况：现在种的都是二代林，产量比一代林低了 1/3。二代林 15~18 年亩产 3~4 立方米，每立方米 200~250 元。以前加工木材，年均收入有 10 万元，但由于整顿木材加工企业，关闭年加工 5000 立方米以下的企业，这笔收入现在也没有了。

④其他：只有明确山界才能砍伐，砍伐时，家家户户都要有人在场。

4. 泗水镇金田村调查结果

7 月 22 日上午与泗水镇金田村领导及群众进行座谈，参加者包括村支部刘书记，村民代表吴裕安、林秀珍、赖仕达、谢远华、谢远新、赖银忠。

（1）金田村基本情况

金田村有 17 个村民小组，346 户人家，人口 1357 人。林地面积 30721.5 亩，有林面积 29796 亩，自留山 10165 亩，责任山 16750 亩，集体公山 1610 亩，活立木蓄积 149369 立方米。

（2）林权情况

1981 年，林业"三定"时分自留山、责任山，后来两山并一山，老百姓不分自留山、责任山，他们认为，不论是哪种山，都是属于自己的，种同样的树，采取相同的管理办法。至于林地界线，林农们是清楚的，但还是存在纠纷，纠纷通过村干部协调解决。村民小组内部的纠纷很少，一般是小组与小组、村与村之间的纠纷。1981 年的划分基本是按土改时的情况划分，以户带山，适当调整。当时划分的面积不准确，"四至"界线是清楚的，但实地面积没有测量过，与林权证上的面积数字出入很大。换证时重新测量过，大部分林农都换发了新的林权证，小部分有纠纷的还没有领到证。林权证有错误，需要到林业站再核实，有些错误两三年都弄不清楚。

自留山、责任山自主经营，流转方式不受限制。有的林农把自己的山租出去，签订 15~20 年不等的合同。有公山的村民小组把公山承包出去，承包款用来做公益事业。分成按签合同时就定好的比例，依林地情况而定，有八二开、七三开、六四开。金田村内部承包（指承包给本村的人）的有 10%，即 35 户左右。

（3）资金情况

20 世纪 80 年代有 70% 的人贷款（政府贴息，15 年后开始还款，20 年左右还清），现在林农一般不贷款。相关的政策鼓励林农投资林业，做试验的政府有补助。以油茶为例，种植面积在 50 亩以上的，树苗由政府全额补助（一棵苗 1 元，县里出 8 角，镇里出 2 角）。

（4）采伐情况

采伐证的办理由林农向林业提出申请，林业站派人过来勘查，快则 5 天，慢则半个月就可以办好。自己种的树什么时候砍自己知道，但是否被批准就不确定。一般来说，采伐量不超额都会通过。如果要采伐自己水田上的树，不用办采伐证，但要有林业站的证明。对于受灾群众、家中患有重病的、有小孩上大学的优先审批。泗水镇有 8 个村，每年指标 300~400 立方米，不够用。

（5）其他

县里、镇上都有山林调解办公室，一般来说，"小事不出村，大事镇解决"。

5. 木材加工企业调查

2009 年 7 月 22 日下午，访谈梅州平远朝阳家具有限公司吴声光副总经理。

该公司成立于 1994 年，属于台资企业，老板是蔡尚志。总公司在美国，大陆的总部在东莞黄江，此外在泰昌还有一个生产公司。公司特色产品是餐桌、餐椅、橱柜，产品主要出口到美国，小部分出口到中东。在 2009 年 7 月调查时，公司 98% 的员工是本地人，这些人文化素质不高（小学毕业即可），但勤劳，月工资 1000~1300 元。工人一个月有两天假，每天工作 8 小时。管理层要高中、大专以上学历，月工资不低于 2000 元。

原来的主要原材料荷木由本地提供，由于本地禁伐天然林而中断供应后，现在的原材料主要是橡胶木、白杨木、樱桃木，大部分从泰国、越南、美国、加拿大等国进口。家具行业污染较小，对本地生态没有影响。

我们参观了生产车间，发现主要生产设备自动化程度不高，该厂应该是典型的劳动密集型企业，本地劳动力便宜，是该厂继续留在本地的主要原因。对雕花工人的访谈也证明了这一点，这里采取计件工资制，雕刻一个茶几腿所得不到 2 元，他们每天工作 10 小时左右，所得不过 20 多元，劳动强度高，工资非常低。

# 七、新丰县调研

## （一）新丰县林业基本情况

新丰县位于广东省中部偏北，是东江支流——新丰江的源头，是广东省重点林业基地县之一。据 2001 年测定，新丰县山地总面积为 161031.4 公顷，占全县总面积的 82.6%。其中，宜林地占山地总面积的 97%，山地是耕地的 10 倍多，全县人均山地有 10 余亩，是典型的山区县。全县有 148141 公顷林地，其中生态公益林 41246.7 公顷，疏林地 179.7 公顷，灌木林地 1951.6 公顷，未成林地 1513.5 公顷，无林地 9242.6 公顷。全县森林蓄积量 612.5 万立方米，其中杉树 53.8 万立方米，湿地松 5 万立方米，马尾松 217.6 立方米，阔叶林 199 万立方米，针阔混叶林 81.3 万立方米。针叶混交林 47.7 立方米，竹子 979.2 公顷，木本果 67.3 公顷，油茶 513.6 公顷。

中华人民共和国成立前，山林多属地主、富农、祖偿、神庙所有。中华人民共和国成立后，实行土地改革，把山林分给农民。农业合作化期间，农民山林折股入社，归合作社集体所有。1961 年贯彻中央《农村人民公社工作条例》，体制下放，大部分山林归生产队集体所有。林业"三定"时期，先后分给农民自留山 28334 公顷，划分责任山 84133 公顷，由家庭承包经营。1993 年 9 月，县政府制定《关于完善责任山经营体制实行折股联营的有关规定》，从县机关抽调 513 名干部组成工作队，深入全县各镇村开展折股联营工作，历时 2 个多月，因农民缺乏积极性，效果不明显。

2003 年，国家林业局明确提出"中国林业由过去的以木材生产为主向未来的以生态建设为主的历史性转变"的战略决策，县委、县政府成立了创建森林生态县领导机构，县政府与韶关市政府签订了《创建森林生态市责任书》，制订了规划与方案，进行了努力创建新丰江之源森林生态县的总动员。

### （二）新丰县林业局调研

2009 年 8 月 3 日下午，访谈新丰县林业局陈俊尧书记、江先林副局长、财务股郑春芽股长。

江先林副局长认为，产权不够明晰是新丰县林权改革面临的主要问题，林农关于产权的纠纷较多，截至目前有超过 1500 件的山林纠纷。造成产权不够明晰、界址不清的原因主要有三个：

第一，新丰县于 1981 年至 1985 年进行分山，因部分山地的林木不值钱，在划定山地界址时就比较马虎，往往以树为界标划定，当界标树被砍伐后，就造成了界址不清的现象。

第二，当时农民法律观念不强，对林权证不重视，不愿亲自上山确定山地界址。

第三，当时是县政府盖发空白的山林权证，由农民自己或生产队自行填写，造成林产权上的林地四至界线不清、林权重叠的情况。

虽然在 20 世纪 90 年代初发现这个问题，但至今仍未很好地更正。在 2004 年换发新证时，由于一些宗地地块较小，难以在林权证上以 1∶10000 的比例尺画出，因此只有 8 亩以上的地块才能独立发证，小于 8 亩的地块只能联户发证，每户的林权归属只能靠联户各家商定，不能在联户的林权证上界定清楚。

江副局长谈到，希望通过这次集体山林产权改革解决这些问题，目前正在梅坑镇茶坑村进行林权改革的试点，采取的举措有：

第一，成立山林纠纷调解机构，调解大部分山林纠纷。

第二，由于林地太分散，农民小农意识较强，不利于实行规模经营，甚至出现林地荒芜现象。县政府应该实行强硬的措施，比如将已经荒芜的林地收回来，实行规模经营。

第三，进一步明晰产权，在新林权证上要有清晰的林地四至界线图示，根据具体情况实行单户发证或联户发证。

江副局长认为，新丰县的山林面积占国土面积的 80%，但目前林业产值不到全县 GDP 的 5%，应该进一步发挥林业在新丰县经济发展中的作用。如果一亩山林总收入达到 800~900 元，产值就能达到全县 GDP 的 15% 以上。谈到如何进一步发挥林业在新丰县经济发展中的作用，江副局长认为应该做到以下几点：

第一，扩大生态公益林的面积。新丰县是新丰江源头，十个镇有七个镇属于新丰江流域，但目前生态公益林只有 4 万多亩，不到全县林地面积的 30%，应该进一步扩大生态公益林面积以保护新丰江源头的生态。

第二，有计划地种植阔叶林，提高林农信心。制造家具、工艺品等需要大量阔叶林，有较丰厚的利润。

第三，开展山林补偿。现在国家已经将林业经营目标调整为以保护生态为重点，因此林业收入会相应减少，政府加强山林补偿力度，是保证生态林业可持续发展的动力。

第四，走生态旅游之路。发展生态旅游是提高生态林业经济收入的一条成功道路。

第五，对农村劳动力进行培训，提高林业种植效益。

第六，大力发展木材深加工业，比如家具加工厂。由于直接向市场提供木材或初加工产品利润太低，开展木材深加工是提高木材附加值的重要举措。

第七，规划商品林，种植工业用材林。一方面满足市场需求，另一方面能提高林业经营收入。

江副局长认为这次省里推行的集体山林产权改革，能充分调动林农的积极性，有效地增强林农保护山林意识，推动林业的创新发展，能促进对山林资源的充分利用，提高经济效益、社会效益和生态效益，推动社会主义新农村建设。

对于 2009 年 4 月 28 日国家林业局的森林采伐管理改革试点，江副局长认为放宽了采伐政策，能很好地调动农民植树造林的积极性，扩大林地面积，提高山林的利用率，提高收益，更大地发挥生态效益。林农能根据市场的需要，自主决定种植何种树木，有更大的发挥空间。

新丰县林业改革发展的基本情况：新丰林业内部改革较早，退休工作人员都有财政保障。林场现在逐渐向生态林场转型，如雪山林场、阿婆髻林场、司茅坪林场。新丰县每年的采伐指标有 3 万~4 万立方米，主要砍伐人工林。砍伐的收费标准为每立方米 75 元，2001 年以后种的人工林的砍伐收费标准是每立方米 35 元。

### （三）新丰县丰城镇林业站

2009 年 8 月 4 日上午，访谈新丰县丰城镇林业站李雪才站长。

丰城镇共有 25 个村，人口 2.8 万人，27 万亩的林地，包括国有林场，自留山、责任山和集体公山（大约占 20%）。丰城镇也存在林权不够明晰的问题，主要原因是划分界址不清、林权证的盖发程序不完善（先盖发空白证，再由村委自己写山林范围）。目前还没有新发的林权证，只发了 20 世纪 80 年代的林权证。

林业站的主要工作是山林看护、造林、规划、森林防火和林业病虫害的防治。林业站现有 7 个分工明确的工作人员，工资由财政发，但社保、医保、住房公积金等没有保障。

全镇人均耕地面积大约为 8 亩，农民的大部分收入除来自外出打工外，还有约 1/3 来源于种植李子、桃子、柑橘等果树。近几年政府免费发放苗木鼓励农民种植松树，还补助 1000 元/千米鼓励农民种植防火林带。靠割松脂获得的经济收入比种植桉树、杉树多出一半。李站长还谈道，发展家具、装修材料等木材深加工产业是提高林业收入的重要途径，对木材加工企业的整治虽然能在一定程度上防止乱砍滥伐，但不利于木材加工产业的发展。

### （四）新丰县丰城镇横坑村

2009 年 8 月 4 日下午，与丰城镇横坑村部分干部和村民进行座谈，包括村委会主任李伟坚、第 1 村民小组农民邓本明、第 6 村民小组农民俞春光、第 7 村民小组农民陈笯彩和胡可雅。

横坑村属丰城镇距离县城较近，林地面积有 1.8 万多亩，其中公山 1.2 万多亩，生态林 5000 多亩。主要种植经济林（李子、桃和毛竹）、用材林（松树、杉树），还有一些杂木。全村 2008 年收入为 3 万多元，村民的收入主要来自外出打工、果树种植（主要是李子）。林业三定时没有给村民颁发林权证，也没有核发新林权证。由于林权不清晰，出现村民随意开山种植果树的现象。为了处理农民随意开山的林权归属问题，村民代表大会通过了一套方案，认可了"林地谁先种林权就归谁"的做法，而对于那些没有种植果树的农户，由村委会将部分未种植的山林划分给他们。

集体山林的经营，经村民大会通过，以公开招标的方式实行承包经营。由于国有岳城林场在当年征地时，未与横坑村签订任何形式的合同，现在双方在林权问题上还存在争议，生态公益林补偿金也因此而没有发放。村民还反映采伐证办理程序烦琐，希望进行简化。

### （五）新丰县马头镇

2009 年 8 月 5 日上午，访谈新丰县马头镇党委书记黄思源。

在 20 世纪 80 年代初分山时，马头镇没有分山到户，而是分山到生产小组，2003 年和 2004 年换发新证时也没有改变这一局面。保持集体经营模式有利于保护生态。集体公山经营得比较好的大席村，大部分是村委会的公山，小部分是村民小组的公山，承包户与村委会签订承包合同，按照每年的砍伐指标进行砍伐。村委会按照一定的比例获得分红，但农民的收入比较少。如果按照股份形式明确分配到户，在村里会引起很大的争议，因为本来就没有分山到户，如果采取股份形式，又要重新分山，由于牵涉到农民切身利益，如果进行得不好，会引起很大的社会矛盾。

### （六）林业承包户

2009 年 8 月 4 日上午，访谈林业承包户李雪才。

李雪才于 1988 年承包板岭村 1.1 万多亩林地，从 1988 年开始承包板岭村的林地，其中 85% 属于村民的自留山，分布于第一、二和十一村民小组，种植松树、杉树和其他杂木，成为当时的种林大户，获得省劳动模范等荣誉。1997 年进入丰城镇林业站，2009 年担任站长。

承包合同约定，承包期的前 10 年不补偿农民，10 年之后按收益的 25% 补偿给农民。承包条件还包括修一条到林地的公路，林地能获得更好的管理，村民很愿意把山林承包出去。承包时林权比较清楚，现在也办理了林权证。承包的林地现有一半划为生态公益林（松树、杉树林较少，多为杂木林），每年都能拿到补偿金。而且承包一片林后，集体管理比较方便。

韶关市规定，承包林地每年采伐量不能超过 20 公顷，天然林不能超过 5 公顷，因此在承包期内承包户难以完成需要的采伐量。承包以来，一共采伐过两次，1996 年采伐了 2000 立方米，2003 年采伐了 2000 立方米，主要是采伐木材不多的天然林，采伐后能更好地种上松树和杉树。采伐要缴纳"二金"（育林金、维简费）、设计费和检疫费，共 75 元。韶关市已出台新政策，采伐费用由原来的 75 元降低为现在的 35 元。缴纳采伐费用时不分自留山和集体山，费用是一样的。办理采伐证的程序太烦琐，采伐者要先到林业站报批，林业站再到镇政府报批，镇政府再到县林业局报批，县林业局再到县政府报批，这样的程序会浪费一定的时间。政府对种树有一定的限制，但林农可自主选择经营方式。

在林业投资上，贷款比较困难，山林抵押贷款需要森林资源评估，但县里还没有相应的评估机构，需要到韶关市才行，而且要支付一定的评估费用。县政府免费发放松树苗给农户，让农户能通过种植松树，可以割松脂赚钱，而且松树比其他木材价格还要高。政府还按 1000~2000 元/千米的标准补助农户，鼓励种植防火隔离带。

### （七）林业工商户

2009 年 8 月 5 日下午，在新丰县梅坑镇李坑村云天海温泉原始森林度假村建设工地，访谈负责人秦化科。

之所以选择新丰，是因为这里的生态保护得比较好，又有温泉，靠近珠江三角洲，有很好的客源。目前度假村已承包李坑村的 4000 亩集体山林，全部为生态公益林。由于村民小组拥有林权，所以在商谈承包合同时能很快达成协议。除少数天然林以租金形式补偿外，大部分经济林都是一次性补偿。虽然与村小组沟通和协调工作花了较长时间，但在县政府工作组协调下，最终还是顺利地承包了大片山林。这里的山林多为集体公山，不是一家一户的山林，否则要花很多时间与一家一户打交道，甚至不可能一下子承包那么多的山林。秦总还表示会严抓排水标准，建设污水处理厂，以保护好这里的生态环境。

### （八）案例研究总结

从土地改革分山到户，到人民公社、大队和生产队集体经营，再到林业

"三定"划分自留山和责任山，我国山林产权经历了从私有到集体所有，从私人经营到集体经营再到私人、集体共同经营的过程。从此次在梅县、平远县和新丰县的调研结果来看，一方面我们看到了林权改革已经取得的可喜成果，另一方面也发现了许多需要在新的林权改革中解决的问题。

1. 已取得的林权改革成果

对三县的调查中发现，经过20世纪50年代初的土地改革、20世纪80年代初的林业"三定"、21世纪初核发新林权证等几个主要阶段，广东省的集体林权改革已经取得了很大的成绩。

（1）从林地所有权来看，大部分林地归村民小组集体所有，少部分归村集体所有，还有部分集体林地被国有林场、森林公园、自然保护区等划拨或征用。

（2）从林地经营权来看，不同地方主要采取了农户经营、村民小组或村集体经营、专业户承包经营、企业承包经营等几种形式。

（3）已有相当部分的林地被划为生态公益林，并且由政府每年给予经营者一定数量的补贴，广大经营者能从中获得一定的收益，也有利于对生态环境的保护。

（4）林业集约经营取得了一定成果，有相当一部分山林承包给专业户或企业，实行规模和专业化经营，不但提高了林业经营的效率，也使林地出让方和承包方均能从中获得较好的收益。

（5）林业深加工得到一定发展，在所调查的三县中平远县的林业加工业发展得最好，提高了林业产品的附加值，农民能从中获得更大的收益。

（6）工业用材林发展迅速，尤其是桉树在林区得到大面积推广，种植者包括林农家庭、村组集体、林业承包户、林业加工企业等。

（7）各种经济林种植面积不断扩大，已经形成了油茶、果树（如金柚、柑橘、李子等）、南药等生产、加工、销售的价值链，农民从中获得大量收益。

（8）生态效益不断显现，表现为旅游、休闲等依托良好生态环境的产业发展较快，相当一部分地方形成了农家乐、温泉度假等富有地方特色的产业，当地农民和投资者获益较大。

（9）政府采取各种优惠措施吸引林业投资，通过补贴等经济杠杆对林业种植进行规范引导，使林业投资不断扩大。

（10）政府采取更为灵活规范的采伐管理措施，一方面规范林业加工企业，严格按计划采伐，甚至对天然林实现短期禁伐，有利于更好地保护生态环境；另一方面又对工业用材林、经济林等采取更为灵活的采伐政策，根据市场变化，通过申请专项采伐指标等办法满足经营者的要求。

（11）政府尽量减少林业收费项目和降低收费标准，降低林业经营成本，增加林农收入。

（12）生态林业的发展和生态环境的改善，不仅提高了当地居民的生活质量，也为周边地区和整个河流流域带来正的外部效益。如新丰县是新丰江的源头，新丰江又是东江水系的主要源头，而东江水则是惠州、东莞、深圳、香港供水最重要的水源。新丰县生态环境的改善使新丰江源头的水质可以达到国家饮用水二级标准，整个新丰江流域尤其是下游大型城市从中受益。

2. 需要在新的林权改革中解决的问题

此次广东省集体山林产权改革，提出以明晰产权、减轻负担、放活经营、规范流转为主的改革任务，就是在已有改革的基础上，进一步理顺林业经营机制，使农民获得更多的林业收益，实现林业发展战略由以木材生产为主向以生态建设为主的总体转变，并最终实现林业的可持续发展。根据这次调查，我们总结了需要在新的林权改革中解决的主要问题。

（1）林业产权方面的问题

①林地四至界线不清，造成产权纠纷。在历次山林产权改革划分林地界址时，因工作人员工作粗疏未到林地现场勘测，或因农民不重视未亲临林地现场确认林地边界，或因勘定林地边界时采用树木等临时界标，各地不同程度地存在林权不清晰的问题。在换发新林权证时，部分地区重新进行了实地勘测，发现实际林地面积与林业"三定"颁发林权证出入较大。如平原县八尺镇南塘村张庆云有一宗自留山，在井下塘（东至过人大路，西至岗顶界，南至队上油茶角，北至庆荣竹山、振其旱地），林业"三定"（1981 年 10 月 19 日）颁发林权证注明面积为 1 亩，2009 年 4 月 21 日现场审核为 20.5 亩，换发新证时进行了更正。张庆云家的这宗自留山实测面积与原林权证注明面积相差 20 倍之巨。据林业干部反映，当地这种情况非常普遍，原因在于当年林业"三定"时间紧、工作粗疏，面积多以目测估计或依土改数据，很少实地勘测；或因时隔多年，原来的临时林地界标已损毁，很多当事人已不在人世，重新核定非常困难。

②宗地面积小，地块零碎。由于南方林地多处丘陵山坡，地形较复杂，且人均林地面积较小，在划分林地时还要考虑优劣搭配，往往地块面积小而零碎。小于 8 亩的地块难以在新林权证上以 1∶10000 的比例尺画出，不得已只能联户发证。地块太小也不利于规模化经营。

③林业收益小，农户缺乏管理积极性。在调查中我们发现，除部分林业资源丰富的地区（如平远县驼水镇），大部分地区人均林地面积少，农户来自林业的收入很少，农户宁愿外出打工或从事其他收入较高的工作，也不愿经营管理

林地。自家林木被偷懒得管，甚至林地失火也懒得报警。

（2）林权流转和规模经营方面的问题

①承包经营合同不规范，农户利益缺乏保障。调查中我们发现，有部分农民在 20 世纪 90 年代签订的承包合同，没有充分考虑林业资源的时间价值，当时确定的补偿标准偏低，大都是以每年每亩几元的标准补偿，或以很低的价格一次性补偿，而且往往没有写明承包的时间期限。林业资源价值上涨后，农民感觉吃了亏，但又不能合法地进行追偿。当然，也有部分承包户签订合同时高估了林业资源价值，与农民订立的补偿标准过高。

②过于分散的林权不利于规模化经营。对林业承包户和林业资源开发利用企业的调查表明，当林业产权分属于不同的农户，林权过于分散时，需要挨家挨户与农户打交道，谈判成本太高。以新丰县梅坑镇李坑村云天海温泉原始森林度假村建设项目为例，项目负责人秦化科表示，幸亏已承包李坑村的 4000 亩集体山林，全部为生态公益林，而且村民小组拥有大部分林权，这才可能把转让合同签下来，即使这样也是在县政府工作组的协调下，花了一年多时间才与各村民小组达成协议。

③林业收益不同的地区，农民对承包转让的态度不同。在林业收益较少的地区，主要是人均林地少、林地贫瘠的地区，农民普遍愿意承包转让林地，甚至以很低的价格转让，以迅速获得收益，而不愿意自己经营，因为经营林业不及从事其他所得；但在林业收益高的地区，主要是人均林地多、林地肥沃的地区，农民普遍愿意自己经营林地，不愿意承包转让出去，因为他们感到转让所得收益不及自己经营。

（3）生态公益林方面的问题

①生态公益林补偿标准过低。全省现有省级以上生态公益林 5308 万亩，占全省面积的 19.9%，占全省林业用地面积的 32.1%。1999 年，我省开始实施生态公益林效益补偿制度，每亩补偿金额为 2.5 元；2000 年至 2002 年，补偿标准提高为 4 元；2003 年至 2007 年的补偿金提高至 8 元。《广东省生态公益林效益补偿资金管理办法》规定，生态公益林效益补偿资金总额的 75% 专项用于损失性补偿，18% 专项用于补助管护人员经费，4% 专项用于生态公益林管理经费①。

②虽然补偿标准不断提高，但生态公益林管护经费不足、林分质量不高等

---

① 损失性补偿资金直接支付到补偿对象的个人账户。管护人员经费包括管护人员工资、管护工具的购置费用等。管理经费分别按县、乡镇、行政村 1.5%、1.5%、1% 的比例分配（县级经费主要用于生态公益林信息系统建设、宣传培训及检查验收等支出，乡镇、行政村经费专项用于生态公益林的协调管理）。

问题依然严重。例如，平远县有 52 万亩生态公益林，108 名专职护林员，每 3000~5000 亩配一名护林员。护林员严重不足，盗伐和火灾时有发生。由于经费不足，名曰管护，实际上仅仅是有限的看护，谈不上管理维护。

③损失性补偿对象不合理。《广东省生态公益林效益补偿资金管理办法》第二章第一条规定，补偿对象是因划定为省级生态公益林而禁止采伐林木造成经济损失的林地经营者或林木所有者①。但调查情况表明，一般将损失性补偿直接发给村民小组，按人头分给村民，或留作公益事业开支。这就意味着部分损失对象得不到应有的补偿，如承包林地被划为生态公益林后，由于损失性补偿直接发给村民小组，部分承包户得不到应有的补偿。还有个别地方补偿金被用于行政事业单位的工资，或被截留用于村民小组干部补助。

（4）林业深加工与收益增值方面的问题

①林业收益集中于原木出售，附加值不高。从调查情况来看，大部分林业收入仍集中于原木出售，或仅进行简单初加工，需要发展木材深加工业，以提高木材产品附加值。木材加工业发展得较好的平远县，也因为对木材加工企业的整顿而受到很大的影响。政府倡导生态理念，但由于缺乏有效的政策手段，对木材加工企业的整顿是无奈之举。为落实《中共梅州市委办公室梅州市人民政府办公室关于印发〈梅州市整治木材经营加工企业实施方案〉的通知》，对年加工木材设计能力在 5000 立方米以下的各类木材加工企业实施整点整治，实际上是对这些企业实行关停。这不仅断了中小型木材加工企业的财路，也使林农不得不以原木出售，大大降低了木材产品的附加值。

②林业收益仅依赖于砍伐林木，缺少林业生态收益途径。砍伐林木相当于竭泽而渔，尤其我国林业从木材生产向生态林业转移后，依靠木材砍伐取得林业收益的老路子已经渐行渐窄，需要大胆创新寻求生态林业收益。部分农民自发组织的"农家乐"等休闲业，是值得推广的生态林业收益方式。

③传统林业制度的遗留问题，导致林农负担加重。调查中发现，部分地区还有传统林业制度遗留问题，主要是原计划经济时期成立的森工所、木材公司的遗留人员，因安置困难，至今仍需要林业部门解决其生存问题。以平远县为例，原木材公司的遗留员工难以安置，其中有的是伤残转业军人，如果推向社

---

① 责任山、承包山是农户的，补偿对象是农户；未租赁或未承包的村集体林地林木，补偿对象是村或村民小组集体；依法签订了林地林木承包或租赁合同的，在合同期内，补偿对象是承包者或租赁者；国有、集体林场的林地林木划为生态公益林的，补偿对象是国有、集体林场或其林地林木承包者、租赁者；执行谁种谁有政策但未与林地所有者签订合同的，补偿对象为经协商（协议）确定的对象。

会会造成一定的影响，因此他们征收检测费用于原木材公司（原森工所）遗留人员工资（规格材 30 元/立方米，非规格材 11 元/立方米）。

（5）采伐管理方面的问题

①采伐指标主要依赖行政分配，缺乏必要的市场机制。从调查情况来看，行政分配采伐指标的弊端是显而易见的，它往往不能在最适当的时候把指标分配给最需要的人。市场变幻莫测，林产品价值波动较大，经营者需要综合考虑林木生长周期和市场价格变化，决定最适当的采伐时机，但是采伐指标的限制却常常使最适当的采伐时机失之交臂。

②通过森林经营方案制订长期采伐行规划，但实施困难重重。这些困难主要表现为：目前大约 10 元/亩的专家咨询费用由经营者负担，广大林农普遍反映难以承担，而政府也缺少相应的财政开支；缺乏足够的咨询专家，目前主要由林科院专家从事咨询，各地缺少具备资质的咨询机构和专家；即使经营者能制订经营方案，但经营方案不能适应市场的变化，可能市场价格最好的时间并不是森林经营方案规划的采伐时间。

③对非林业用地的林木采伐不再纳入采伐限额管理的改革政策，实际上没有多少必要。调查显示，所谓非林业用地的林木，实际上一般理解为房前屋后、田边地头的分散林木，以前也没有进行过采伐限额管理，一般由林农自主经营。而且，这类林木往往具有较长历史，当地农民敬畏有加，也不会随意采伐。

④对承包户经营的大片经济林，如果已经完成生长期需要大批采伐，林业局可能会采取专项采伐指标审批来解决，但专项指标往往不能完全满足承包户的采伐需求。因为林业局也要考虑成片采伐带来的生态影响，只能逐年逐批采伐，但由于这些经济林往往集中于一个时间段种植，采伐时间也往往在同一年，这就造成了采伐指标不够的问题。

（6）林业社会化服务方面的问题

①缺少森林资源评估服务，林业资源抵押贷款困难。林农除了获得小部分政策性林业低息或免息贷款，因缺少银行认可的森林资源权威评估，难以获得林业资源抵押贷款。在县一级很少有机构提供森林资源评估服务，只有在地市一级才有，而且收费比较昂贵。

②缺少森林经营方案咨询服务，推行森林经营方案困难。目前有资质从事森林经营方案咨询服务的，仅有省林科院等少数单位，而市一级的和县一级的几乎没有。森林经营方案咨询服务收费大约为 10 元/亩，除少数承包大户表示有能力承担外，一般农户均表示难以承受这笔费用。

③缺少林权流转方面的政策、法律咨询或指导，林农或承包户的权益难以

保护。调查显示，由于承包合同大多是数年或十几年以前签订的，根据当时的林木价格确定的补偿或承包费标准也偏低，一般为 3~5 元/亩，并且很多都没有明确承包年限，这些明显是缺少林权流转方面的政策、法律咨询或指导造成的。

（7）林业保险方面的问题

①缺少林业保险品种，林业经营者风险较大。保险公司很少有针对林业资源保险的险种供林业经营者选择，调查中经营者大都表示了对经营风险的严重担忧，一旦发生森林火灾，可能使多年经营的心血付之一炬。

②林业保险理赔机制缺位，林业经营者担心即使有保险也很难获得赔付。由于风险发生后取证困难，加上对保险公司和公安部门的调查取证人员的不信任，林业经营者担心赔付困难而不愿参保。

（8）林业生态经营方面的问题

①生态补偿途径单一。除了获得有限的生态公益林补偿外，经营者几乎没有其他有效的生态补偿途径。如大城市的重要水源流域，当地人民为保护流域生态，不得不放弃可能破坏生态的工业化发展模式，却没有或很少获得应有的生态补偿。

②缺少林业生态经营的成功模式。调查中发现，虽然有不少农民家庭办起了农家乐，生意较好。客户之所以来这些地方消费，主要就是看中了这些地方的生态环境。但如果要规模发展显然还存在一定困难，如服务质量的稳定性、品牌的塑造等。也有少数投资者，如新丰县梅坑镇李坑村某温泉原始森林度假村，是按五星标准投资建造，集豪华客房、中西餐饮、大型露天温泉、康体娱乐、大中小型会议室为一体的度假型休闲企业，但据项目负责人介绍，这样的休闲企业在更邻近广州的从化也有多家，对于如何在更偏远的新丰利用林业生态资源优势取得优势竞争地位，目前还缺乏具体可行的有效措施。

③林业生态外部性问题难以解决。林业生态是我国林业发展的主要目的，但由于外部性的存在，使其具有典型的公共物品性质。公共物品一般只能由政府提供，如果要由市场有效供给，必须首先解决林业生态的外部性问题，而实行生态补偿机制是必然途径。

# 八、对策研究

**对策一**

进行林权复核、调整，根据情况适当集中林权以利于规模经营，规范和监管林权流转。

（1）对于界线不清、有产权纠纷的林地，应重新实地复核。复核时应有林权所有者、林业主管部门、有关历史见证人等，在林地现场实地测量，并确定或制定永久性界线标志。

（2）对宗地面积小、地块零碎，不利于规模经营和林权证比例图绘制的，可由林业主管部门召集相关产权人进行适当调整合并，重新确定林地产权，使宗地面积扩大，减少每户林地地块数量，避免地块零碎。

（3）对于实测面积与证载面积出入较大，且当地人口变动较大的，应重新根据证载面积划定边界，根据当地人口变动重新分配多余林地面积权属。

（4）对人均林地面积小、林业收益较少的地区，可根据每户林地分配股权，采取集中经营的方式，由专业承包户、投资者或集体统一经营，根据股权多少分配利润。

（5）对于林权过于分散不利规模经营，且农户收益较少不愿自主经营的，可根据情况将林地确定或收归集体所有，不再分配到农户，并由集体决定经营模式，所得利润分配给农户或用于当地公益事业。

（6）由林业主管部门审核、监管承包经营合同，做好备案并及时审批林权流转，核发林权证。已经签订的历史承包合同，经林业主管部门审核存在补偿标准或承包费用不合理、承包期限不明等问题的，应召集合同各方签订补充协议进行修订。


**对策二**

合理进行生态公益林效益补偿，加强生态公益林管护，设计和完善生态补偿制度，减少或消除林业生态的外部性，探索和引入林业生态的市场供求机制，创新林业生态经营模式，真正实现林业经营目标从木材生产到林业生态的转移。

（1）合理进行生态公益林效益补偿，加强生态公益林管护。目前由政府各级财政承担的生态公益林效益补偿，在实施过程中存在不能落实合理补偿对象的问题，最突出的表现就是很多林业承包户在承包林地划为生态公益林后得不到补偿，这需要政府部门采取措施合理解决。而对于生态公益林的管护，主要存在经费缺乏和制度问题，可由政府通过竞标外包给专业管护公司进行专业化管护。

（2）制定生态环境补偿法，进一步完善林业生态补偿制度。明确实施生态环境补偿的基本原则、主要领域、补偿办法，确定相关利益主体间的权利义务和保障措施，并以此为依据，进一步细化流域、森林、草原、湿地、矿产资源等各领域的实施细则。

（3）设计和征收"生态环境税"，并成立"生态环境补偿基金"。"生态环境税"的征收，应该不仅专门针对污染、破坏环境的行为或产品，还应有利于实现生态环境的有偿使用。以"生态环境税"的税收为基础，设立"生态环境补偿基金"，执行生态环境补偿法规定的补偿标准和办法。

（4）减少或消除林业生态的外部性，探索和引入林业生态的市场供求机制。引入林业生态的市场供求机制的最大障碍是林业生态的外部性，应该设计和创新市场机制来减少或消除林业生态的外部性。目前最可能减少或消除林业生态外部性的途径之一，就是实行流域生态补偿机制。如新丰县是新丰江的源头，而以新丰江为主要源头的东江水系是惠州、东莞、深圳、香港供水最重要的水源。新丰县生态环境的改善使新丰江源头的水质可以达到国家饮用水二级标准，整个新丰江流域尤其是下游大型城市从中受益，但是作为生态受益者的惠州、东莞、深圳、香港却很少或没有对新丰县进行必要的补偿。

（5）创新林业生态经营模式，真正实现林业经营目标从生产木材到林业生态的转移。要实现林业经营目标从生产木材到林业生态的转移，目前最重要、最紧迫的就是创新林业生态经营模式。对于已经在实践中证实成功的，如农家乐林业生态经营模式，应进一步完善、总结和推广。还应不断探索新的林业生态经营模式，通过试点成功后再进行推广。

## 对策三

放弃以整顿木材加工企业作为控制采伐的手段，鼓励和推行林业产品深加工，不断提高林业产品的附加值。

（1）放弃以整顿木材加工企业作为控制采伐的手段。《梅州市整治木材经营加工企业实施方案》是为了实施"生态梅州"战略，遏制过量消耗森林资源的势头，实际上就是以整顿木材加工企业作为控制采伐的手段。这可能会在短期取得较好的控制采伐效果，但从长期来看，阻碍了林业产品深加工的发展，不利于提高林产品的附加值。因为关停年加工木材设计能力在 5000 立方米以下的企业，就意味着必须把木材运到较远的大型加工厂加工，但这必然增加运输成本。特别是每个农户每次采伐量不大，运输成本增加更大，林农不愿承担增加的运输成本，往往直接出卖原木，从而丧失了本来可以获得的木材附加值。调查中发现，平远县原来的木材加工业比较发达，甚至邻近的江西省寻乌县都有林农将原木送来加工，但整顿已经对当地木材加工业造成较大的破坏。

（2）增加木材加工深度，进一步提高林业产品附加值。调查反映了目前林区木材加工深度普遍不高，大多仅进行简单加工或直接出卖原木。林区交通不便，发展其他工业没有优势或为了保护生态不宜发展其他工业，但发展木材深度加工，一方面可以增加林产品附加值；另一方面可以减少运输成本，还可以充分利用山区丰富廉价的劳动力资源，对林区生态也不会造成多大影响。对于应该大力发展的，不应该因为可能造成采伐管理困难而放弃。如家具业、装饰用木材业，都是可以大力发展的。

### 对策四

提供和规范森林经营方案咨询服务，由政府补贴或减免咨询费用，推动森林经营方案的制订；在森林经营方案中设定中长期采伐控制总量，由经营者根据市场变化自主决定采伐的具体时间和数量。

（1）提供和规范森林经营方案咨询服务，对无力承担咨询费用的森林经营主体应由政府予以补贴或减免。森林经营方案是森林经营主体为了科学、合理、有序地经营森林，充分发挥森林的生态、经济和社会效益，根据国民经济和社会发展要求及国家林业方针政策编制的森林资源培育、保护和利用的中长期规划，以及对生产顺序和经营利用措施的规划设计。它既是森林经营主体制订年度计划、组织和安排生产森林经营活动的依据，也是林业主管部门管理、检查和监督森林经营活动的依据。因此，由此产生的咨询费用，应该由森林经营主体、林业主管部门共同承担，对无力承担咨询费用的森林经营主体应由政府补贴或减免。目前森林经营方案咨询服务体系尚未建立，也缺乏相应的符合资质要求的专家和服务机构，这是推行森林经营方案的最大障碍。

（2）注意森林经营方案的宏观性，根据市场变化灵活调整采伐指标。森林经营方案是中长期森林经营计划，但它无法充分考虑森林资源的市场变化，往往是市场价格高时，森林经营主体得不到足够的采伐指标，而市场价格低时采伐指标又过剩。因此，森林经营方案只应是一个宏观性的指导计划，而采伐量或采伐指标则应根据市场变化灵活调整。林业主管部门可以设定一个中长期的采伐控制总量，由经营者根据市场变化自主决定采伐的具体时间和数量。

### 对策五

建立林业社会化服务体系，提供森林资源评估、森林经营方案咨询等方面的优质服务。

（1）培育和建立完善的林业社会化服务体系，由市场提供优质服务，对确有困难承担服务费用的经营者由政府给予适当补助，由经营者自主选择服务机构。市场是提高服务效率的有效手段，在不产生不利影响的前提下，尽量由市场提供林业服务，既可以减少由政府运作带来的效率损失，也可以使林业经营者获得更好的林业服务。政府应该制定相应的市场规则，并进行适当的调控和引导，加强市场监管，尽快培育和完善林业社会化服务市场。当林业经营者不愿或无力承担时，为了推行某一林业政策，政府也需要对服务费用进行适当的补助。

（2）当某种林业服务确有自然垄断性或不适宜由市场提供时，可以在政府监管下由适合提供这种服务的机构提供，或由政府作为公共服务提供。某些林业服务如林业保险具有自然垄断性，只能由提供林业保险服务的保险公司提供。政府应加强监管，当发生保险赔偿时，防止处于劣势的林业经营者因举证困难而难以获得赔偿。而某些林业服务如森林经营方案咨询，可能因其政策性太强，不适宜由市场提供，政府可以作为公共服务免费提供。

## 对策六

彻底清理林业管理的历史遗留问题，转变林业管理部门职能，加快林业管理体制改革。

（1）加快林业管理部门的职能转变与机构改革。我国林业管理体制经历了林业行政管理、林业经营管理的分设、合并，如县级林业管理部门就历经农林科、木材采购站和森林支局的林业、森工分设，到林业局统管林业、森工业务，再到林业局、森林工业局分家，再到林业森工局，最后到林业局的各个阶段。之所以经历林业、森工分分合合的变革，主要是因为林业管理部门的职能定位的变化。林业管理部门身兼林业管理和经营两大职能，或政府分设两个部门、分担两种职能，结果是既搞不好管理，又搞不好经营。政府林业管理部门的职能，只能是进行林业行政管理和提供林业公共服务，而不应该直接参与林业经营管理。而由此而来的机构改革，就是围绕林业行政管理和提供林业公共服务设立岗位和职能部门，并且由政府财政提供全部支出。

（2）彻底清理林业管理的历史遗留问题。由于政府林业管理制度的历次变革，造成了许多历史遗留问题，如果不彻底清理和解决，将阻碍林业管理体制改革的进行。在这些历史遗留问题中，表现最突出的是遗留人员的安置、国营林场的转制、林业管理部门的编制和经费等问题。如在平远县，就存在原森工局、木材公司遗留人员无法妥善安置，至今依赖征收检测费维持生计的问题。部分国营林场由于没有政府经费支持，仅靠政府的生态公益林补助难以为继，面临生存困难，必须尽快承包出去，或转换经营机制重获生机。而林业管理部门的编制和经费问题也很严重，各林业管理部门大多存在超编现象，这些超编人员的工资和退休保险得不到财政支持，只能靠收费等办法自行解决。对此，一方面要清退、安置不必要的超编人员；另一方面要加大财政支持，解决林业管理部门的必要编制和经费。

（3）强化服务意识，推行电子林政，加强林业管理部门的公共服务职能。建设服务型政府是党中央提出的重大战略任务，具体到林业管理部门，就是要强化服务意识，推行电子林政，不断提高林业公共服务的质量。例如，在采伐管理上，部分林农反映办理采伐证程序烦琐，可以大力推行网上行政审批，缩短审批周期，为林农提供更为便捷的服务。

## 附件1：县林业局调查表

以下资料由县林业局获得，包括：

表1  样本县特征

表2  某年某县办理采伐证环节预征费用项目

表3  某县木材木竹税费（预征收）标准

表4  某年全县分乡镇统管山、责任山、自留山面积分布比例

表5  某县木制品出口环节征收项目

表6  某县生态公益林面积统计表

**表1  样本县特征**

| 指标 | |
|---|---|
| 林业用地面积占总面积的比率 | |
| 森林覆盖率 | |
| 农业人口占总人口比率 | |
| 农民人均所得（元） | |
| 权属集体有林地面积占总有林地面积比例 | |
| 耕地面积占总面积的比例 | |
| 县林业产值占农业产值比重（按现值计算） | |
| 林业经营方式特点 | |

来源：县级统计年鉴。

### 表2 某年某县办理采伐证环节预征费用项目

| 项目 | 税费项目 | 树种 | 计收办法 | 育林基金/更改资金 |
|---|---|---|---|---|
| 1 | （二金）<br><br>育林基金、更改<br><br>资金 | | | |
| 2 | 设计规划费 | | | |
| 3 | 作业设计费 | | | |
| 4 | 木材检疫费 | | | |
| 5 | 苗木费 | | | |
| 6 | 造林费 | | | |

来源：县级统计年鉴。

### 表3 某县木材木竹税费（预征收）标准

| 项目 | 林业经费起征价 | | 合计 | 按起征价计算 | | |
|---|---|---|---|---|---|---|
| | 调整前 | 调整后 | | 育林基金 | 维检费 | 植物检疫费 |
| 杉原木 | | | | | | |
| 松原木 | | | | | | |
| 杂原木 | | | | | | |
| 杉等外/非规格 | | | | | | |
| 杉等外/非规格 | | | | | | |
| 杉等外/非规格 | | | | | | |

来源：林业资源清查资料。

### 表4 某年全县分乡镇统管山、责任山、自留山面积分布比例

| 乡镇 | 集体统管山林地面积占总面积比例 | 农户承包林地面积占总面积比例 | 农户自留林地面积占总面积比例 |
|---|---|---|---|
| 某一村 | | | |
| 某二村 | | | |
| 某三村 | | | |
| 某县 | | | |

注：以上人均面积均按农业人口计算。

来源：林业资料清查资料，并请提供计算所需的具体面积数字。

表5　某县木制品出口环节征收项目

| 项目 | 税费种类 | 征收标准 |
|------|----------|----------|
| 1 | 个人所得税 | |
| 2 | 检疫费 | |

来源：林业资源清查资料。

表6　某县生态公益林面积统计表

| 单位 | 合计 | 重点生态公益林面积 | | 县级公益林 |
|------|------|------------|------------|------------|
| | | 界定面积 | 省补助面积 | |
| 某一村 | | | | |
| 某二村 | | | | |
| 某三村 | | | | |

来源：林业资源清查资料。

# 附件2：林业干部的访谈提纲

一、确定访谈对象、访谈时间和地点

访谈对象：县林业局、典型乡镇林业站、典型村领导。

访谈时间和地点：由双方商量确定。

二、访谈前了解：当地的地理位置、人文地理；林地面积、树种构成；收入情况和收入的主要来源等基本情况；林权改革的历史与现状。

三、与访谈对象接洽，介绍自己的身份和访谈目的

您好！我是华南师范大学"广东集体山林产权及山区发展对策研究"课题组的调查员，该课题属于"广东省农村政策研究中心"，课题成果将为省委、省政府和省人大提供决策依据。谢谢您的支持。

四、访谈内容

1. 您认为目前贵县（乡镇、村）集体山林产权存在的主要问题有哪些？如何通过集体山林产权改革解决这些问题？

2. 您对贵县（乡镇、村）经济发展的思路是什么？您认为林业资源在贵县（乡镇、村）经济发展处于何种地位？如何充分发挥林业资源的优势？

3. 2008年8月23日出台的《中共广东省委广东省人民政府关于推进集体林权制度改革的意见》，提出以明晰产权、减轻负担、放活经营、规范流转为主

的改革任务，您认为对贵地林业发展有何影响？

4. 2009 年 4 月 28 日国家林业局在全国 22 个省区市的 168 个县区市全面启动森林采伐管理改革试点，突出两大亮点：一是非林业用地的林木采伐不再纳入采伐限额管理，广大林农可以自主经营；二是突出了森林经营方案的地位，对已编制森林经营方案的，按照方案核定采伐限额，使广大林农林木采伐做到"五年十年早知道"。您认为这会对贵地林业发展产生什么影响？

## 附件 3：林地承包户、林场（林企）的访谈提纲

一、确定访谈对象、访谈时间和地点

访谈对象：林地承包户、林场（林企）的负责人。

访谈时间和地点：由双方商量确定。

二、访谈前了解：访谈对象的地理位置、人文地理、经营规模；林地面积、树种构成；收入情况和收入的主要来源等基本情况。

三、与访谈对象接洽，介绍自己的身份和访谈目的

您好！我是华南师范大学的学生，负责"广东集体山林产权及山区发展对策研究"课题在本县的调研工作，该课题属于"广东省农村政策研究中心"，课题成果将为省委、省政府和省人大提供决策依据。谢谢您的支持。

四、访谈内容

1. 您形成规模的特色产品或产业是什么？是如何形成的？

2. 对林业产业化经营，您有什么好的想法或思路？您目前最担心的问题是什么？该如何解决？

3. 您了解 2008 年 8 月 23 日出台的《中共广东省委广东省人民政府关于推进集体林权制度改革的意见》吗？《意见》提出以明晰产权、减轻负担、放活经营、规范流转为主的改革任务，这对您会有何影响？

4. 2009 年 4 月 28 日国家林业局在全国 22 个省区市的 168 个县区市全面启动森林采伐管理改革试点，突出两大亮点：一是非林业用地的林木采伐不再纳入采伐限额管理，广大林农可以自主经营；二是突出了森林经营方案的地位，对已编制森林经营方案的，按照方案核定采伐限额，使广大林农林木采伐做到"五年十年早知道"。这会对您产生什么影响？

## 附件 4：林民座谈提纲

一、确定座谈对象、时间和地点

座谈对象：村民代表（其中应邀请部分妇女及年长村民）若干（不少于 5 名）、村干部（1 名），应注意邀请德高望重、在林业经营上有代表性、文化程度较高的村民。

座谈时间和地点：由双方商量确定。

二、座谈前了解：当地的地理位置、人文地理；林地面积、树种构成；村民收入及其主要来源等基本情况。

三、介绍自己的身份和座谈目的

你们好！我是华南师范大学的学生，负责"广东集体山林产权及山区发展对策研究"课题在本县的调研工作，该课题属于"广东省农村政策研究中心"，课题成果将为省委、省政府和省人大提供决策依据。谢谢你们的支持。

四、座谈内容

1. 林业"三定"时期划定的自留山，是否保持稳定不变？四至界线是否明晰？核发、换发林权证没有？是否长期无偿使用并允许继承？

2. 责任山承包关系是否保持稳定不变？四至界线是否明晰？核发、换发林权证没有？承包期是 70 年吗？在承包期内可依法流转和继承吗？

3. 目前仍实行集体统一经营的集体山林，是否进一步明晰产权，量化到人？有没有推行联户合作、规模经营的方式？有没有采取公开招标、租赁、转让、拍卖等方式依法流转？流转所得收益 70% 以上是否按股份落实到农户？

4. 生态公益林、自然保护区、森林公园、风景名胜区的集体林地、集体林场、联办林场是否维持经营主体不变？是否采取均股、均利的经营方式落实权、责、利？有没有通过法定方式将自然保护区、生态公益林的集体林地赎买收归国有？

5. 已规范流转的林地是否保持稳定？对不够规范的，是否本着尊重历史和现实的原则，依法妥善处理，进一步规范和完善？

6. 经营自留山的收益，是否全部归农民所有，不收取任何费用？经营承包林地的收益，除依法缴纳国家和省规定的税费及合同规定的费用外，是否再收取其他费用？

7. 只要不违背法律规定，对林地种什么树、什么时间种、培育目标是什么林农可以自己决定吗？林农可以选择单独经营、合作经营、联户经营、委托、租赁等经营模式，享有生产经营自主权吗？只要法律没有禁止，林地承包经营权人可以自主选择林权流转方式吗？

8. 林业生产资金是否严重不足？是否开展森林资源资产评估？是否有政府资金扶持林业？是否有鼓励林业投资的政策或举措？林业贷款是否容易，主要障碍是什么？

9. 林业社会化服务体系完善吗？林权管理、转让交易、政策咨询、科技推广、行政审批和依法维权等服务工作做得好不好？如果不好，有什么问题或建议？

10. 非林业用地的林木采伐是否纳入采伐限额管理？林农是否提前知道林木采伐的年限？采伐许可证的审批和发放是否存在问题，您对此有何建议？

## 附件 5：乡林业站、村干部调查表

以下资料由乡林业站、村干部处获得，包括：

表 1　村人均林地资源统计表
表 2　村林木使用权属情况表（第七次森林资源清查）
表 3　调查村参与集体商品林改革面积表
表 4　调查村人均资源与收入情况表
表 5　调查村集体森林村民自留山占用量表
表 6　调查村集体森林国有占有量表
表 7　调查村商品林改革重要时间点对比表
表 8　调查村社会经济状况

### 表 1　村人均林地资源统计表

| 项目村庄 | 水田（亩） | 旱地（亩） | 竹林（亩） | 用材林（亩） | 经济林（亩） | 其他林（亩） | 农业用地（亩） | 林业用地（亩） |
|---|---|---|---|---|---|---|---|---|
| 某一村 | | | | | | | | |
| 某二村 | | | | | | | | |
| 某三村 | | | | | | | | |

**表 2　村林木使用权属情况表（第七次森林资源清查）**

| | 林木使用权 | 活立木总蓄积量 | 有林地（亩） | 竹林（亩） |
|---|---|---|---|---|
| 某一村 | 合计 | | | |
| | 集体 | | | |
| | 个人 | | | |
| 某二村 | 合计 | | | |
| | 集体 | | | |
| | 个人 | | | |
| 某三村 | 合计 | | | |
| | 集体 | | | |
| | 个人 | | | |

来源：林业资源清查资料。

**表 3　调查村参与集体商品林改革面积表**

| 调查点名称 | 某一村 | 某二村 | 某三村 | 某四村 |
|---|---|---|---|---|
| 土地总面积（公顷） | | | | |
| 林业用地面积（公顷） | | | | |
| 集体林改革面积（公顷） | | | | |
| 改革面积比例（%） | | | | |

来源：农户调查资料整理。

**表 4　调查村人均资源与收入情况表**

| 调查点名称 | 某一村 | 某二村 | 某三村 | 某四村 |
|---|---|---|---|---|
| 2008 年农民人均纯收入（元） | | | | |
| 人均林地面积（亩） | | | | |
| 人均毛竹林（亩） | | | | |
| 人均自留地（亩） | | | | |
| 人均水田（亩） | | | | |
| 农民主要收入来源 | | | | |
| 外出打工人数 | | | | |
| 林业经营方面特点 | | | | |

来源：农户调查资料整理。

**表5　调查村集体森林村民自留山占用量表**

| 内容 | 某一村 | 某二村 | 某三村 | 某四村 |
|---|---|---|---|---|
| 土地总面积（亩） | | | | |
| 林业用地总面积（亩） | | | | |
| 自留山（亩） | | | | |
| 人均自留山（亩） | | | | |
| 自留山占林业用地比例 | | | | |

来源：农户调查资料整理。

**表6　调查村集体森林国有占有量表**

| 调查点名称 | 某一村 | 某二村 | 某三村 | 某四村 |
|---|---|---|---|---|
| 土地总面积（亩） | | | | |
| 林业用地面积（亩） | | | | |
| 国有林（亩） | | | | |
| 国有林占林业用地比例 | | | | |
| 生态公益林（亩） | | | | |
| 公益林占林业用地比例 | | | | |

来源：农户调查资料整理。

**表7　调查村商品林改革重要时间点对比表**

| 某市集体林改革阶段 | 某一村 | 某二村 | 某三村 | 某四村 |
|---|---|---|---|---|
| 划分自留地（1982年） | | | | |
| 竹林体制改革（1995年） | | | | |
| 森林用材林改革（2003年） | | | | |
| 集体林权制度改革（2008年） | | | | |

来源：农户调查资料整理。

**表8　调查村社会经济状况**

| 调查点名称 | 某一村 | 某二村 | 某三村 |
|---|---|---|---|
| 人口（人） | | | |
| 户数（户） | | | |
| 2005年农民人均纯收入（元） | | | |

续表

| 调查点名称 | 某一村 | 某二村 | 某三村 |
|---|---|---|---|
| 农民主要收入来源 | | | |
| 林业经营方面特点 | | | |
| 外出打工 | | | |
| 毛竹 | | | |
| 林业用地占土地总面积（%） | | | |
| 人均林地面积（亩） | | | |
| 人均水田面积（亩） | | | |

来源：农户调查资料整理。

## 附件6：山区森林产权调查问卷

尊敬的村民朋友：

您好！我们是广东省农村政策研究中心"广东山林产权改革与山区发展对策"课题调查员。请您认真回答下面的问题，在您选择的选项前的□内划√，在横线上填写空缺的内容。您的支持就是对家乡发展的支持！

您的文化程度：□本科以上；□高中；□初中；□初中以下

您家有_____人。

您家每年收入_____元，其中农业收入_____元，养殖业收入_____元，林业收入_____元，工商业收入_____元，外出打工收入_____元，本地打工收入_____元。

您家的林地面积有_____亩，其中用材林_____亩，经济林_____亩，竹林_____亩，其他林_____亩。

如果您有机会，最想做的是：□食品加工业；□竹林和竹加工；□木材加工业；□养殖业；□其他_____。

如果有机会现在就做，您感到最大的困难是：□缺乏资金；□资源不足；□缺乏市场；□缺乏技术；□缺乏劳动力；□运输问题；□其他_____。

感谢您的认真填写！

调查员：_____；

调查地点：_____县_____乡（镇）_____村；

调查时间：2009 年＿＿月＿＿日。

## 附件7：样本村收入、发展意向与困难调查表

以下资料由调查村民问卷获得，包括：

表1　样本村某年收入调查情况表

表2　样本村发展生产项目意向统计表

表3　样本村发展生产项目最大困难统计表

**表1　样本村某年收入调查情况表**

| 项目村庄 | 农业收入（元） | 林业（家庭竹业）收入（元） | 养殖业收入（元） | 工商收入（元） | 本地劳务收入（元） | 外出劳务收（元） | 现金和实物（元） |
|---|---|---|---|---|---|---|---|
| 某一村 | | | | | | | |
| 某二村 | | | | | | | |
| 某三村 | | | | | | | |

来源：农户调查资料整理。

**表2　样本村发展生产项目意向统计表**

| 项目 | 发展加工工业 | 竹林和竹加工 | 没有 | 养殖业和其他 | 回答总数 | 没有给予回答 |
|---|---|---|---|---|---|---|
| 某一村 | | | | | | |
| 某二村 | | | | | | |
| 某三村 | | | | | | |

来源：农户调查资料整理。

**表3　样本村发展生产项目最大困难统计表**

| 原因 | 缺乏资金 | 资源不足 | 缺乏市场信息 | 缺乏技术 | 缺乏劳动力 | 贫困问题 | 回答总数 | 没有给予回答 |
|---|---|---|---|---|---|---|---|---|
| 某一村 | | | | | | | | |
| 某二村 | | | | | | | | |
| 某三村 | | | | | | | | |

来源：农户调查资料整理。

# 第四章

# 佛山陶瓷产业转移的效益分析
# 与可持续发展探讨[①]

佛山市是当今全球最大的建筑卫生陶瓷生产基地之一，改革开放以来，已发展为产业体系完备、产业基础雄厚、就业容纳量大、影响辐射面广以及极具地方特色优势的支柱产业。进入 21 世纪以来，珠三角地区劳动力、土地和原材料的廉价优势逐渐丧失，加之国际金融危机和全球贸易滑坡迫使企业降低成本来提升竞争力，迫使珠三角地区进行产业结构调整和实施"腾笼换鸟"计划，而"高污染、高消耗和低效率"的"两高一低"型企业是首选。在这种大背景下，2008 年以来佛山陶瓷产业开始了大规模的产业转移，如金意陶、箭牌、欧神诺转攻瓷都景德镇，斯米克、东鹏、马可波罗签约江西丰城精品陶瓷工业园，唯美、欧亚也相继转移江西。

佛山陶瓷进行如此大规模的产业转移，引发了学界和业界的极大关注，对其利弊得失向来不乏纷争。本节从内部效益和外部效益两个方面，全面分析与权衡佛山陶瓷产业转移的利弊，并在此基础上探索适合佛山陶瓷产业的可持续发展道路。

## 一、佛山陶瓷产业转移的内部效益分析

为了深入了解佛山陶瓷产业转移对陶瓷企业的影响，笔者访谈了佛山市禅城区"中国建陶产业第一镇"南庄镇的一些代表性企业，分析佛山陶瓷产业转移对企业产生的内部效益。

### （一）陶瓷企业资产迁移成本

陶瓷企业的迁移成本包括迁出成本和迁入成本。迁出成本包括窑炉、压机、

---

① 感谢华南师范大学学生曾小娟所做的大量基础性工作。

陶瓷切割机、磨边倒角机等生产设备的搬运成本以及陶瓷企业其他有形资产的迁移成本，同时也涉及陶瓷企业原本在佛山地区形成的企业与政府之间、企业与佛山市陶瓷行业协会之间、企业之间、企业与专业化市场之间的关系、联系、声誉等无形资产的损耗。除了这些迁出成本之外，迁入成本也是迁移成本的一个重要方面。迁入成本也包括有形的成本和由于制度、文化等因素产生的交易费用①。具体包括重新建设办公楼、厂房和员工宿舍等生产经营设施和重新建立供应、销售网络链的成本以及与当地文化和政府管理部门的相容性所产生的交易费用。

走进南庄，为了更好地收集陶瓷企业的迁移成本信息，笔者访问了上元陶瓷集团的营销部总经理李先生。上元陶瓷集团是一家有近 20 年历史的专业生产高级陶瓷内墙装饰砖、地砖的高档品牌公司，最辉煌的时候曾拥有 50 多条生产线。然而随着外部环境的变化和佛山陶瓷产业转移步伐的加快，昔日的排头兵锐减至 4 条生产线，上元集团的厂房正濒临倒闭，公司正在迁移至山东省淄博市。上元陶瓷集团各方面的迁移成本在企业总迁移成本中所占的比重如图 4-1 所示。

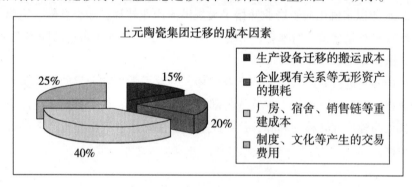

**图 4-1 上元陶瓷集团各种迁移成本所占的比重**

据介绍，外迁后上元陶瓷集团旧的生产设备基本不再使用，整个工厂可以再利用的资产不足两成，因此生产设备的搬运成本占总迁移成本的比重并不太高。但目前上元陶瓷集团在淄博市建造的生产线一条需要两百万元，重新建设一个厂房需要 4000 万~5000 万元，对于上元集团来说，厂房、生产线等有形资产的重建成本无疑非常高，占企业总迁移成本的比重最高，但上元陶瓷集团并没有如此殷实的"家底"。在异地落户的上元集团目前也在重新建立客户关系，在佛山积累的客户群几乎不再与迁移外地的上元集团进行业务联系，迁移外地

---

① 刘东，梁东黎. 微观经济学 [M]. 北京：科学出版社，2005：57-58.

后，原本在南庄的陶瓷企业集群优势也被打破，上元集团需要在淄博市与当地政府、协会与其他企业重新在功能和信息方面结成密切而稳定的关系。除此之外，淄博市政府虽然对陶瓷企业给予了税收、要素等方面的优惠政策，但从某种程度上说，存在政策兑现的风险。迁移到江西丰城的斯米克就由于原来政府答应的丰城矿务局的煤层气不够用，一共六条生产线只够一条用，致使生产线基本处于停工状态。如意、世纪等小型陶瓷企业也面临与上元陶瓷一样的困惑。不同于上元陶瓷集团等中小企业，新明珠、新中源、东鹏等佛山陶瓷品牌企业则认为陶瓷产业转移无疑为企业扩大产能和扩大市场占有率提供了契机。据新明珠集团旗下品牌的格莱斯陶瓷有限公司营销副总经理孟先生介绍，对于作为佛山陶瓷十强企业之一的新明珠集团来说，不但迁移成本没有成为集团的困扰，新明珠还于 10 月 29 日在江西高安工业园再次追加投资，总额达到 24 亿元，占地 3500 亩。

### （二）陶瓷企业的要素成本

要素成本是指生产要素的投入成本，包含土地、水电和人工等要素的价格，以及保障程度。[①] 随着陶瓷企业生产成本的攀升以及市场的竞争日益激烈，具有产品价格优势的企业往往能抢占市场，很多陶瓷企业就将低成本战略作为企业的一种核心战略，以此降低企业的成本压力，同时在市场上获得产品价格竞争优势。因此，佛山的建陶企业在迁移的过程中选择要素丰富而廉价的地区建厂。笔者对江西高安、山东淄博、四川夹江、广东清远及佛山五地的要素成本进行比较得出，江西高安、山东淄博、广东清远的要素成本显著低于佛山地区（见表 4-1），因而出现了笔者在上文中所说的地域迁移选择模式。

表 4-1　五地生产要素成本比较

| 要素 | 江西高安 | 广东清远 | 山东淄博 | 四川夹江 | 广东佛山 |
|---|---|---|---|---|---|
| 土地出让价格（万元/亩） | 1~3 | 2~4 | 4~7 | 1~3 | 3~8 |
| 平均用电价格（元/度） | 0.45 | 0.8 | 0.58 | 0.65 | 1.2 |
| 平均用水价格（元/吨） | 0.85 | 1.02 | 1.88 | 0.6 | 1.36 |
| 煤价加运费（元/吨） | 1050 | 1200 | 1100 | 1100 | 1350 |
| 燃料成本（元/m²） | 4.52 | 4.80 | 4.10 | 4.00 | 5.60 |
| 普通工人工资（元/月） | 1200 | 1450 | 1500 | 1200 | 2000 |

资料来源：笔者据《中国工业统计年鉴》和《中国统计年鉴（2008）》汇总整理。

---

① 艾斌. 企业迁移决策模型研究［D］. 长沙：长沙理工大学，2006：13.

一个微利或无利的陶瓷企业会面临停产甚至关闭的生存考验，企业要营利，在外部利润空间缩小的时候，就必须加强内部成本的管理，从而使投入最小化、利益最大化。这种利益的驱使要求企业选择生产要素成本具有比较优势的区位进行陶瓷产业的转移。佛山市陶瓷产业原材料紧缺，市及周边地区的沙土已基本耗尽，逐渐要到其他地区采购，油价不断提升也造成陶瓷业的燃料需求压力越来越大，成本越来越高，而由上表可以看出，江西、山东等地相对于佛山来说无疑具有能源、原料、人工等成本优势，因而成为上元以及新明珠集团等佛山陶瓷企业进行产业转移扩张的选择。

### （三）专业技术和管理人才的获得

佛山市陶瓷行业发展较快，人才需求量大，因此吸纳了大量的陶瓷专业人才。由于产业的集聚效应，各类陶瓷研发人才、管理人才、销售人才、技术人才的市场比较发达，已形成陶瓷产业人才的集聚地。仅景德镇陶瓷学院就有30000多毕业生和校友在佛山陶瓷产业从业。目前，佛山陶瓷产业从业人员达10万人之众，约占全市工业从业人员的一成，为佛山陶瓷产业发展提供了强有力的人才保障和智力支持。[①]

然而随着陶瓷产业的转移，大量的陶瓷企业向外发展引发了企业之间争夺佛山人才资源，加之部分人才已经本地化，许多陶瓷企业都不同程度地存在留不住人才的现象，上元集团也有这方面的困惑。据李先生反映，企业内的部分管理人才和专业技术人才都不愿意随着企业迁往淄博，他们的家庭和社会网络已经扎根本地，对当地社会有一定的依赖程度，迁移出去，会增加他们的心理和生活成本。企业外迁导致老员工和人才流失，不仅生产水平会打折扣，而且还必须为招聘、培训投入时间和资本。

与上元集团相比，新明珠集团对在江西高安建厂的人才获得显得信心十足。孟先生表示，新明珠集团提供良好的薪水福利待遇、良好的劳资双方关系，这些条件吸引了一大部分人才愿意到高安工业园发展。集团一贯主张内部培养人才，因此具有完善的人才储备机制，针对储备人才特点进行专业化引导和培养，使之能在需要的时刻发挥作用。集团现已拥有员工1万多人，单是集团副总裁就有11个以上，在外地转移扩张的企业高管人才会在内部调配，因此在人力资源配置和人才的获得方面具有一定优势。

---

① 王强. 佛山陶瓷产业发展的研究［D］. 北京：对外经济贸易大学，2006：3.

#### （四）产业转移的经济学分析

综上所述，上元集团与新明珠等陶瓷企业进行产业转移的内部效益可用空间盈利边界理论来解释（如图4-2所示）。

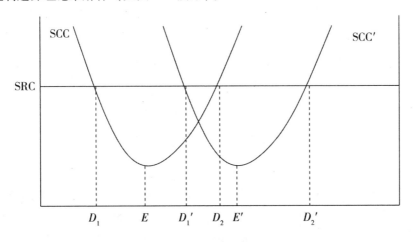

**图4-2 空间盈利边界理论**

空间盈利边界理论由英国经济地理学家 E. M. 罗斯特朗（E. M. Rawstron）和 D. 史密斯（D. Smith）提出，其主要思想是[①]：由生产成本和运费率共同确定各地产品的社会成本，由供求关系确定各地的产品价格，作出反映空间差异的成本曲线和收入曲线，其中假定空间收入曲线 SRC（spatial revenue curve）是一条直线，空间成本曲线为 SCC（spatial cost curve），图中横轴表示区位坐标，也就是企业所处的地区位置，纵坐标表示收入和成本。空间收入曲线和空间成本曲线共轭部分即盈利区，相交的点即 $D_1$ 和 $D_2$ 为企业盈利空间边界，以外的空间就是亏损区了。其中 $E$ 是企业的最大盈利点，即最优区位。当外部环境和企业发生条件的变化后，企业的空间成本曲线由 SCC 变为 SCC′，最大盈利点由 $E$ 变化为 $E′$，过去的最优区位 $E$ 将位于盈利空间之外。也就是说，由于外部环境的变化，过去的最优区位变成了造成亏损的劣势区位。

正如前面分析，随着佛山陶瓷行业经历了原材料成本、油价高企、节能环保等问题，迁移成本、生产要素成本与人才获得成本等成本范畴的增加，决定了空间成本曲线 SCC 发生变化。由于理论假设 SRC 是一条直线，盈利空间变成了 $D_1′$ 和 $D_2′$ 之间的区域，企业现有的区位变成了亏损区。因此，对于新明珠等

---

① 魏后凯. 产业转移的发展趋势及其对竞争力的影响 [J]. 福建论坛，2003（4）：13.

大企业来说，向江西高安等地转移，以减少成本和环保压力，同时扩大产能，是把企业迁移到了新的最大盈利点 $E'$，以实现投入最小、获取最大经济效益的盈利目标。而对于上元、如意等中小陶瓷企业来说，进行陶瓷产业转移产生的迁移成本会形成企业迁移的阻力因素，但仍在高地价、高人力、高原材料等高成本的生产基地继续勉强维持，只会使企业处于亏损的劣势区位，与处于盈利区位相互竞争的企业相比就处于竞争的劣势地位。因此，降低综合运营成本才是企业尤其是工业生产型企业进行迁移的主要考虑因素，低成本战略的实施必然要求陶瓷企业去选择综合运营成本具有比较优势的区位。

## 二、佛山陶瓷产业转移的外部效益分析

当一个经济单位采取的行动对他人产生了有利的影响，而自己却不能从中得到补偿时，便产生了外在的经济效益，称为外部经济，又叫外部效益。[①] 由于经济活动是相互依存、相互影响的，佛山陶瓷企业在进行产业转移的过程中最大限度地追求利润时，会无意地使其他社会成员或社会环境享受额外的利益，而这一经济活动带来的外部效益，可从以下三方面进行分析。

### （一）生态环境和生活环境

建筑陶瓷产业是高资源消耗型产业，维持生产需要消耗大量的水、电、煤和原料。佛山市建筑陶瓷年生产能力已经达到 16 亿平方米，每年最少消耗电能80 亿千瓦、原油 480 万吨，消耗原材料 3680 万吨。[②] 而在原材料的开采过程中，大量植被遭到破坏，水土流失严重，环境恶化。在生产过程中，建筑陶瓷产业更是成了高污染型产业。建筑陶瓷在生产过程中使用的煤、重油等燃料，在燃烧过程中会产生大量的废气。这些废气中的污染物主要有烟尘、硫氧化物、氮氧化物以及其他有害气体等，给环境造成严重的污染，给人类的健康带来极大的危害。据统计，2006 年佛山工业企业废气排放总量中，建筑陶瓷行业就占据了 50%，陶瓷行业排放的二氧化硫 1.89 万吨[③]，占排放总量的 13%，烟尘粉尘281 万吨，这些排出的废气、粉尘等污染物对居民的生活环境造成严重破坏，严

---

①　李善民．西方经济学原理［M］．广州：中山大学出版社，2004：253．

②　黄弘，陈爱娟．我国建筑陶瓷产业战略转移因素分析［J］．中国陶瓷，2008（3）：2-3．

③　黄弘，陈爱娟．我国建筑陶瓷产业战略转移因素分析［J］．中国陶瓷，2008（3）：2-3．

重威胁到人们的身心健康。

自从 2008 年佛山市政府强力推动陶瓷产业的转移和结构调整提升以来，佛山市的环境质量逐渐出现了拐点。2009 年 5 月 19—23 日，佛山市监察局、环保局、发展改革局、经贸局、公用事业局组成检查小组对佛山市 2008 年第一季度主要污染物总量减排情况进行检查。检查报告显示，从佛山市 2008 年第一季度二氧化硫减排目标完成情况来看（见表 4-2），二氧化硫完成了季度平均削减任务。

表 4-2　2008 年第一季度 $SO_2$ 减排目标完成情况①（单位：万吨）

| 区域 | 2007 年排放量 | 新增量 | 新增减排量 | | | | 2008 年第一季度预计排放量 | 2008 年比上年减排的目标量 | 任务完成情况（％） |
| | | | 合计 | 工程减排 | 结构减排 | 监管减排 | | | |
| --- | --- | --- | --- | --- | --- | --- | --- | --- | --- |
| 禅城 | 3.16 | 0 | 0.12 | 0.02 | 0.09 | 0 | 3.04 | 12.3% | 3.80% |
| 南海 | 4.32 | -0.11 | 0.49 | 0.37 | 0.12 | 0 | 3.72 | 12.0% | 13.89% |
| 顺德 | 2.87 | -0.14 | 0.03 | 0.00 | 0.03 | 0 | 2.7 | 11.1% | 5.92% |
| 高明 | 1.17 | 0.07 | 0.07 | 0.07 | 0.00 | 0 | 1.17 | 2.6% | 0.00% |
| 三水 | 1.74 | 0.02 | 0.05 | 0.00 | 0.05 | 0 | 1.71 | 5.8% | 1.72% |
| 全市 | 13.28 | -0.16 | 0.75 | 0.46 | 0.28 | 0 | 12.37 | 10% | 6.85% |

注：新增量的预测采用的是规模以上企业能源消耗量数据。

正是由于陶瓷生产能耗高、污染物排放量大，再加上佛山陶瓷产业的高度集群，给当地的环境造成巨大的压力。因此，佛山陶瓷进行产业转移具有特别重要的意义。它不仅可以减少环境污染负荷、改善佛山空气质量和居民的生活环境，也有助于佛山发展以研发、产销为中心的总部经济，为陶瓷产业再次融入佛山创造了条件。

### （二）就业效益

截至 2008 年上半年，佛山市一共淘汰转移或关闭陶瓷企业近 70 家、100 多条生产线停产，其中涉及许多从业人员的重新安置以及在陶瓷企业停产造成的工人追讨经济补偿的问题，在一定程度上缩小了佛山市的就业量。但从总体情

---

① 佛山市政府. 转发市监察局关于 2008 年第一季度主要污染物总量减排情况检查报告［R/OL］. http：//www.foshan.gov.cn/help/search/，2009-01-10.

况看，2009 年 1—9 月，佛山市城镇实现新增就业人数 18.09 万人①，超额完成 2008 年省下达佛山市新增城乡就业岗位 8 万个全年目标任务。由此可见，佛山市总体就业岗位相对充足，没有出现员工大规模失业现象。就业比较集中的陶瓷、服装、玩具、五金、制鞋、灯饰、家具、家电八大重点行业企业岗位流失情况的调查显示，截至 2009 年 9 月底，八大行业的企业从业人员共有 86.5 万人，与 2008 年年底相比共减少 5.2 万人。数据显示，佛山市并没有出现企业大面积倒闭的所谓"倒闭潮"，当前就业岗位的流失情况总体比较正常。

而对于广东清远、江西、四川等承接佛山陶瓷企业的迁入地来说，陶瓷产业的移入可以创造更多的就业机会并改善迁入地的就业结构。以江西省高安市为例，按照高安市陶瓷产业基地发展规划，至 2010 年将有 200 条生产线开工生产，2012 年陶瓷生产线达到 400 条。② 根据业内人士测算，基地实现规划目标所需人力约 8 万人，全市农村剩余劳动力仍有 2.1 万人，移入的陶瓷产业无疑有助于转移迁入地的农村剩余劳动力。劳动力从劳动报酬率低的农业等产业转向劳动报酬率较高的陶瓷产业，在一定程度上可以转变迁入地的产业结构，并提高其城市化水平。

### （三）对迁出地或迁入地产业结构调整的影响

佛山通过陶瓷产业的转移有助于打造佛山陶瓷的总部经济，也就是将陶瓷产业生产制造的上下游部分保留下来，诸如：陶瓷产业上游的设计策划、机械装备、研究开发等；陶瓷产业下游的营销总部、出口基地、物流等；陶瓷产品、装备、化工等方面的会展经济等，从而继续保持佛山陶瓷在建陶行业的领军作用、中心地位。根据缪尔达尔的地理性二元经济理论，将失去绝对优势或比较优势的传统产业转移出去，有利于发达地区为那些附加值更高的新产业腾出空间。佛山此次借陶瓷产业转移"腾笼换鸟"，可以提供更多的资本、劳动力等要素和其他资源，集中力量发展房地产等附加值高的先进产业，从而促使产业结构政策和产业结构调整目标的转变，最终实现佛山产业结构的优化升级。

对于迁入地来说，陶瓷产业的移入可以提高其陶瓷产业的技术水平和装备水平，带动劳动生产率的提高，进而推动陶瓷产业的改造、升级。同时，任何产业都不是孤立存在的，产业之间往往存在着广泛、复杂的联系，因此新产业的发展将带动与其前向、后向联系的相关产业发展，从而带动整个区域经济的

---

① 严谨，黄远任. 佛山没有出现"三潮现象"［N］. 佛山日报，2008-12-17.

② 罗秀明. 解读江西高安陶瓷产业基地［N］. 陶瓷视界，2008-06-11.

发展。高安市就以敏锐的战略眼光、快速的应对策略抓住了这样的机遇。自从高安市于 2007 年 2 月开始新建江西省建筑陶瓷产业基地后，一年来，基地基础设施建设迅速推进，企业引进速度大大加快，聚集效应日益明显。至 2008 年 5 月末，已开发面积 10 平方千米，投入基础设施建设资金 2.1 亿元；引进建筑卫生陶瓷及配套企业 50 家，合同引资金额 110.3 亿元。其中新明珠陶瓷公司计划分期兴建 44 条生产线，创造了全国陶企单厂单地设线的最高纪录。基地 2008 年建陶产量较 2006 年翻两番，实现产值 40 亿元，预计基地到 2010 年，一期规划的 200 条生产线年产将达 6.5 亿平方米，年销售收入 180 亿元，实现利税 36 亿元。① 佛山陶瓷产业转移将极大地促进迁入地经济发展。

## 三、佛山陶瓷产业转移可持续发展道路探析

随着中国经济的快速增长和产业结构的逐步升级，产业转移对制造业的发展和产业升级起着非常重要的作用，无论是对于佛山，抑或是整个珠三角、长三角，还是各省市区间的协作来说，产业转移都扮演着重要的角色。因此，佛山陶瓷产业转移是区域经济发展的必然趋势，也是佛山走新型工业化发展道路的必要途径之一。总的来说，陶瓷产业转移对佛山来说既是机遇，又是挑战，但笔者认为机遇大于挑战，佛山陶瓷产业在发展过程中，应该积极和主动地去面对陶瓷产业转移遇到的挑战，抓住机遇，从中找到一条可持续发展的道路，具体对策如下。

### (一) 政府进行合理的政策引导，科学提升陶瓷产业

当原料、地价和燃料等生产要素的价格上涨超过产业配套带来的成本下降时，政府需要对迁移的陶瓷企业进行有计划的引导和政策扶持，而不能一味地"关、停、转"。如广东省在粤北山区建设了陶瓷产业转移园区，通过合理的配套财税政策吸引企业迁移，不但带动了不发达地区的经济发展，而且不会削弱佛山本地经济，得到地方政府和企业的支持。② 在制定产业政策时，政府还应用科学发展观来指导规划陶瓷产业，不能单纯考虑经济利益，要平衡经济发展和

---

① 中国人民银行宜春市中心支行课题组.对高安市承接陶瓷产业梯度转移的调查与思考 [J].工作研究，2008（8）：59.

② 王强.佛山陶瓷产业发展的研究 [D].北京：对外经济贸易大学，2006.

生态环境目标，积极发展循环经济。对采用新技术的陶瓷企业，政府可以通过减免税收或直接免除税收来鼓励企业的创新；对使用环保燃料的企业，政府可通过加大征收排放量大的企业的排污费来补贴使用环保燃料的企业，或者在建设公共基础设施时优先采用此类企业的陶瓷产品。

### （二）加强自主创新，推进佛山陶瓷区域品牌建设

自主创新是一个产业进步和获得竞争优势的动力源泉，而品牌建设决定着产业结构调整优化水平的高低。目前，佛山陶瓷已达到一定的规模和水平，应推动其从跟踪模仿阶段向以品牌、技术、标准为主的自主创新阶段演进。要倡导企业建立研发机构，加大对技术创新的投入和加强对创新人员的鼓励，以开发更多的专利技术；要加强建设华夏建筑陶瓷研究开发中心等公共创新平台，积极开展产学研合作，加紧研究开发一批关键技术和核心技术，推动企业争创更多的中国驰名商标和中国名牌产品。同时，企业可以充分利用政府提供的一些优惠政策和渠道，如国家专利总局和"佛山陶瓷专利信息系统"为佛山陶瓷企业提供的缩短专利申请时间的机会等，及时对创新产品和技术申请专利保护，并对符合条件的产品申请区域品牌保护，将"佛山陶瓷"和"佛山工艺美术陶瓷"塑造成世界闻名的区域品牌①，以确保佛山陶瓷的持续稳定发展。

### （三）节能减排，发展循环经济

陶瓷产业作为典型的资源消耗型、环境污染型产业，发展循环经济是破解资源、环境约束的有效途径，也是走新型工业化道路的必然出路。因此，应在陶瓷行业大力推进清洁生产，积极推动陶瓷企业获得 ISO14001 环境管理体系认证，争取佛山陶瓷企业全部通过省的清洁生产企业认证。鼓励企业研究开发和推广应用新的生产工艺，选用无放射性的原材料和无毒的辅料，循环利用陶瓷废物，积极发展绿色陶瓷，从根本上解决陶瓷生产过程中产生的污染。同时加强环境管理、监控和污染集中治理，更好地引导企业将部分生产加工环节迁移到其他合适地区，将总部研发中心、营销中心、信息中心、绿色陶瓷等的生产部分留在佛山。

### （四）调整产业结构，提升结构竞争力

产业结构的优化和高度化是一个产业核心竞争力的重要体现。佛山陶瓷产

---

① 向玉兰. 我国建筑陶瓷产业战略转移因素分析 [J]. 佛山陶瓷，2008 (6)：3-4.

业必须进行产业结构的战略性重组，提升结构竞争力。① 首先要优化行业结构，继续巩固和提升建筑陶瓷，积极发展陶瓷文化、陶瓷会展、陶瓷旅游以及其他支持陶瓷产业发展的市场中介组织，延伸产业链，完善相关产业配套。其次应优化产品结构。陶瓷企业要积极调整产品结构，加大对高技术含量产品的销售和研发力度，大胆吸收现代陶瓷艺术的风格，加入抽象的、时尚的元素，努力拓展礼品用瓷、旅游用瓷和现代家居艺术装饰用瓷领域，积极开拓新的市场。最后要鼓励陶瓷产业内的企业重组，重点扶持龙头骨干企业。佛山陶瓷在进行产业结构调整时，要重点支持一批具有自主知识产权、拥有名牌产品、竞争力强的大企业和企业集团。对那些环境污染重、资源消耗高、安全生产薄弱、产品质量低劣的企业，坚决实施关闭或调整转移。

### （五）加强人才引进，发展人才战略

人才是第一生产力，陶瓷产品的创新也需要具有基础创新能力的专业人才。佛山市政府和企业要营造良好的人才环境，加大对各类各层次陶瓷营销人才、管理人才、技术工人和熟练工人等的培训和引进。充分利用佛山和广州的高等和职业教育资源，争取在佛山创建一所国内高水平的陶瓷学院；也可以与景德镇陶瓷学院、武汉工业大学、华南理工大学等高校合作，建立相应的陶瓷研究机构和合作机制，重点培育陶瓷技术人才，并提供有针对性的在职训练，为佛山陶瓷产业结构的优化升级提供高端人才。

## 四、结论与展望

本章研究了佛山市进行陶瓷产业转移的动因、产业转移过程中陶瓷企业的内部效益以及对迁出地和迁入地带来的外部效益，在对佛山市陶瓷产业转移分析的基础上，进一步探讨了佛山市陶瓷产业的发展战略。本研究在理论分析梳理的基础上进行了走访调查，对佛山陶瓷企业内部效益的分析表明，陶瓷产业转移对于陶瓷企业来说机遇与挑战并存，大型陶瓷企业西进北移、扩大生产基地，加强了生产能力和竞争能力，相比中小型陶瓷企业的竞争优势相对较弱，但这些企业可以抓住产业转移带来的机遇，把压力转化为调整企业的结构和技

---

① 周丽华. 佛山陶瓷产业可持续发展研究 [D]. 长春：吉林大学，2008：40-41.

术的动力。从陶瓷产业转移带来的外部效益可以看出，佛山陶瓷产业转移有助于促进佛山生态环境和居民生活质量的提高，促进了佛山和迁入地产业结构的调整，在一定程度上缓解了迁入地剩余劳动力的就业压力。当然，在进行产业转移的过程中，佛山市也会面临不少的实际问题，如一些竞争力较弱的中小企业会出现关闭、停产现象。但我们必须清醒地认识到，这只是社会转型过程中的阵痛现象，佛山陶瓷产业转移是内在、外在的必然趋势。佛山市政府和陶瓷企业应该积极应对，确保佛山陶瓷产业的持续稳定发展。

# 第五章

# 经济发展中的环境商品市场化配置

## 一、引言

在不确定的条件下，人们的判断和决策并非完全符合理性。实际上，从行为学基本原理出发，经济学家很容易推导出经济学的基本原理。环境经济学作为经济学的一个新的分支，自然要服从经济学的一般原理和方法。行为经济学的理论和方法，同样可以在环境经济学的理论研究中得到广泛的应用。

本节应用行为经济学的原理和方法，对环境的消费和投资行为进行了较为详尽的分析。首先提出了"环境消费"的概念，然后分两种情况（经济主体是否追求福利最大化）对经济主体在环境消费和投资中的行为进行分析。其次，对环境投资行为进行了分析。最后，对环境保护的机制做了基于行为经济学的分析。

为了将环境作为商品引入市场，我们可以制订一些特殊的市场规则（如排污权交易）；改变现有生产模式，推行清洁生产和循环经济，建设生态工业园区；运用社会机制，增强人们的环保意识，使环境保护成为人们的自觉行动。

经济学家倾向于认为经济学是独立于心理学假设的，对于通过询问人们行为的动机，来进行经济行为分析的尝试，经济学家往往表示怀疑，他们宁愿单独看待这些行为。经济学家在进行经济学理论研究之前，必须要做一系列行为假设，如假定人们能进行理性的选择。但正如 Sen 1993 年指出的那样，如果不与动机联系起来，理性不过是个毫无意义的概念。实质上，理性是对我们观察到的行为的心理学解释。我们看到的理性选择的行为，不过是一些心理动机的结果。因此，对经济主体行为的心理学分析，是经济学不可分割的部分。

行为经济学既是一门研究经济主体行为的心理学，又是一门将心理学的原理和方法用于经济行为分析的经济学分支。它建成了一座连接心理学和经济学的桥梁，不但拓宽了经济学研究的领域，而且动摇了古典经济学有关"理性的经济人"的假设，使经济学焕发出新的生命力。2002 年诺贝尔经济学奖授予两位研究人类行为的学者，即丹尼尔·卡尼曼和弗农·史密斯，使得行为经济学走出了一直备受冷落的阴影，登上了经济学的大雅之堂，许多或大多数经济学家开始把心理学研究和实验方法看作现代经济学的重要组成部分。但是，我国的经济学家对行为经济学研究得还不是很深入，甚至更多还处于对理论的初探阶段，对于将行为经济学的理论和研究方法用于经济学理论的各个特定方面，则还处于起步阶段。本研究试图将行为经济学的理论和研究方法运用于环境经济学理论研究之中，希望能起到抛砖引玉的作用。

众所周知，环境资源具有不同于一般商品的某些特性，比如说产权不确定性、外部性等，使得环境资源的消费（污染）和生产（再生）不能等同于一般商品，市场失灵和外部性使得政府的介入成为必然。但是政府的介入必然造成高成本和低效率，这就使得环境资源的可持续利用困难重重。对环境商品的行为经济学分析，可以帮助政府制定一系列环境商品市场的特殊规则，将外部性内部化，在经济主体追求环境福利目标的同时，实现环境资源的可持续利用；可以从根本上改变现有的工业生产模式，推行清洁生产和循环经济，建立生态工业园区；可以实现环保机制的创新，重视意识形态的经济作用，充分利用社会机制保护环境。

## 二、文献回顾及理论分析

### （一）行为经济学基础

何谓"行为经济学（behavioral economics）"？简单地说，行为经济学指的是"将经济学（特别是个体经济学）的理论应用在动物行为上的实验分析"。更确切的定义是，行为经济学是"行为分析的特别应用，这种分析方式强调个体对不同增强物间行为的分配会受到环境及生理因素的调节"[1]。

---

[1] "A special application of behavior analysis that emphasizes environmental and biological factors modulating the total allocation of performance to available reinforcers（Hursh，1991）"，见 Steven R. Hursh. Behavioral Economics of Drug Self-administration：an Introduction [J]. Drug and Alcohol Dependence，1993，33（02）：165-172.

其实，早在 20 世纪 50 年代就有人开始研究行为经济学，但早期的研究比较零散。爱德华（Edwards）提出将行为决定作为心理学研究的主题，并确定了研究的程序；西蒙（Simon）提出了基于有限理性的信息处理和决策方法。但是直到 20 世纪 70 年代，才由丹尼尔·卡尼曼（Daniel Kahneman）和阿莫斯·特韦尔斯基（Amos Tversky）对这一领域进行了广泛而系统的研究。尽管卡尼曼的研究还坚持认知心理学的传统，但主要还是经济学。他的大多数论文发表在经济学杂志上，其引用率在经济学领域一直非常高。如果说在经济学和心理学传统规则中存在联系障碍，目前许多研究致力于在二者之间建立起联系方法：一种是实验的方法，另一种是理论建模的方法。

1. 不确定条件下的判断：启发法和偏见

卡尼曼和特韦尔斯基发现，不确定条件下的判断与传统经济理论对理性的假定存在系统差别。他们早期的大多数研究强调的一个基本观念是，人们一般不能完全分析包含经济和概率判断的情形①。在这些情况下，人类决策依靠某些捷径或启发法，这些方法有时存在系统性偏差。

一个基本的偏差是个人似乎运用小数法则，将同样的概率分布归结为小样本和大样本中的经验平均值，从而就违反了概率论中的大数法则。一般情况下，人们似乎没有意识到随着样本的增大，随机变量对平均数的偏离是不断下降的。更精确地说，根据统计上的大数法则，随机变量大样本独立观察平均值的概率分布在随机变量的期望值附近集中，并且样本平均值的偏差随着样本规模的增大会趋近于零。根据心理学的小数法则，人们相信小样本的平均值也会向随机变量期望值附近集中分布。

小数法则与典型法，与卡尼曼和特韦尔斯基发现的作为人类判断重要因素的启发法相关。他们在几个重要实验中阐明了这种启发法的功能。参与实验者被要求根据描述对一群人进行归类，比如说分成"商人"和"议员"。从给定的人群中随机找出一个进行描述，其特征包括"对政治感兴趣，喜欢参与争论，热衷于出现在媒体中"，大多数人会认为这是个议员，即使选定的人群中商人的比例更高这一事实使该人更可能是一个商人。为了进一步检验这一观察到的结果，他们做了一个实验。在这个实验中，某些参与实验者拥有关于人群组成比例的明确信息。一个方案的人群是从 30% 工程师和 70% 律师组成的一群人中抽取的；另一个方案中比例相反。结果表明这种差别对参与实验者的判断没有

---

① A special application of behavior analysis that emphasizes environmental and biological factors modulating the total allocation of performance to available reinforcers（Hursh, 1991, p. 392）.

影响。

施莱佛（Shleifer）认为，小数法则和典型法可以解释金融市场上的某些反常。例如，对股票价格的过度敏感可能是投资者对利好新闻短期刺激过度反应的结果。

概率判断另一个共同偏见是有效性，人们通过简化特定事例判断概率。结果是人们更倾向于明显的或便于记忆的信息（Tversky and Kahneman，1973）。认知心理学的一个一般发现是，与不熟悉的信息相比，熟悉的信息更便于记忆，人们也相信其更加真实具有相关性。这样，熟悉和有效就对精确和相关起到提示作用。因此，媒体中某些信息极少重复，如果不考虑精确性，人们就会更容易认为其有效并因此而产生错误认识。这一类判断的证据表明，人们的推理向概率论的基本法则提出了系统挑战。卡尼曼的研究阐明了这一点，向传统经济论基础之一的经验有效性提出了非常严肃的怀疑。

2. 不确定条件下的决策：预测理论

有证据表明，除了不确定条件下的判断，决策也与传统经济理论产生了系统背离。特别是，不确定条件下的许多决策与预期效用理论的预测发生了分歧。

莫里斯·阿莱首先对不确定条件下决策的冯·诺伊曼-摩根斯坦-萨维奇（Von Neumann-Morgenstern-Savage）预期效用函数提出了怀疑，并提出了"阿莱悖论（Allais Paradox）"。例如，许多人宁可选择 3000 美元的固定收益，而不愿意以 80% 的概率获得 4000 美元，20% 的概率一无所获。这种偏好对所谓的预期效用理论替代公理提出了挑战。卡尼曼提出了偏离预期效用预测的大量例证。

一个令人兴奋的发现是，比起绝对条件下的结果，人们通常对结果偏离某些非连续偏好水平的方式更敏感。这种更侧重变化而不是水平的现象可能与认知心理学有关，即认为人类对外部条件，比如温度的变化要比其水平值更敏感。

然而，与偏好水平相关，对同样大小的收益和损失产生的影响，人们似乎认为损失的影响更大一些。特韦尔斯基和卡尼曼估计，适当损失造成的负面影响大概是同样收益正面影响的两倍，即人们的偏好更倾向于（局部）厌恶损失。对一次小的赌博来说，人们宁愿选择保持现状，也不愿以 50% 的概率赚取 12 美元，50% 的概率损失 10 美元。根据传统经济理论，这与大额收益与损失下的隐含偏好不同。对于巨额损失，人们明显是个风险喜好者，这个一般发现与风险厌恶的传统假定明显不符。例如，卡尼曼和特韦尔斯基发现，在 10 个人中，7 个人会选择以 25% 的概率损失 6000 美元，也不愿选择以 25% 的概率损失 4000 美元、25% 的概率损失 2000 美元。因为两种抽签下预期损失的货币值相同，第二种情况只不过是第一种情况的平分。在传统的风险厌恶假定下，这两者应该没有差别。

丹尼尔·卡尼曼运用回答问题、形成判断和做出选择思维过程的认知心理学研究，有助于我们更好地理解人们怎样做出经济决策。其他的心理学家在同样问题上也做出了重要贡献，但是卡尼曼和特韦尔斯基关于不确定条件下决策的研究更具影响力。卡尼曼还对行为经济学的其他领域做出了重要贡献。目前，卡尼曼已经成为行为经济学和行为金融学领域最具影响力的人物。其研究对其他学科也产生了重要影响，不仅在其他社会科学领域被广泛运用，而且还在自然科学，如人类学和医学中被广泛运用。

弗农·史密斯是经验经济学研究最有影响力的代表人物。与卡尼曼不同，他不是从对理性决策的传统经济理论提出挑战开始，而是从检验关于市场绩效的可选择性假定开始，特别研究了不同市场制度的重要性。卡尼曼的调查和实验主要集中于个体决策；而史密斯的实验集中于个体和特定市场环境的相互作用。史密斯也强调方法论问题，发展了可行的实验方法，并且建立了形成良好实验的标准。查理斯·普洛特进一步发展了史密斯的实验方法，并且开拓了对新领域的实验研究。通过史密斯取得的成就，许多经济学家认识到实验方法可以成为经济学的一个重要研究工具。

新制度经济学家已经把认知科学作为其研究的一个领域（John Drobak and John Nye，1997）。1993 年诺贝尔经济学奖获得者道格拉斯·诺思在 20 世纪 90 年代的时候对传统经济学的理性假说产生了怀疑，试图解释意识形态如何对人类行为发生作用（North，1997）。这说明认知科学、心理学与经济学研究的结合已经引起经济学家的高度关注。

目前该领域研究的一个趋势是心理学传统和实验经济学的融合。这项新的研究对经济学和金融学的所有领域都非常重要。经验证据表明，特定的心理现象——例如有限理性、受限的自利行为和不完全自我控制——是一系列市场结果背后的重要因素。虽然行为经济学的理论还不是很多，但是通过其发展，最终有可能取代传统经济理论的一些要素。尽管卡尼曼和史密斯的研究在许多方面不同，但是他们的共同科学贡献已经对经济学的发展方向提出了挑战。过去经济学仅限于在相对简单的人类决策理性模型上理论化，还局限于对现实资料的经验研究。卡尼曼和史密斯的最初研究刚开始时，曾受到某些经济学家的怀疑，他们花费大量时间进行了更深入的研究，其理论已经完全渗透到经济学领域。由于他们取得的成就，许多或大多数经济学家开始把心理学研究和实验方法看作现代经济学的重要组成部分。

笔者相信，经济学是一门不断自省从而具备强大生命力的学科。就在阿罗和德布鲁用精妙无比的数学方程搭建起一般均衡的架构后，就有人津津乐道经济学的使命已经结束，今后经济学家们需要做的，只是让一般均衡模型在不同假设条件下更加细化而已。

然而，总有那么一部分人对一般均衡理论乃至主流经济学关于人的完全理性假设表示担忧。早在 1950 年，西蒙就指出，人类仅具有"有限理性"，因此人类的行为有时会偏离经典经济学所假定的最优化模式。对人类"完全理性"和"追求最优化"行为模式的怀疑，随着一系列心理学成果的涌现并逐渐被经济学家了解，终于出现一个新分支——行为经济学。

经济学界的回应远比他们想象的要热烈。理查德·塞勒（Richard Thaler）最先把认知心理学一系列成果和经济学、金融学的一系列现象联系起来，这方面的努力尤以金融学领域为甚。金融学的许多困惑，如"一月效应（January-effect）""周末效应（Weekend-effect）""动量效应（Momentum-effect）"等，在经济学家们尝试着把人类的非理性、系统性认知偏差纳入模型之后，似乎都得到了合理的解释。

目前，许多经济学家投入这个领域的研究之中，这方面的成果更是日新月异。2001 年美国经济学会更是把久负盛名的 Clark 奖授予研究行为经济学的年轻经济学家马修·拉宾（Matthew Rabin）。人们在感叹行为经济学迄今所取得的成果时，不能不怀念最先把心理学成果引入经济学研究的先驱卡尼曼和特韦尔斯基！

就在卡尼曼和特韦尔斯基挑战经济学关于人类行为的理性假设时，在另一条战线上，弗农·史密斯也有类似的隐忧：市场是人类行为的总括，那么一个个具体的人的活生生的行为的总合（aggregation），就必然导出经济学基于对人类的理性假设并由数学模型推导出来的种种市场规律吗？

2002 年诺贝尔经济学奖最终归属于两位研究人类行为的学者。他们从事的都是基础性的甚至冷门的研究，然而他们取得的成就举世公认。这对于众多的不去认真思考、热衷于争论热点问题、不知用数据或证据支持自己观点的"准"经济学家们，不啻是一剂良药。

### （二）非理性行为经济学说挑战传统经济学说

传统的经济学是规范性的经济学，也就是教育人们应该怎样做。长期以来，正统经济学一直以"理性人"为理论基础，通过一个个精密的数学模型构筑起完美的理论体系。而受心理学影响，经济学更应该是描述性的，它主要描述人们事实上是怎样做的。行为经济学强调，人们的行为不仅受到利益的驱使，而且还受到多种心理因素的影响。卡尼曼教授等人的行为经济学研究从实证出发，从人自身的心理特质、行为特征出发，去揭示影响选择行为的非理性心理因素，其矛头直指正统经济学的逻辑基础——理性人假定。

20世纪70年代末至80年代初，卡尼曼和其合作者已故心理学家特韦尔斯基在《计量经济学》《科学》《商业期刊》等期刊上公布了一系列"石破天惊"的行为学试验结果。他们的核心问题是：人在面对不确定的未来世界时是否总是理性的？通过一系列精心设计的实验，他们发现，人在面对问题和决策时，总是倾向于以偏概全，且囿于记忆和可利用信息的限制。此外，人类很容易受到同伴的影响而失去自己的独立主张。

对于这一系列关于人类认知及行为的实验结果，卡尼曼和特韦尔斯基将其命名为"前景理论（prospect theory）"。概括来说，前景理论有以下三个基本原理：第一，大多数人在面临获得的时候是规避风险的；第二，大多数人在面临损失的时候是偏爱风险的；第三，人们对损失比对获得更敏感。

通常来讲，要一个人承担的风险越大，他需要的补偿就越多。由于不同的人对风险的心理承受能力不同，也导致确定和不确定的收入不是等价的。

例一：对于同一份工作，给出两种薪酬标准：一种年薪50万元；一种是基本年薪，当然低于50万元，再加项目提成。保守的人可能会选前一种方案，因为后者的风险明显大于前者。

由此可以得出结论：人们面对风险预测时，更多在意的是赢还是输，成功还是失败，是财富的变化，而不是最终财富的多少。

例二：对于咖啡杯和巧克力两种东西，先得到咖啡杯的话，90%的人会认为杯子比巧克力值钱；而如果先得到巧克力，90%的人又会认为巧克力比咖啡杯值钱。

上述两种情况产生的共同结果就是不愿意拿得到的东西去换没得到的东西，所以关键看先得到什么。

通常来讲，已经得到的东西又失去，同没得到某物相比，前者的痛苦远大于后者。我们甚至可以拿一个调查列表来说明这个问题。

例三：WTP表示为得到某物你愿意付出的最大价值，WTA表示失去已经得到的某物，你最想得到的补偿价值。

当某人想要拥有一块沼泽地时，WTP值247美元，而卖掉自己的沼泽地时，要求补偿的价值达到1044美元。同样的，对于获得某地区的邮政服务，一个人愿意支付的服务费用是22美元，而要撤掉该地区已经拥有的邮政服务，一个人要求的补偿金额达到96美元。

传统经济理论认为，人是非常有理性的，并且总是按照他们最佳经济利益行事的。但"行为经济"学派认为，在特定环境下，人往往会做出非理性的判断和决策，比如投资者在股市进行交易，导致股价大涨大跌，很难与平稳的公司红利这一普遍事实相一致，这表明传统经济理论与实际经济现象不相符。因此，"行为经济"学家认为，人的心理和行为会对经济产生影响，影响他们对拿3000 美元还是拿 3800 美元做出不同的选择。

卡内基·梅隆大学教授乔治·洛温斯汀教授说，情绪能使我们成为不同类型的人——挥霍者或者守财奴。包括洛温斯汀教授在内的"行为经济"学家认为，虽然人的行为很难做出预测，但如果能够弄清消费者将把钱花到何处，以及美国人是更可能消费，还是更想把从政府减税中得来的钱存起来，这对经济决策者来说，将会非常有帮助。

目前"行为经济"学家遇到的挑战是，他们要把已经进行的有关心理、社会和经济等方面的研究联系起来。洛温斯汀认为：行为经济学提供了非常多的过去没有发现的联系，使我们懂得为什么会有商业周期和为什么人们的消费行为不时出现变化等事情。他还说：宏观经济学不总是解释那些问题的最好理论。洛温斯汀既是经济学教授，又是心理学家。

理论是新的，但在实际的商战中、生活中，人们自觉不自觉的应用俯拾皆是。

### （三）行为经济学与环境经济学的关系

一个经济理论的出现最关键之处在于如何将它转化为现实生产力，因为经济学是一门实用科学。

卡尼曼的行为经济学研究始于 20 世纪 70 年代。但是截至目前，我国的经济学家对行为经济学研究得还不是很深入，甚至更多还处于对理论的初探阶段，与鲜活的现实经济生活案例联系较少。

此外，也有一些国内的经济学家认为，行为经济学的研究领域并非经济学研究主流，所以，并没有太多的人关注这一课题。但是行为经济学对现实人的经济行为所做出的合理解释，表明了行为经济学在经济学领域具有强大的生命力。如何理解行为经济学与现有经济学理论的关系，并在理论和实践中加以运用，则是当前理论经济学界所面临的迫切任务。

1. 行为学与经济学的关系

乔治·何梦思在 1974 年《社会行为的基本形态》中总结的行为学的五项基本原理是：

（1）动物的任何行为，其后果越被行为主体认作"奖励"，其行为就越可能在将来被重复，这一原理也叫做"回报原则"。这一原理不能让我们预测特定行为在何种场合下出现，但它告诉我们，动物行为具有强烈的路径依赖性，即过去的行为通过回报原则影响着未来的行为。

（2）如果行为的激励在过去曾经出现过并且诱发了带来回报的行为，那么，眼下的场合与激励越是与过去发生过的回报行为相似，这些场合与激励就越可能诱发类似的行为，这一原理也叫做"激励原则"。一切生物（动物和植物），在生存竞争和演化过程中，都具有某种学习能力，通过这一能力所获得的，我们叫做"知识"。与通过基因遗传的生物特征不同，学习所得的知识很难从母代"遗传"给子代，虽然最近的研究表明"获得性遗传"可能具有更广泛的、知识学方面的含义。学习，基本上是"个体"生物的行为。遗传，基本上是"群体"生物的行为。基于动物的"能动性"，动物通常比植物表现出更强烈的"个体性"。

（3）任何行为，对行为主体而言，其后果所具有的价值越高，其行为就越有可能发生，这一原理，我们不妨称为"评价原则"。与上面列出的两项原理不同，评价原则不依赖于外在场合提供的行为激励，它从内部产生行为的理由，即我们所说的"意义"。因此，价值原则适用于较高级的生物。与低等生物不同，高级生物常在没有任何外部激励的情况下冲动去做某些事情。评价原则也被用来解释我们日常生活中大量出现的"非理性行为"——某人急急忙忙去做某件毫无意义的事情。其实，那件事情只是在旁人看来毫无意义，而它在行为主体的评价体系里或许占据了极其重要的位置。

（4）对行为的任何一种回报，在最近发生的次数越多，它对行为主体的价值也就越低。这一原理，经济学家很熟悉，叫做"边际递减原则"。行为学和经济学的这一基本原理，来自19世纪中叶德国神经生理学家韦伯和费希纳的实验结果——神经元对刺激的反应程度随时间的增加而降低，这被称为"韦伯（1834）-费希纳（1850）"定律。正是从这一心理学传统中，产生了埃奇沃斯的《数学心理学》（1881年发表），奠定了经济学效用分析的基础。当行为主体没有从特定行为中获得预期的回报甚至受到了出乎意料的惩罚时，行为主体会被激怒，实施报复行为，赋予报复行为更高的价值；当行为主体从特定行为中得到了出乎意料的回报或受到低于预期的惩罚时，行为主体会感到高兴，会更倾向于重复该行为，并且相应地调高对该行为的评价。

何梦思在另一篇文章里声称：经济学基本理论都可以从行为学原理推导出来。当代行为学的基本原理是华生和斯基纳等人在1920—1940年提出来的，其年代当然早于萨缪尔逊写作和发表《经济分析基础》的年代（1942—1947）。况且，行为学发源于19世纪中叶获得长足进展的心理学，特别是实验心理学。所以，从学术思想史角度判断，我们有足够的理由相信何梦思所言不虚。

从行为学基本原理出发，经济学家很容易推导出经济学的基本原理。例如，我们知道，效用理论的基本原理只有两条：（甲）"越多越好"，也叫做"不餍足性"。从这一原理，我们导出无差异曲线族的"向下倾斜"特征。（乙）"边际效应递减"。从这一原理我们导出无差异曲线族的"凸性"。显然，这两条原理对应于上面介绍的行为学原理（1）（3）和（4），其中（1）和（3）可以推出（甲）的"不那么极端的情况"，（4）等价于（乙）。而激励原则（2）则可以导出20世纪80年代以后逐渐被主流经济学家注意到的"基于案例相似性的决策理论"。后者补充了主流经济学难以解释的决策行为——商业决策往往基于以前出现过但不完全一样的相似案例及对各种相似案例的决策后果的评估。至于（甲）的极端情况——与任何商品的坐标轴"永不相交"，不论是行为学家、管理学家，还是经济学家，都不认为那是生物在真实世界里的行为。

由此可见，行为经济学和现代经济学原理在理论上是相通的，甚至可以说，行为经济学可以成为现代经济学的理论基础，虽然经济学史并未凸显这一理论渊源。行为经济学成为一门独立的经济学科，只是近三十年来的事，从历史上来说，不可能成为现代经济学的理论源头，但二者却似乎存在着与生俱来的天然联系。行为经济学理论上的重大突破，也就可能动摇传统经济学的理论基石，从而引发经济学上的革命。

2. 环境经济学与经济学的关系

几个世纪以来，尤其是工业革命后，人类由于认识上的偏差，片面强调生产经营活动的经济效益，一味追求经济发展的速度，结果造成资源消耗过度，环境污染加剧，人类生存条件恶化，经济损失惨重。各国虽采取各种措施，试图控制环境的恶化，但收效甚微。人类逐步认识到环境是经济发展的物质基础，经济发展是财力保障，两者相辅相成，不可偏废，靠单项治理是解决不了环境问题的，必须着眼于协调环境与经济的关系，从"环境-经济"系统的高度着手，才能从根本上解决问题。于是，20世纪50年代以后，环境经济学应运而生。环境经济学以系统论为理论基础，将环境视为社会大系统中的一个子系统，从系统的高度研究经济发展与环境保护之间的关系，探讨协调持续发展之路。

环境经济学在发达国家已有几十年甚至近百年的研究历史，特别是在20世纪初由剑桥大学教授马歇尔（Marshall）和庇古（Pigou）提出经济的外部性和外部不经济的理论后，该学科从西方经济学中逐渐独立出来，成为以环境与经济之间的相互关系为特定研究对象，以经济的外部性作为研究的侧重点，以环境的污染和治理、生态平衡的破坏和恢复为主要研究内容的经济学科，是一门应用性很强的经济学科。从环境经济学的演变过程来看，环境经济学理论体系的构筑基础是西方经济学中的微观经济学和福利经济学。环境经济学的主要理论基础是福利经济学，其研究方法是一种实证经济学和规范经济学相结合的方法，即宏观方面侧重于规范经济学，而微观方面侧重于实证经济学研究。因此，在环境经济学研究中，要求运用系统的方法，从整体上进行定性分析和定量研究。

在理论上，环境经济学源于西方经济学中的福利经济学流派，它强调全社会福利的最大化。因此，它认为环境保护是一种正外部性很强的公共产品，这种物品和劳务一旦被生产出来，没有任何地域或个人可以被排除在享受它带来的利益之外，并主张将生产行为产生的外部效应（externalities），即生产行为对生态环境造成的不利影响内部化。可以说，环境经济学是以环境与经济之间的相互关系为特定研究对象的经济学分支。如何兼顾经济发展与环境保护，是环境经济学的中心课题。环境资源从免费物品转变为稀有商品是环境经济学产生的理论出发点。环境经济学以西方经济学的"稀缺理论"和"效用价值理论"为理论基础，应用微观经济学的中心理论——市场（价格）理论，通过探讨环境恶化的制度根源——市场机制和政府干预两大手段配置环境资源存在失灵，揭示出环境资源由免费物品转变为稀有商品的经济根源——环境经济行为的外部性存在，进一步寻求环境经济行为外部性内在化的途径。它以费用/效益分析作为其基本方法。

环境经济学研究的主要内容包括三个方面，即环境经济学基本理论、研究分析技术和环境管理经济手段的设计与应用等。传统的环境经济学所进行的环境经济分析，都是以新福利经济学中的费用-效益分析为基石。侧重于寻找适当方法使环境损益币值化，以便求取适当的影子价格，以及运用净现值、费用效益比、经济内部收益率等评价指标对若干待选项目做出是否合乎全社会利益的判断，从而决定项目的取舍。

环境经济学作为经济学的一个新的分枝，自然要服从经济学的一般原理和方法。由于从行为学基本原理出发，经济学家很容易推导出经济学的基本原理，行为经济学自然和环境经济学有着千丝万缕的联系。

无论如何，卡尼曼的研究是经济学领域的一项突破，而且它与现实经济生活、经济行为联系异常紧密。了解了这一理论之后，你可以从理论上很容易地解释以前用传统的经济理论难以解释的经济现象和经济行为。

## 三、环境商品市场化配置的行为经济学分析

### （一）环境消费

随着生活质量的提高，人们的消费意识越来越强，出现了许多诸如文化消费、感情消费、精神消费等新的消费形式。环境消费则是随着人们的环境危机意识的产生，以及生活水平的提高，在消费观念中出现的新生事物。环境消费这种新事物的产生当然和环境因素有着密切的联系。随着工农业的发展，环境污染也日益严重起来。森林、草原在大面积减少，空气变得浑浊，河水不再清澈……人类离自然越来越远。于是，人们开始有了回归自然、保护自然的意识，环境消费也就应运而生了。

环境，包含的范围很广，它密切地联系着人们的衣、食、住、行各个方面。因此，环境消费所涉及的对象也就名目繁多、千奇百怪了。

以"食"为例，现在的人们除了注重食品的卫生和营养外，更开始注意到了它的"纯"度。这个"纯"就是指食品的纯天然性和无污染性。近来，各种绿色食品走俏市场就说明了人们对食品要求的转换趋势。目前我国绿色食品的价格只比普通食品高 10%~20%，而在国外有些国家的绿色食品的价格要高出普通食品的 50%~200%。这对于政府和生产者来讲，可以增加收入；对消费者来讲，也不会过多增加支出。因为食用一般食品的人，发病率比食用绿色食品的人高出很多倍。我国一向注重保护环境、提高人民健康水平，由政府部门倡议开发绿色食品，在世界各国中，我国也是唯一的一个国家。另外，还有许多奇特的环境产品，如日本出售易拉罐装的海边的空气，俄罗斯出售贝加尔湖里纯净的湖水……随着人们环境意识的增强，用不了几年，纯净的露水、南极岛上的冰、喜马拉雅山峰上的雪、带花香的纯净空气，都可能成为商品相继出现在消费者面前。到那时，人们从罐装或瓶装的自然产品中吸上几口，就算享受自然、消费自然了。

还有一种环境消费，花了钱却并非买实际的商品。比如我国首批绿色标志产品——无氟利昂冰箱，氟利昂这种有害物质只是在生产过程中才会对臭氧层造成破坏，而在冰箱中对人体健康却无任何影响。虽然无氟冰箱在使用性能上和有氟冰箱完全一样，但价格却比有氟冰箱贵。人们以较贵的价格选购了无氟冰箱，除了买走冰箱外，还是对环境保护的支持，这种消费是很值得提倡的。

众所周知，我们看电影要买电影票，看画展要买入场券，听音乐会也要买门票。那么，如果我们参观了一处美丽的风景，应不应该为这处风景付一笔什么费用呢？报纸登载了这样一件事：一位美国游客去湖南张家界游览，在他临走向宾馆付账时，除了付食宿费之外，还要付一笔环保费。他说因为他在张家界欣赏了自然风光，应当付费，可是对这种消费方式，服务员却不知如何是好。也许有人会说，观景付费，纯属多余。因为我们在游览的时候，什么也没拿走啊。可是你想过没有，我们在看电影、听音乐、看画展的时候同样什么也没带走，却也要付款。这是因为，这些活动是一种文化消费，它让我们陶冶了情操，享受了美。游览参观也是这样，所以笔者觉得这笔环境费应该付。另外，笔者建议司机、厂矿单位、工厂等部门和个人也要付环境费，因为它们有的消费于自然，有的对自然有害，更应该向自然、向环境付费，费用的多少可按对自然的有害程度而定。当然，大自然本身是不会收取和支付这笔费用的，我们可以把这些奖金交给环境保护部门，让他们用于环境的保护和优化，所谓"环境消费"的意义也正在于此。

环境消费，关键是要使人们认识到环境是有价值的，从而提高人们的环境保护意识。既然环境消费已经成为一种新的时尚，环保主义已作为一种道德、文化或法律观念而深入人心，对环境消费与投资的行为经济学研究就显得十分必要。

### （二）经济主体追求环境福利最大化时的有限理性

一般情况下，理性的经济主体都会追求自身福利的最大化（当然也有例外），但是正如马修·拉宾（Matthew Rabin）（1998）指出的那样，人们往往难以估计自己的福利——我们并不总是能精确地预测我们未来的利益目标，甚至也不能准确地评价我们过去所做的选择中哪些是最好的。人们往往鼠目寸光，追求与他们长期利益相悖的短期利益。也就是说，甚至对于自身的福利的认识，人们也存在着许多误区和盲区。下面我们来做一些粗浅的探讨。经济主体追求环境福利最大化时的有限理性可以归纳为以下几点：

第一，人的理性是有限的——这是心理学对经济学的重要影响。

第二，损失的痛苦大于获得的快乐；人在面临获得的时候，喜欢躲避风险，而在面临损失时，却又倾向于冒险。输赢取决于参照点。——这是卡尼曼与特韦尔斯基的"前景理论"的重要观点。

第三，人们最终追求的是幸福，而不是金钱。我们需要有一个严格的理论来研究如何最大化人们的幸福。

1. 参照效应

大量证据表明，人们常常在意他们现在的处境与一些参照标准相差多少，而并不大在意其绝对值如何（Harry Helson，1964）。例如，当我们长时间处于高温环境并适应了这样的温度，对高温会变得不敏感，但从低温环境到高温环境就会感觉很热。时间性的比较和社会性的比较可以给人们带来幸福感。比如你最近在上海的市中心买了一套别墅，你觉得很开心。但实际上你觉得开心只有很少一部分是你住的房子本身给你带来的，更多的是因为比较而产生的。从时间性比较来说，如果你以前住在阁楼里，那么现在你住别墅会感到非常幸福。如果你以前住的是花园洋房，那么你不会感到特别开心。从社会性比较来说，如果你和你周围的人，如你的朋友、同事进行比较时发现，其他人都还住在普普通通的房子，而你现在有自己的别墅，你当然会很开心。如果说你周围的人现在都已经住在更好的地方了，那么你就算住在别墅里感觉舒服，也不会非常开心。

人们的这种心理效应反映在他们对自己作为经济主体的行为决策中。我们可以设定以下效用函数：$Ut$（$Ct$；$rt$）。$Ct$ 指现在的消费水平。$rt$ 指主体过去的消费水平及对未来消费的预期。在发展中国家，人们迫切需要的是衣服和粮食等基本生活品，而对于环境福利的参照水平则设置较低，这也反映在环境库兹涅茨曲线中，如图 5-1 所示。

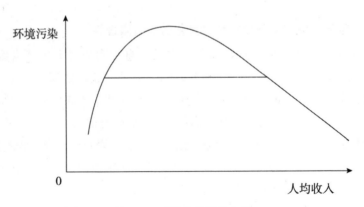

图 5-1　环境库兹涅茨曲线

库兹涅茨曲线表明人均收入很低时，环境污染也很少（此时因生产力水平低，因而污染水平也较低）；随着人均收入水平逐渐提高，环境污染急剧增加；收入水平达到某一高度，环境污染在达到最高点后转而缓慢下降。潘纳约托（Panayotou）发现污染由升转降的转折点为人均收入 3800～5500 美元。这个转折点表明当人均收入达到该点时，人们对环境福利的参照水平也较高，因而希望减少污染以满足环境福利需求。

发展中国家的人均收入离 3800~5500 美元还很遥远，如果对环境保持低的参照福利水平，抱着先污染后治理的思想，必然会加速环境污染，最终使自己的环境福利水平进一步下降。当这种下降不可逆时，将造成未来环境福利的永久损失，这从长期来看是不利于他们的福利的。

对环境保护运动与经济发展水平之间的紧密联系进行研究，有利于进一步分析环境福利的参照水平设置的高低，以及在人们进行环境消费与投资决策时所起的重大作用。

环境保护运动是在发达国家中出现的，这些国家都已经完成工业化，所以就产生了后现代的一些观念。在经济刚发展的时候，大家都一门心思地想挣钱。到后工业时代之后，钱就不那么重要了，生活质量就成为人们追求的一个目标。这就说明生活达到一定水平就发展出了一套后现代的价值观念，这时候就会产生相应的关怀，比如环境关怀。一般的看法是环境保护运动是和经济发展水平相关联的，因此也有人说这是富人的运动，从这个意义上讲环境保护运动是和经济发展水平相关联的。但与此同时，我们也注意到在发展中国家也兴起了环境保护运动，从这个意义上来讲它又是穷人的运动。因为此时往往已经危害到了他们的基本生存权，这也是许多发展中国家环境保护运动兴起的原因。

因此，环境保护运动可以分成两个类型。一般来讲，在发达国家的环境保护运动追求的是生活质量，而在发展中国家往往追求的是生存权利。那么在高速发展的转型社会中，这两种情况都是存在的。当然，这种划分并不是绝对的，只是帮助分析而已。

为了生存而斗争的环境保护运动，可称为"草根型的环境抗议运动"。这种草根型的环境抗议运动不见得是环境保护运动，比如去关心地球的健康等，而是说一个工厂的污水使附近的居民得了癌症，或者使得庄稼颗粒无收，连生存都成了问题。这些都是一些特殊的事件引发的，可称之为污染驱动的环境保护运动。它的目标非常直接，就是要消除污染源，或者要求赔偿。这大多是短期的行为，针对的就是污染源，参与者往往是直接利益者或者受害者。因此，它的参加者是有限的。它们的手段往往是非常激烈的，过去是通过政府，现在是通过法院。但是这种运动由于目标非常直接，参与者往往有限，所以容易被动员起来，但是也容易解散。因为目标一旦达到，就会各自散去，所以它持续的时间是非常有限的。这就是污染驱动型的环境抗议运动。

另一种就是我们经常在发达国家中看到的，这往往是由于生活水平提高了，生活重心就改变了，这些人就具有了后现代的价值观。研究环境运动的学者发现：受教育程度越高，年龄越轻，他们也就更容易接近后现代的价值观念，他们也就要求更洁净的生活环境。这种环境保护运动可称为"世界观型的环境保护运动"，这是一种价值观引导的环境保护运动。这一类环境保护运动往往是出自对环境的关怀，他们认为人类只是环境的一部分，因此不应该破坏环境，这在西方叫以生态为中心的世界观。这种世界观就要求人类和自然和谐相处，它的主要形式就是环境保护组织。这些组织也有可能卷入具体的环境抗议运动，它们也有可能和草根型的环境运动联系起来，但是它们主要还是关注长期的环保运动，比如维护生态资源、保护野生动物资源等。采取的手段也基本都是温和的，但是有时候也采取一些比较激烈的手段。它们试图宣传环境保护的价值，并试图影响政策的制定。这些运动主要还是和经济发展程度密切相关的，但是也不是绝对的。

可见，环保运动与人们的环境福利参照水平是息息相关的。当然，通过教育，这种参照水平是可以改变的。政府所做的公益广告及环保教育，号召人们亲近自然，唤起人们的环境危机意识，宣传环境与人类生存与健康的密切关系，可以有效地提高人们对环境福利的参照水平，激发人们减少环境污染，改进环境质量以提高生活质量的主观动机。

2. 敏感度降低效应

与这种参照水平有关的还有一种"敏感度降低效应（diminishing sensitivity）"：比较参照福利水平附近的福利变化和离人们参照福利水平相差很远处的福利变化，人们在感觉到的福利边际效应上，前者大于后者。正如卡尼曼和特韦尔斯基（1979）指出的那样，敏感性降低效应是一种普遍的人类感受模式。根据这种心理效应，当福利水平处于距参照福利水平很远的地方时，人们的福利效用曲线变得平坦，对福利的感知变得迟钝。当人们认为自己目前的环境福利在参照水平附近时，对于环境福利稍微偏离参照水平的感觉很灵敏。但是值得注意的是在另一种情况下，即当环境特别糟糕，或者环境特别优美，环境福利远远偏离（包括偏高或偏低）人们心中的环境福利参照水平时，人们对环境福利变化的感知可能变得迟钝。这种心理感受在人们的生活经验中经常发生。例如，在特别寒冷的新疆，当气温低到零下二十多摄氏度时，气温再升高或降低几度，人们几乎难以察觉。由于人们的这种心理感受上的敏感度降低，使得处于非敏感区的人们往往对进一步改善环境质量缺乏兴趣。政府有必要帮助人们克服这种心理上的障碍，使人们建立对于环境福利的正确认知。

### 3. 不愿失去效应

多数情况下，对于同样的东西，比较人们对得到它愿意付出的代价，与失去它希望得到的补偿，往往后者大于前者（Kahneman，Jack Knetsch & Thaler，1990）。约翰·申（John Shen）（1995）证实：比较消费者得知好消息时不愿意提高消费水平，以及得知坏消息时不愿意降低消费水平的程度，后者大于前者。在这种心理效应影响下，人们不愿意放弃正在拥有的福利，哪怕放弃这种福利可能带来更大的福利，或者实际上这种福利根本就不好。人们往往对手中的福利评价较高，这种效应是不利于他们对自身的福利做出正确评估的。

由此不难得出结论：人在面临获得时，往往小心翼翼，不愿冒风险；而在面对损失时，人人都成了冒险家。这就是卡尼曼"前景理论"的两大定律。

"前景理论"的另一重要定律是：人们对损失和获得的敏感程度是不同的，损失的痛苦要远远大于获得的快乐。让我们来看萨勒曾提出的一个问题：假设你得了一种病，有万分之一的可能性（低于美国年均车祸的死亡率）会突然死亡，现在有一种药吃了以后可以把死亡的可能性降到零，那么你愿意花多少钱来买这种药呢？那么现在请你再想一下，假定你身体很健康，如果说现在医药公司想找一些人测试他们新研制的一种药品，这种药服用后会使你有万分之一的可能性突然死亡，那么你要求医药公司花多少钱来补偿你呢？在实验中，很多人会说愿意出几百块钱来买药，但是即使医药公司花几万块钱，他们也不愿参加药品试验。这其实就是损失规避心理在作怪。得病后治好病是一种相对不敏感的获得，而本身健康的情况下增加死亡的概率对人们来说却是难以接受的损失，显然，人们对损失要求的补偿，要远远高于他们愿意为治病所支付的钱。

不过，损失和获得并不是绝对的。人们在面临获得的时候规避风险，而在面临损失的时候偏爱风险，而损失和获得又是相对于参照点而言的，改变人们在评价事物时所使用的观点，可以改变人们对风险的态度。

这种"不愿失去效应"，也影响到人们的进取心。人们由于害怕失去已得到的东西，不愿意冒风险，思想趋于保守。经济学上有一条公认的定律，即收益与风险成正比，要获得追求的东西，就有失去手中东西的风险。环境这种具有公共物品特性的商品，在政府的介入下，是有可能将其外部性内部化的，但这需要政府制定一套非常完善的、与非公共物品市场不同的特殊市场规则。如果市场规则不完善，或者用行政命令代替市场规则，就会使得各经济主体由于规避环境投入的高风险而不愿进行环境投资。因为他们可以钻市场规则的空子，也可以通过贿赂行政官员而减少对环境的消费支出，而不必冒环境投资的高风险。虽然人们对这种市场规则的制定进行了不少探索，但成功的范例并不多，其中美国实行的排污权交易制度，是比较成功的。

### （三）在经济主体不是追求福利最大化时的行为分析

种种迹象表明，经济主体并不总是追求自身的福利最大化。当然，这里的"福利"是指狭义的"经济福利"，如果将这种狭义的"福利"加以拓展，将人们在报复行为实施之后所获得的快感，以及对一种信念（意识形态）的追求得以实现后获得的满足等，也作为一种"福利"的实现的话，那么，说人们总是在追求"福利"最大化才是对的。下面我们就人们时常表现出来的漠视狭义的"福利"的反常行为加以讨论。

1. 追求公平及遭受不公平时进行报复

消费者可能拒买垄断者以不公平价格销售的产品，即使这样做对他造成损害。一个感到受到不公平对待的职员可能进行成本昂贵的怠工，也许还会以暴力报复他的老板。一个企业可能因为看到别的企业污染环境未受到应有的处罚，而认为自己对污染不必付出成本是天经地义的。对新疆十六家糖厂的调查表明，它们经常是相互攀比的。当环保部门要求某糖厂对压粕水进行净化处理时，该厂缺少处理的积极性，因为同行业的其他厂家都没有进行处理，尽管他们知道通过简单的改造（压粕水回浸出器补充渗出用水），既可减少排污，又可能提高浸出效率。后来当其中一家糖厂进行这样的改造后，别的糖厂竞相仿效①。

市场规则应该保证使市场主体处于平等的竞争地位，以发挥它们参与竞争的积极性，这在环境市场规则的制定上显得尤为重要。应该让人们树立这样一种认识：无论是谁，只要污染（消费）了环境，都要付出代价。

2. 意识形态的经济意义

新古典的企业理论认为利润最大化是企业经营的唯一目标，但在现实中并不完全如此。企业的经营目标在某些时候会出现很大的偏离，这种偏离根源于经济社会环境，反过来对经济环境和社会发展产生重大影响。现从行为经济学角度来解释一种偏离现象，讨论环保主义意识形态的经济意义。

意识形态（ideology）可被定义为：一定的时期一定的人群所共同拥有的对社会环境（某一方面）的共同认识以及由此产生的一套非强制性的习惯、准则

---

① 为保护有关当事者权益，这里略去了真实的企业名称。当初厂家不愿进行改造，还因为改造后可能使渗出汁纯度降低，但因改造之前可以进行试验（这种试验成本很低），所以厂家不愿改造的最主要原因还是攀比效应。后来证明改造后渗出汁纯度并未显著降低。

和行为规范。

一定的时期是意识形态的时间维度，这里强调的是意识形态并不是独立存在的，它是在不同的时期有不同特点的社会经济生活的产物，并且随着时间而变化，"当人们的经验与其思想不符时，他们就会改变其意识观点"。在某些特殊时期或特殊环境下，某些意识形态可能会得到强化，某些意识形态可能会被弱化。

一定的人群是意识形态的空间纬度，"人群"可大到整个社会，小到交易中的两个人。不同的人群也可以有很多种标准来界定：可以是不同地域、不同行业、不同组织或者不同的社会阶层等。需要特别指出的是，较大人群的意识形态对在此范围中较小人群的特殊的意识形态的形成往往有决定性的作用。

为讨论意识形态的经济意义，我们提出关于意识形态的 4 个假说（H1 ~ H4）：

H1：意识形态对特定人群中各微观经济主体目标函数的影响。

H2：对特定人群中各经济利益主体预期效用函数的影响。

我们以风险厌恶者为例来说明意识形态对各经济利益主体预期效用函数的影响：假定一个原没有受特殊时期特殊意识形态影响的风险厌恶者受到了某种意识形态的影响，这种影响可能使他产生某种信仰：在客观概率（object probability）没有改变的情况下，他对某个预期（expectation）的主观概率（subject probability）大大提高了。相对于原来的他，他现在在某种意义上变成了风险偏好者，甘愿冒风险把自己的一切投入可能风险极大的一项"买卖"。

H3：意识形态与经济决策主体之间的互动。

H1 和 H2 在很大程度上影响了各利益主体的经济行为：在单人决策的情况下，它可能会使各经济利益主体产生某些"反常"行为，如消费者的消费选择和企业的投资选择可能会偏离通常的最大化目标；在多人交互决策的情况下，会减小（或扩大）交易各方的机会主义倾向，同时预期效用函数的改变可能会减小（或扩大）主观不确定性（subject uncertainty），进而节约（或增加）交易费用（transaction cost）。最后，同样是由于意识形态影响了个人的预期，可能由此催生某些具有特殊品质的人（如具有企业家精神的人）。

H4：环保主义意识形态。

根据 H1 ~ H3 以及当今世界的实际情况，这里提出关于环保主义意识形态的假说。并且，我们把讨论仅局限在经济领域，也就是说只讨论这种意识形态在经济方面的内容而忽略它的政治、军事、文化等方面的含义。这种意识形态的具体内容定义为如下共识（H4-1，H4-2）：

H4-1　共同信仰：微观经济主体以很大的主观概率相信环境保护能促进人类的可持续发展——如果多数人都为此努力的话。

H4-2　人们相信全社会的利益和自身利益密切相关，且社会经济利益至上。这一共识以及 H4-1 共同因地球环境的恶化而得以强化。这种强化使得社会经济利益被纳入单个经济主体的目标函数中。

一方面，环保主义意识形态通过影响各微观经济主体的目标函数降低了企业的各种交易费用；另一方面，由于环保主义意识形态不可能不伴随着对高污染企业的排斥思想，它也相应地提高了高污染企业的各种交易费用。这样，绿色企业总成本相对于高污染企业被大大地降低了。同时，环保主义意识形态改变了消费者的偏好，使其做出有利于绿色企业的选择。

可见，环保主义意识形态的作用在于使得企业行为偏离了利润最大化的目标。其企业行为的收益由社会获得，但是成本却由企业承担。更一般的，我们的结论是：某种意识形态可能使微观经济主体在一定程度上丧失个体理性，但是同时会造成相应的外部经济，使得共同意识形态群体达到集体理性。可以看出，这样的情形可能反而会使"丧失理性"的主体最终受益。

坚持企业的可持续发展战略重视企业对环境保护应尽的责任，从短期来看，也许是成本大于收益，但从长期来看，却是符合企业追求利润最大化的目标的。从诺维信中国公司长期坚持企业可持续发展战略的实践，可以清楚地看到这一点。

诺维信中国公司总裁蒋维明先生，从一个公司高级管理人员的角度介绍本企业实施可持续发展战略的经验及诺维信在此领域的目标、宗旨等内容时指出：由于诺维信始终如一地坚持可持续发展的战略，商业楷模的形象正在深入人心。2001 年，诺维信被评为可持续发展的领先者，同时被纳入道琼斯持续发展集团指数中的道琼斯持续发展世界指数（DJSI World）和 DJSI STOXX 持续发展指数。道琼斯可持续发展集团指数被视为愿意承担社会责任的投资人进行投资的风向标，这一投资市场正在不断扩大。

企业是否为环保付出代价呢？诺维信认为，他们在公司运营和创新方面赢得了信任和自由：更加高效地利用资源；更加高效地利用包装材料；高效利用废水（共生项目、诺沃肥、废水可用于灌溉）；开放坦诚地与非政府组织（NGO）对话（共同理解相关问题）。对企业形象的正面影响：能够吸引并留住有才能的员工参与制订新的行业法规和准则，与我们的历史和价值观一致；股票价格上升（股东的要求不断提高）。诺维信以他们这些年坚持可持续发展战略所取得的成绩证明了他们的成功。

### （四）环境商品投资心理学分析

#### 1. 时间偏好

时间偏好指的是经济主体偏向于尽快享用效益而稍后承担费用，而不是采用相反的方式。一定数额的成本或者效益出现的时间越晚，它们的主观价值就会越小。这可能是由于人们的短视心理，如急迫需要得到满足（由于贫困或贪欲），或者由于相信未来的消费更大（因此给定单位的边际效用会减少）。人们污染环境而不愿承担或少承担、借故推迟承担费用，也不愿进行环保投资，可能与这种心理有关。时间偏好充分反映在环境投资的净现值标准上。

#### 2. 环境投资决策的净现值标准

厂商应当如何决定一项投资是不是值得呢？它应当计算它预期从投资中得到的将来现金流量的现值，并把它与投资的成本进行比较。这是净现值（NPV）标准：如果它预期的将来现金流量的现值大于投资的成本，就投资。假定一项投资的成本为 $C$，它预期在未来的 $n$ 年内产生数量为 $\pi1$，$\pi2$，……，$\pi n$ 的利润。这样，我们就把净现值写成：

$$NPV = -C + \pi1/(1+R) + \pi2/(1+R)2 + \cdots + \pi n/(1+R)n$$

式中，$R$ 是贴现将来利润流量的贴现率。

$$R = 无风险利率 + 风险利率$$

对于环境投资来说，由于环境的外部性特征造成的收益溢出，使得其未来投资收益难以预期，投资风险较大，因而厂商对环境投资的 NPV 评估较低，难以做出投资决策。

糖厂最主要的污染是水污染，以新疆某糖厂为例，对其水处理的方案进行比较，具体见表5-1。

表5-1　新疆某糖厂污水处理方案比较

| 编号 | 方案 | 总投资（万元） | 运行费（万元/年） | 可获产品利润（万元/年） | 治理效果 |
|---|---|---|---|---|---|
| 1 | 修建氧化塘 | 330 | 5 | — | 较差 |
| 2 | 利用东苇湖自然氧化 | 82 | 8 | — | 差 |
| 3 | 利用东苇湖修建芦苇湿地处理系统 | 130 | 15 | 8.15 | 较好 |
| 4 | 将酒精废液进行浓缩处理，剩余废水进东苇湖 | 380 | 79 | 106 | 好 |

可以看出，虽然第 4 种方案的一次性投资和运行管理费较高，但其可获产品利润也高，而且关键是该方案的水处理效果最好，解决问题彻底。这种方案在厂内处理了主要污水。

蒸发浓缩处理糖蜜酒精废液除有较高的去除率外，还可将废液中固形物回收利用，处理后用于酒精生产。处理后的废水进东莘湖经自然氧化，沉淀后可混合清水进行农灌，做到环境、社会、经济效益三统一。

实际工厂是怎样决策的呢？它选择了第 2 种方案。年利率为 6%，风险率为12%，贴现率为 18%①，再考虑一下它每年要支出的排污水费用 19 万元（2000年 1 月—2001 年 1 月），并假定该投资的固定资产没有折旧，进行第 4 种方案后，因为污水排放达标而无须支付排污费，但第 2 种方案因排放不达标而必须支付排污费。

第 4 种方案的年净收益是 106 万–79 万＝27 万元，第 2 种方案的年净收益是–5 万–19 万＝–24 万元，计算净现值：

第 4 种方案：–380 万+27 万/18%＝–230 万元

第 2 种方案：–82 万–24 万/18%＝–215 万元

比较一下，第 4 种方案不如第 2 种方案，关键就在于环境投资的风险太大。

### （五）环境保护的机制分析（基于行为经济学）

1. 政府干预机制和市场化机制

由于环境污染的负外部性、环境保护的正外部性、环境资源公共性等特征，环境资源的配置往往存在"市场失灵"。既然市场不能有效配置环境资源，自然让人想到政府干预。因此，长期以来环境保护被看作政府的事，政府干预成为环境保护的第一种机制。有的甚至提出"发展经济靠市场，保护环境靠政府"的命题。

公共选择理论认为，在环境保护领域，由于政府作为经济主体，其所能获取的信息的不完全性和不对称性、公共决策的局限性、寻租活动的危害等，同样也面临政府失灵的危险。这说明，"市场失灵"的领域未必"政府有效"。而科斯定理指出，如果交易费用为零，无论权利如何界定，都可以通过市场交易和自愿协商达到资源的最优配置；如果交易费用不为零，就可以通过合法权利的初始界定和经济组织形式的优化选择来提高资源的配置效率，实现外部效应的内部化，而无须抛弃市场机制。也就是说，环境保护领域同样可以运用市场

---

① 这里无风险利率根据银行一年期定期存款利率，风险利率根据厂商经验值估算。

机制。因此，市场机制成为环境保护的第二种机制。

2. 环境保护需要引入第三种机制即社会机制

环境保护必须引入第三种机制，即社会机制。原因在于：环境保护既可以依靠市场机制，也可以依靠政府干预，但这两种机制都存在失效的可能性和危险性，而社会机制是对市场这只"看不见的手"和政府这只"看得见的手"的补充、完善和监督。

市场机制与政府干预都存在一定的有效区域，也都存在失灵的区域。市场有效、市场失灵分别与政府有效、政府失灵两两组合存在以下四种情况：Ⅰ（市场有效，政府有效）；Ⅱ（市场有效，政府失灵）；Ⅲ（市场失灵，政府有效）；Ⅳ（市场失灵，政府失灵）。可见：（1）市场有效与政府有效的结合是有可能实现的。（2）有些情况下，市场机制与政府干预之间的选择并不一定是完善与不完善之间的选择，而是在不完善的程度和类型之间、在缺陷的程度和类型之间的选择。（3）选择越倾向于市场机制，其体制就会面临更多导致"市场失灵"的危险；选择越倾向于政府干预，其体制就会面临更多导致"政府失灵"的危险。（4）在面临市场失灵和政府失灵这"两个失灵"的情况下，必须引入新的机制。

上述分析表明，环境保护首先要尽可能避免市场失灵和政府失灵，让市场机制和政府干预发挥尽可能大的效能；在市场失灵和政府失灵不可避免的情况下，必须通过制度创新，寻找更佳的机制和手段。

而社会机制是已经被发达国家证明了的环境保护的有效机制之一。居民是某个区域自然资源的共同享受者，也是环境污染的共同施害者，区域内居民存在着"一荣俱荣，一损俱损"的特点，因此通过社会机制可以唤起社区居民的利益共同体意识和环境意识，从每个人的行为习惯入手来保护环境。随着市场化改革的深入，单位体制被不断弱化，大量的"单位人"逐步转变成"社区人"；随着城市化的加速，众多的农村人口涌入城市，大量的"农村人"逐步转变成"城市人"；随着企业改革的不断深化，不可能保证计划经济时代特有的"铁饭碗"，经常会有人由"在岗人"转变成"下岗人"。在这一背景下，借鉴国外的成功经验，加强社会机制建设，通过社会机制的作用提高居民的环境意识，是一种可行的有效机制。总之，环境保护不能仅仅局限于在市场机制和政府干预这两种机制中兜圈子，而是要打开思路，寻找第三种机制，走第三条道路。①

# 四、对策建议

关于环境的行为经济学分析，我们看到，经济主体在环境的消费和投资决策上，并非是完全理性的。这既可以解释人们在环保理论和实践中遇到的重重困难，也为我们利用这些研究成果提出合理的对策提供了另一种视角。我们可以对人们的这种非理性行为和动机加以利用，制定一些特殊的市场规则，使环境作为商品顺利进入市场（较成功的例子是排污权交易）；改变现有的生产模式，推行清洁生产和循环经济，建设生态工业园区；运用社会机制，增强人们的环保意识，使保护环境成为人们的自觉行动。

## （一）排污权交易

排污权交易最早由美国经济学家戴尔斯于 20 世纪 70 年代提出，首先被美国联邦环保局（EPA）应用于大气以及河流污染源的管理。而后，德国、澳大利亚、英国等相继进行了排污权交易政策的实践。我国从 1987 年开始在 18 个城市进行排污许可证制度的试点，从 1991 年开始排污权交易试点的工作，已经积累了一定的经验。我国现行的《大气污染防治法》《水污染防治法》等虽已提到了排污总量控制及排污许可证制度，但尚无相配套的排污权交易制度。在排污权交易试点区，排污权交易思想已经在环境治理中发挥了它的优势，并在实践中取得了较好的效果。现在在江苏等地的排污权交易试点工作，已经在全国起了很好的示范作用。排污权交易作为一种新的、有发展前景的环境管理手段，正在我国环境管理中被不断运用。

排污权交易是要在既定的总量控制目标下，通过排污权交易市场，把治理污染的行为自动发生在边际治理成本最低的污染源上。排污权交易的主要思想

---

① 道琼斯可持续发展指数希望了解的内容：
管理方面：企业管理；风险管理和危机管理；行为准则；供应链管理；环境管理。
道德规范方面：研发优先级；与利益相关者的关系；动物试验；生物伦理学；转基因生物；行贿受贿和贪污腐败；在发展中国家的行为。
业务组合方面：产品研发线；产品安全；产品组合。
社会责任方面：人权；健康和安全；报酬和劳资关系。

是：在满足环境要求的前提下，设立合法的污染物排放权利即排污权（通常以排污许可证的形式表现），并允许这种权利像商品那样被买卖，以此进行污染物的排放控制。满足环境要求的前提就是要实行总量控制，只有控制住污染物的排放总量，方可达到改善环境质量的目的。对某个地区或区域污染物的排放总量规定上限，把该地区环境资源容量定量化，明确环境容量资源的稀缺性。当环境容量资源为稀缺时，作为稀缺性资源的排污权就可以作为商品在市场上进行交易。

在市场中，存在供需双方，那么他们必然会产生交易的动机。把排污权作为产权，对于企业而言，无疑是企业的生产要素之一，当一个产生负外部性的企业拥有的排污权为零时，企业就不可能生产出产品。企业为了自身的经济利益，就会努力寻求排污权。当购进排污权进行生产能给企业自身带来利益，企业就会在经济利益驱动下，要求购买排污权，这就产生了市场中的需求方。同样，在市场中，存在这样一些企业，他们发现当他们把拥有的排污权用来生产时，带来的经济利益还没有出售排污权多，或者发现治理污染的边际成本小于排污权价格，就会主动治理以拥有更多的排污权，在市场中提供排污权，就成了供应方。这样在供求双方的需求下，就要求形成可供排污权的交易市场，市场供求的相互作用将形成一个排污权的均衡价格。这个价格可能会随着市场的变化而变化，但区域内的污染物排放总量则是一定的，并不影响环境质量。

排污权交易的优势是明显的：

（1）从企业排污权交易的动机来看，都是为了各自的经济利益，这必然促使他们在利用资源方面追求较高的经济效率。

（2）从最后的效果来看，污染物的减排总是由治理成本低的企业完成，所以从总体上降低了污染治理的成本。

（3）如果企业采用了先进的环保技术使排污量下降，多余的许可证可以在市场中出售从而获得经济利益，这就刺激了企业采用环保技术的积极性，也刺激了环保产业的发展。

（4）排污权的制定者政府可以在市场通过回购排污许可证，实现污染物排放总量的减少，便于政府对环境总水平的宏观调控。

（5）环保组织或其他非排污者，可以在市场中购买排污权以达到他们所期望的环境要求，这样通过市场就给非排污者创造了表达意见的机会。

一定时间内，实行总量控制的同时，某个区域的环境容量资源是一定的，因此排污权总量也是恒定的。那么排污权初始分配给企业后，为什么还会有排污权拿到市场中交易呢？在排污标准为 $Q_0$，排污权价格为 P 时，企业保持原有技术，边际治理成本为 $MC_0$，刚好达标，企业把用于生产的排污权用完。市场上，企业的生产是为了获利，企业的经营就是要使自身的经济利益最大化。把排污权作为资源，企业就会从充分利用生产要素方面考虑其最优生产组合方案。企业发现采用新的技术 $MC_1$ 降低自身的污染水平的同时，不仅达到了排污标准，而且还节约了排污权。这样通过采用新技术节约的排污权就可以用于储存或拿到市场中以市场价格进行交易。

排污权交易把排污权作为资源，把排污权资源看作生产过程中的一个要素，要求企业重新审视自身的生产过程。只要看到存在边际价格差的希望，企业就会考虑采用新技术，增加治理污染的积极性，这就促进了企业的创新，增加了社会福利。在总量一定的情况下，在市场中出售排污权可以给新企业加入经济活动的机会，这就可以在保证环境质量的前提下发展经济，实现可持续发展。

政府肩负着保护环境的重任，必须在可持续发展原则下，正确、科学、合理地界定污染物可排放的总量，这是保护环境的前提，也是排污权交易的基础。政府要创造市场的公平竞争，提高资源的利用效率，降低交易成本，防止垄断。但是，通过市场可以解决的问题，政府就不应该插手。国家通过立法，约束政府行为可能出现的随意性，在全国全面建立和实施排污权交易市场和交易许可制度，以此保证排污权的合法性、排污权分配的公平性、排污权交易的合法化，保障企业在排污权交易市场中的买卖自由、信息共享，促进市场中企业之间的公平。

在环境管理中，实行排污权交易是市场经济发展过程中的一个结果和趋势，它的出现意味着利用市场手段也可以较好地治理污染的外部性，是管理环境手段的重要补充。在可持续发展的原则下发展经济、管理环境、治理污染，其意义和作用是不可估量的。排污权交易的背后是市场的自由运行，是政府角色和职能的转换，是经济发展制度保障的完善。在我国，排污权交易的历史还比较短暂，对一些问题的认识还不够全面，制度不够完善，正走在从部分试点工作到全面推广的阶段，必须准确地把握排污权交易思想，把建立排污权交易体系与完善社会主义市场经济体系结合起来，在借鉴国外成熟经验的同时，在实践中不断探索符合我国国情的排污权交易思想，解决遇到的问题，丰富排污权交易的思想。

### （二）发展生态工业园

早在 20 世纪 90 年代初期，加拿大达尔湖西大学和美国康奈尔大学的学者们就对工业园的发展进行了构思，在 1992 年，美国 Indigo 发展研究所首先提出了生态工业园的概念。一个生态工业园是由制造业企业和服务业企业组成的群落。它通过管理包括能源、水和材料这些基本要素在内的环境与资源方面的合作来实现生态环境与经济的双重优化和协调发展，最终使该企业群落得到更大的群体效益。简言之，生态工业园区的目标就是改善参与公司的经济表现，同时最大限度地减少其环境影响。在生态工业园区内，企业模仿自然界生态系统，相互之间存在协同和共生关系，将最大限度地充分利用资源和减少环境影响，最终达到工业可持续发展的目标。

进入 20 世纪末，发展知识经济和循环经济成为国际社会的两大趋势。自从 20 世纪 60 年代以来生态学迅速发展，人们产生了模仿自然生态系统的设想，按照自然生态系统物质循环和能量流动规律重构经济系统，使经济系统和谐地纳入自然生态系统的物质循环过程中，建立起一种新的经济形态。到 20 世纪 90 年代，随着可持续发展战略的普遍采纳，发达国家正在把发展循环经济、建立循环型社会，作为实现环境与经济协调发展的重要途径。

如今，循环经济在一些发达国家已取得了成功的实践。目前，从企业层次来看，最典型的循环经济实例是杜邦化学公司采用的"减量化（reduce）、再使用（reuse）、再循环（recycle）"3R 制造法。从国家层次上看，比较成功的国家主要有德国和日本。

循环经济与传统经济相比较，不同之处在于：传统经济为资源——产品——污染排放所构成的物质单向流动的线性经济；循环经济则是建立在物质不断循环利用基础上的经济发展模式，要求把经济活动按自然生态系统的模式，组织成一个资源——产品——再生资源的物质循环流动的过程，使整个环境经济系统基本上不产生或少产生废弃物。

循环经济下的工业体系在实践 3R 原则时，主要有三个层次，即单个企业的清洁生产、企业间共生形成的生态工业园区以及产品消费后的资源再生回收，由此形成"自然资源——产品——再生资源"的整体社会循环，完成循环经济的物质闭环运动。在这三个层次中，生态工业园区（Eco-Industrial Parks，EIPs）已经成为循环经济的一个重要发展形态。生态工业园区正在成为许多国家工业园区改造的方向，同时也在成为我国第三代工业园区的主要发展形态。

生态工业园是一种基于社区的产业生态开发模式，是指"社区内的生产与服务企业为增强环境和经济成就而进行合作管理环境和利用资源（包括能源、水和原料等）。通过合作，社区企业获得了一种'群体利益'，它要高于单个企业实现最优化管理所达到的'个体利益'水平"①。生态工业园一般是在城市或社区范围内，处理城市废弃物，提高社区资源利用效率，改善环境。为保证废弃物能够得到及时处理，必须有废弃物及副产品的回收、处理设施；为保证废弃物与副产品能再次返回到生产领域，还必须有吸引"二次资源"的制造业部门；生态工业园的正常运作也需要相应的服务与管理设施的支持。

根据循环经济理论和工业生态学原理，循环经济是一种与生态环境和谐共存的新型工业园区。园区内企业减少废物排放，废物相互利用的企业链将一个企业生产的副产品用作另一个企业的原料，从而形成能源的不断循环，实现价值的增值，并减少最终废料的排放量，尽量少破坏环境。

生态工业园是建立在一块固定地域上的由制造企业和服务企业形成的企业社区。在社区内，各成员单位通过共同管理环境事宜和经济事宜来获取更大的环境效益、经济效益和社会效益。整个企业社区能获得比单个企业通过个体行为的最优化所能获得的效益之和更大的效益。因此，建立生态工业园的目标是在最小化参与企业的环境影响的同时提高其经济绩效。这类方法包括对园区内的基础设施和园区企业进行绿色设计、清洁生产、污染预防、能源有效使用及企业内部合作。生态工业园也要为附近的社区寻求利益，以确保发展的最终结果是积极的。

当这个园区建成以后，它所涉及的利益相关者，被称为干系人（stakeholders），通过相互合作和高度信任，建立一个可循环的相对稳定的系统。这些干系人可以包括各级政府、企业、社区等。所以说，建立生态工业园区也是一个多方合作、协同管理、共生的过程。

在北美，生态工业园日益引起人们的兴趣。在美国，总统可持续发展理事会（PCSD）成立了一个特别工作组，专门研究建立可持续经济的一个要素——生态工业园。环保局和能源部一直在探讨以这些建议为基础建立生态工业园的可能性。

为什么这个概念如此令人信服？就内因而言，使工商业和环境两者相一致的需求是一股强大的吸引力。生态工业园活动有很多要素本身已经得到证实。对于两家甚至更多家公司来说，其共同之处在于发展互利关系，使得一家公司的废物能构成另一家公司的有价值投入产物。例如，雀巢公司在纽约州的一家工厂把有毒的巧克力油转化成化妆品制造的一种投入。生态工业园倡导者认为

---

① 刘力，郑京淑. 产业生态研究与生态工业园开发模式初探［J］. 经济地理，2001（05）：620-623.

这些联系可以是更具普遍性、更有目的性和更具扩大性的。网络化的制造业在欧洲、澳大利亚和北美已经被证明是一种成功，在这些地方一种共同联系提高了市场反应性，也降低了企业管理费和成本。

我国是发展中国家，工业化进程还远没有结束。西方工业化国家的工业化进程经历了几百年，如果我国想用较短的时间（比如几十年或上百年）实现工业化进程，就必须有先进的理论来指导。传统的工业化方法是行不通的，这不仅是因为需要的时间长，更因为它是以牺牲环境、资源为代价的工业化。目前，最先进的工业发展战略就是生态工业园，它为全面解决污染控制、资源利用以及提高企业的竞争力，提供了理论方法和实际策略。对传统工业和生态工业进行了详细的比较，可以很清楚地看出生态工业的优势，见表5-2。

表5-2　传统工业与生态工业的比较

| 类别 | 传统工业 | 生态工业 |
| --- | --- | --- |
| 目标 | 单一利润、产品导向 | 综合效益、功能导向 |
| 结构 | 链式、刚性 | 网状、自适应性 |
| 规模化趋势 | 产业单一化、大型化 | 产业多样化、网络化 |
| 系统耦合 | 纵向，部门经济 | 横向，复合生态经济 |
| 功能 | 产品生产 | 产品+社会服务+生态服务+能力建设 |
| 经济效益 | 局部效益高、整体效益低 | 综合效益高、整体效益高 |
| 废弃物 | 向环境排放、负效益 | 系统内资源化、正效益 |
| 调节机制 | 外部控制、正反馈为主 | 内部调节、正负反馈平衡 |
| 环境保护 | 末端治理、高投入、无回报 | 过程控制、低投入、正回报 |
| 社会效益 | 减少就业机会 | 增加就业机会 |
| 行为生态 | 被动、分工专门化、行为机械化 | 主动，一专多能，行为人性化 |
| 自然生态 | 厂内生产与厂外环境分离 | 与厂外相关环境构成复合生态体 |
| 稳定性 | 对外部依赖性高 | 抗外部干扰能力强 |
| 进化策略 | 更新换代难、代价大 | 协同进化快、代价小 |
| 可持续能力 | 低 | 高 |
| 决策管理机制 | 人治，自我调节能力弱 | 生态控制，自我调节能力强 |
| 研究与开发 | 低、封闭性 | 高、开放性 |
| 工业景观 | 灰色、破碎、反差大 | 绿色、和谐、生机勃勃 |

现以广西贵港糖厂为例，作为建设生态工业园区的实证分析。用甘蔗制糖

是广西贵港的支柱产业，贵港 GDP 的 30% 来自制糖及其辐射产业。其中 GT 公司是我国最大的甘蔗化工企业，制糖、酒精、造纸等是这个公司的主导产业。由于制糖业本身是总排污多、污染重的行业，特别是在制糖技术比较落后的国家，制糖企业造成的污染和浪费一直是该行业比较难以克服的一个大问题。"九五"期间，GT 把环境保护作为企业可持续发展的头等大事来抓，实行公司、生产分厂、车间、工段环保目标四级管理。1999 年以来，GT 公司共投入资金 7000 多万元，对生产厂排放的工业污染物进行全面的综合治理和利用，实现了工业污染防治由末端治理向生产全过程控制的转变，形成了生态工业园的雏形。它建立了多条生态工业链，相互利用废弃物作为原料，既节省了资源，又把污染物消除在工艺过程中，创造了非常可观的经济效益和环境效益。据统计，"九五"期间这家企业"三废"综合利用产值达 13.35 亿元，占公司工业总产值的 53%，创利润 7000 多万元。

贵港的生态工业园中的共生企业同属于一家大型公司，他们是该大型公司的分公司或某一生产车间。这种模式的和与散完全取决于总公司的战略意图，或者是出于总公司优化资源、整合业务的需要，或者是迫于对环保要求的压力而进行的，所以不一定是以营利为目的的，参与实体往往没有自主权。由于参与共生的各企业都是"一家人"，他们在合作过程中对于基础设施或公用设备的投资、利益的分配以及企业秘密等一些对自主型共生模式的企业来说敏感的问题，通过集团公司的协调或行政命令轻而易举地就可以解决，这就避免了另外一种共生系统中漫长的谈判或协商过程。

### （三）利用社会机制保护环境

社会机制作为环境保护的第三种机制，具有政府干预和市场化机制难以比拟的优势。如何充分利用社会机制保护环境，是有待我们进行深入研究的课题，这里只提供几点粗浅的认识。

1. 开展宣传教育，增强环境意识

教育手段是与"良心效应"和"黄金律"相联系的。所谓"良心效应"，是指任何一件外部性事件的产生，都或大或小存在着良心效应，即良心发挥着一定的作用。当外部性产生者给他人的福利带来不利影响而且不给予补偿时，良心效应将会降低自身的整体福利水平。进行社会准则的教育是解决外部性问题的一种办法。这种教育的具体内容就是"黄金律"教育：要产生外部经济性，不要产生外部不经济性。由于人们的行为是互相影响的，所以人们要时时刻刻用社会准则来要求自己。实际上，良心效应和黄金律无非强调的是一种道德教育，属于"精神文明"教育。通过教育，强化良心效应，使得人们从事外部不经济行为时感到不安，努力去从事产生外部经济效应的事务，尽量减少产生外部不经济效应的事务。运用这种"思想教育"的方式来解决外部性问题在某种范围内、在一定条件下可以发挥很大的作用。通过宣传教育，使广大居民增强环境意识和环境观念，养成良好的环境道德、环境习俗、环境习惯等。

2. 支持绿色社团，推动绿色运动

作为民间群众性组织的绿色社团，以环境利益为宗旨，亲善自然，关注未来，无论在发达国家还是在发展中国家都是推进环境改善的巨大力量。绿色社团是推动绿色运动的主要力量。一般认为，绿色运动可以分为：反公害运动、反开发运动、反"公害输出"运动、环境保护运动等。通过绿色运动鼓励形成绿色理念、创办绿色企业、从事绿色营销、生产和消费绿色产品等。但是，在绿色社团建设中至少存在两个问题：一是社团组织往往属于半官方的，而不是真正意义上的社会团体，起不到对政府和企业的监督作用；二是政府对社团组织的管理过于严格，限制了社团组织的创新功能的发挥。因此，按照绿色社团的宗旨和本意来建设绿色社团，推进绿色运动，是当前社团管理体制改革所面临的一大任务。

3. 公布环境信息，加强舆论监督

环境是全人类的共同财产，环境资源是社会成员的共同财产。每个公民都与生俱来地享有分享环境资源以维护自己生存和发展的权利。1972 年联合国《人类环境宣言》指出："人类有权在一种能够过尊严和福利的生活的环境中，享有自由、平等和充足的生活条件的基本权利，并且负有保护和改善这一代和将来的世世代代的环境的庄严责任。"了解环境信息，扩大居民对环境状况的知情权，是体现居民环境权益的重要方面。信息公开可以使居民基于充分的信息做出选择，从而对有利于环境的产品和服务产生更大的需求。生态标志的应用，就表明它们是以不影响环境的方式生产这一产品的。那些环境保护主义者就会宁肯多花钱而选择具有生态标志的产品。对污染排放的信息公开也使得公众能够监督单个厂商的行为以及他们对环境标准的遵守（或不遵守）程度。环境信息的公开还可以使公众对环境这一特殊的公共产品的主要提供者———政府进行有效的监督。

4. 注重广开言路，发动公众参与

目前，建设项目都实行环境影响评价制度，但这种评价只是局限于机构评价，缺少公众参与。公众参与环境影响评价具有重要的意义：一方面，行动建议人评价、专家评价不可能穷尽该项目对环境造成的全部影响，公众参与可以给主管部门提供更充分的资料作为决策依据；另一方面，与开发建设最有利害关系的是当地社区居民，从公民环境权的角度出发，居民有权对开发计划提出反对或修正意见。另外，政府在改善环境中的作用往往是基于公众对环境状况的强烈不满和改善环境的强烈愿望。因此，鼓励公众参与是一个重要方面。例如，在重大项目的环境评价中要求进行公众听证，既可以提高公众的环境意识，又可以在判定开发过程将如何对其周围环境产生重大影响时向整个社区提供有效的声音。公众参与的方法也是对环境基础设施进行成功管理的关键。

通过机制创新，中国人民创造了令人瞩目的物质文明成就；通过环境保护机制的创新，中国人民也一定能够创造出引人关注的生态文明成就，从而实现物质文明、精神文明、政治文明和生态文明协调发展的全面小康社会。

# 五、结论

人们对于环境这种特殊商品的消费及投资心理，与普通商品相比，具有更大的复杂性。人们对于环境商品消费所获得的满足程度的评价，存在难以逾越的心理误区和盲区，存在所谓的"参照效应""敏感度降低效应"和"不愿失去效应"，因而不能对自己的环境福利水平的高低及变化趋势做出正确的估计。对于经济主体来说，在制订对于环境消费或投资的策略时，有时追求自身福利最大化不是唯一的行为动机。经济主体可能为了追求公平，或在遭受不公平时进行报复而宁愿遭受福利损失。根据行为经济学的分析，"环保主义"意识形态具有不可低估的经济意义，它可能使得经济主体偏离利润最大化的目标。对环境的投资，需要较大的前期投资，而环境投资的收益具有不确定性和滞后性（尤其在政府制定的市场规则不科学、不完善时，更是如此），环境投资的风险太大，造成经济主体对环境投资进行净现值测算时，评估偏低，因而不愿进行环境投资。

基于以上关于环境的行为经济学分析，本研究提出了相应的对策，包括排污权交易、建设生态工业园和利用社会机制保护环境等。这些对策有些已经被证明是行之有效的，有的则还处于理论探讨阶段。

应用行为经济学的原理和方法来分析环境经济学中的问题，是在理论上的一种大胆尝试。虽然这种分析在本研究中极显幼稚和浅薄，但只要能对推动行为经济学在经济学理论领域的应用有所裨益，并有益于环境经济学理论的发展，则达到了笔者的初衷。

# 第六章

# 粤港澳优质生活圈生态休闲发展模式研究①

## 一、引言

继 2008 年"十二五"规划后，粤港澳共建绿色优质生活圈已逐渐达成共识。粤港澳优质生活圈的建设，势必带来大量的休闲需求，但粤港澳区域内的生态休闲资源却相对贫乏，因此极有必要对粤港澳优质生活圈生态休闲发展模式进行研究，以便有效地推动优质生活圈的建设。

粤港澳地区人们的生活节奏比较快，打造优质生活圈需要生态休闲来舒缓生活、工作给人们带来的压力，使生活圈中的人们始终保持生理和心理的健康，从而提高生活圈的品位，实现可持续发展。粤港澳优质生活圈的建设，势必带来大量的休闲需求。据香港智经研究中心分析，珠三角都市圈未来 20 年至 30 年人口将会超过 5000 万，社会和个人财富的雄厚将使该区域具有惊人的消费能力，随着港珠澳大桥的贯通，香港与珠三角西岸联络会更加紧密。而随着社会民生领域的公共治理政策架构进一步完善，生活圈内的生活便利程度将显著提高，三地生活地域界线将逐渐模糊或消失。生活圈内的大量居民和来自世界各地的高端商务客流，无疑具有强大的休闲消费能力，尤其集中于高端休闲产品——生态休闲。

生态休闲是指在生态环境中的休闲方式，是以生态为背景、为环境、为内容，以休闲为目标的休闲方式、游憩方式、生活方式。对生态休闲的需求，源于工作环境的紧张、单调，需要在生态环境中休闲、放松、舒缓压力，以重新

① 本内容为广东省社科联 2013 年度粤港澳关系项目"粤港澳优质生活圈生态休闲发展模式研究"，佛山市高等教育高层次人才科研启动项目"粤港澳大湾区生态休闲偏好与空间配置研究"的成果。
感谢华南师范大学公共管理学院的张优新、邓亮、黄嘉敏等同学在研究中所做的工作。

焕发活力，继续投入工作的压力环境。生态休闲最终会成为一种日常生活的需求，融入人们的生活习惯之中。生态休闲不同于生态旅游，后者以生态为旅游对象，以认识、了解、欣赏、学习生态，接受生态教育为目的。

生态休闲产业是 21 世纪极具发展前景的新产业，尤其是随着人民生活水平的日益提高，目前粤港澳地区的第三产业正快速发展，人们在精神、物质享受方面越来越重视，所追求的质量越来越高，目前单一的休闲方式已经远远不能满足人们生理和精神上的需求。而生态休闲产业的发展不仅仅从环境保护的角度出发，而且迎合了广大消费者的消费心理。可见，生态休闲在满足人们的休闲享受的同时，也是一种体现可持续发展观的休闲，符合我国提倡的可持续发展。

令人遗憾的是，由于自然条件的限制和工业化的发展，该区域内的生态休闲资源却相对贫乏，这就有必要在生活圈周边地区寻找更加丰富的生态休闲资源。广东梅州市、韶关市等地具有优质丰富的生态资源，比邻粤港澳优质生活圈的地理优势，可望成为生态休闲的重点发展区域。这不仅能满足粤港澳优质生活圈对稀缺生态休闲的需求，也能充分发挥梅州市、韶关市等地生态资源的经济效益，摆脱贫困落后的经济面貌。

本节通过对粤港澳优质生活圈生态休闲需求状况的调查和分析，研究粤港澳优质生活圈生态休闲产品的供给机制，包括产生商业性供给、自愿性组织供给、公共供给。利用系统动力学、因果分析法等对生态休闲资源的评价方法，对粤港澳优质生活圈可利用的生态休闲资源（主要是本区域内及周边的梅州、韶关等地）的评价与分析。研究粤港澳优质生活圈生态休闲产品的设计和开发，包括度假、探索冒险、自然体验、体育、节事活动、文化民俗、餐饮购物、博彩、艺术等种类的生态休闲产品。研究粤港澳优质生活圈生态休闲的政策设计，包括生态资源的保护、休闲产业的基础设施建设、引资、市场培育、地方品牌塑造、行业自律规范、标准化管理、产业集群、售后服务、违规处罚等方面的政策。

## 二、文献综述

### （一）生态、旅游、休闲、生态旅游与生态休闲

生态一词源于古希腊，意思是家或者我们的环境。如今，生态指地球上生

物的生存状态,以及它们之间和它与环境之间的相互影响、相互作用的关系。旅游有许多方式,但其中许多都不属于生态休闲,如不以生态环境为依托的博彩业、娱乐业等。生态旅游是在1983年被首次提出的一种新型的旅游方式。国际自然保护联盟(IUCN)特别顾问谢贝洛斯·拉斯喀瑞(Ceballas-Lascurain)指出生态旅游有两个关键点:第一,浏览的是自然景观;第二,不破坏当地自然环境。生态休闲不同于生态旅游,后者以生态为旅游对象,以认识、了解、欣赏、学习生态,接受生态教育为目的。

生态休闲是在休闲的基础上,引入生态环境与人类的相互影响,从而构建出一种更高层次的休闲形式,即人类在休闲的过程中,不仅自身获得满足,而且自然生态环境也得到改善。该过程实现了人与自然的和谐共处,人的身体在更加绿色的自然生态环境中变得愈加健康;人也在体验自己构建的优雅生态环境之后得到精神享受。因为生态休闲对于自然环境也是有益的,所以生态休闲产业必须是高效、环保的。生态休闲经济建筑于一个高度发展的社会,比休闲经济所要求的生产力水平更高。人们的劳动生产率高到在创造完大量物质财富之后,还有许多闲暇。

### (二) 生态休闲产品的需求

从市场学的角度看,需求是针对特定具体产品的欲望,而且是有支付能力且愿意购买的;需要与欲望是构成需求的内在性事物,而市场是由一切具有特定的欲望和需求并且愿意和能够以交换来满足此欲望和需求的潜在顾客构成。一般认为,旅游是实现人的高层需要,即精神需要的有效方式,而且是对多重需要的满足,因而它是非必需的。

凡勃伦的《有闲阶级论》认为休闲的内涵就是"对时间的一种非生产消费",由此可见,休闲乃人们一天当中扣除工作、睡觉及维持生理活动所必需的活动时间之外,在剩余时间里所做的活动。自1999年我国实行"黄金周"休假制度以来,人们开始拥有了适合外出多天的闲暇时间,休闲旅游需求被极大激发,可是由此带来的景区拥挤问题也日益严重,因此距离城市1~3小时车程范围内的郊区生态休闲度假旅游需求急剧增加,不但可以满足人们的休闲需求,同时也缓解了工作压力,得到适当放松。

2003年前,国人的主要旅游方式是观光旅游。2003年后,"非典"的流行让人们对于生命和健康有了新的认识,越来越多的人意识到户外进行有氧运动的重要性。因而,空气好、人流少的地方逐渐成为人们出游的首选,与此同时,短途的户外休闲促使人们在出行时更多选择自驾车。

森林公园作为生态休闲的代表，受到广大生态与休闲爱好者的青睐。目前，我国每年到森林公园的游客已超过 5000 多万人次。据世界旅游组织预测，今后的生态旅游和大自然旅游几乎占所有国家旅游的 20%。生态休闲侧重于让人们在休闲过程中继续接受知识和文化的洗礼，在大自然的怀抱中陶冶情操、放松身心、增长知识、开阔视野，满足人们远离喧闹纷扰的城市环境的需求。另外，由于对世界范围的环境兴趣高涨，人们越来越热衷于实地掌握有关生态系统、濒临物种及其他有关自然保护问题的第一手资料，因此生态休闲应运而生。

但是，尽管国内对生态休闲的需求日益剧增，在此方面的研究却略显滞后和欠缺，极少有人进行具体研究，正如魏小安在论及中国度假旅游发展的曲折经历时所说的那样："我们以前对市场需求没有充分把握，尤其不了解国际上同类产品的发展状况。"正是这种对国内与国际市场的不了解，才使我国的生态休闲产业没有得到充分的发展。

1. 需求因素

经济因素：个人收入、生态休闲产品的价格、货币价值或者汇兑比率、税收政策及消费政策。

社会-心理因素：人口因素、动机或偏好、态度、休闲时间量、过去的经历、文化意识。

外部因素：产品的供给、政治或经济的稳定性、技术进步、可进入性、旅游发展水平、媒介宣传因素、旅游障碍（如法律）。

2. 研究视角

客源白视角：经济发展程度、人口调整和政治制度、个人收入、职业、带薪假期、教育水平、生活阶段、个人偏好等。

旅游目的的视角：资源的吸引力、旅游价格、货币汇率、交通速度、接待设施条件、履行组织机构等。

3. 需求动机

生态休闲的需求动机是直接推动一个人进行旅游活动的内部动因或动力。可根据前人总结出来的一些理论进行分析。

（1）马斯洛的需要层次理论。马斯洛提出了人们的五个层次的需要，即生理需要、安全需要、交往需要、尊重需要、自我实现需要。该理论的核心是，当人们的低层次需要被满足后，才会去追求更高层次的需求。当人们的生理需要得到满足后，自然会追求安全、交往、尊重、自我实现这些更高的需要，追求精神和身体的享受。马斯洛的需要层次理论在产业经济心理学、组织心理学、咨询、市场营销和旅游等许多领域具有广泛影响，是研究生态休闲产业需求的基础理论。

（2）Beach 和 Ragheb 的休闲动机等级理论，提出了一个休闲动机等级的模型，它以马斯洛的需求层次理论为基础，将动机划分为四种类型，分别是：①知识因素。用来评价个体在多大程度上被激发参与休闲活动，它包括精神活动，如学习、探索、发现与挖掘、思考或想象。②社会因素。用来评价个体参与休闲活动在多大程度上是源于社会原因。它包括两个基本的需要，一个是友情和建立人际关系的需要，另一个是获得他人尊重的需要。③技能掌握的需要。它是用来评价个体为了获取和掌握某项技能，或者挑战和完成某个事物而参与休闲活动，这些活动从本质上看通常是与体力有关的活动。④逃避刺激的因素。它评价的是想要逃避和远离过度刺激的生活境遇的欲望。一些个体有与世隔绝、寻求安静、平和环境的需要；另一些个体有寻求休息和释放自我的需要。

Beach 和 Ragheb 的休闲动机等级理论的分类模型较好地解释了人们参与各种休闲旅游活动的原因，说明了一地停留式生态休闲以休闲、娱乐、逃避刺激为主要动机，主要源于技能掌握因素和逃避刺激因素；而不断流动的游览性观光旅游则以满足学习探索的精神需求为主，多有外界因素激发参与，基本源于知识因素。介于其中的社会因素则对两者都需要。

（3）Crompton 与 Dann 的推力／拉力动机理论。Dann 的研究将旅游动机分为七种：对缺失和欲望的反应、目的地拉动与动机驱动相对应、情感梳理、自我提高、幻想（fantasy）等。推力可以分为：摆脱世俗生活环境、重新发现和评价自己、放松、声望、心灵回归、增进与家人亲情、促进社会交往（这些属于社会心理方面的需求），还有两种，即新奇感、教育（属于文化类动机）。

### （三）生态休闲产品的价值

生态休闲产品作为一种服务产品，同样具有一般产品的特性。关于人们在购买产品时到底买到的是什么，莱维特说，"人们买的不是产品，而是对某些利益的预期，这些利益就是产品。"科特勒发展了这一观点，他认为，"顾客在寻找某种效用，现有产品只是这些效用目前的包装方式。"因而，逐步形成著名的产品价值组成层次理论，即营销者们应该从三个层次考虑产品：核心产品、有形产品、附加产品（或称外延产品）。

国内外学者也依此理论，对旅游产品的价值层次进行了探索。林南枝、李天元将旅游产品的价值层次划分为三个层面：核心部分、外形部分、延伸部分。核心部分是"旅游服务"，外形部分是质量、特色、风格、声誉、组合方式，延伸部分是提供给旅游者的优惠条件、付款条件、旅游产品的推销方式。谢彦君则认为旅游产品的核心利益是"旅游愉悦"，展现利益是价格、声誉、质量、区位，而追加利益是交通、住宿、餐饮、购物。密德尔敦也对旅游产品持三层次观点，他认为这三个层次分别是：核心产品、有形产品和外延产品。核心产品是专为满足目标顾客细分市场的特定需求而设计的基本服务或利益；有形产品是供出售的具体产品，表明了顾客付钱后能得到什么；外延产品是生产者加到所提供的有形产品中，以使产品对目标顾客更具有吸引力的附加价值。

### （四）国内外研究现状评述

国内外对生态休闲的直接研究并不多见，与之相关的研究大多分别集中于旅游、休闲、生态等领域，主要包括旅游经济学、休闲经济学、生态经济学等。旅游经济学研究旅游经济活动的运行及其运行过程中产生的经济现象、经济关系和经济规律，主要研究旅游经济活动的地位和作用、旅游供求规律、旅游资源和服务设施、旅游业、旅游服务、旅游市场、旅游商品等。休闲经济学是以休闲经济为研究对象，专门研究休闲活动中产生的休闲经济现象、休闲经济关系及休闲经济规律的一门经济学科，主要研究休闲活动产生的经济背景、休闲需求与休闲消费、休闲供给与供求均衡、休闲产品与企业经营、休闲投资与决策、休闲产业及产业体系的构建与培育、休闲经济的影响以及休闲经济中的政府等方面的研究内容。生态经济学（ecological economics），是研究生态系统和经济系统的复合系统的结构、功能及其运动规律的学科，即生态经济系统的结构及其矛盾运动发展规律的学科，是生态学和经济学相结合而形成的一门边缘学科，围绕着人类经济活动与自然生态之间相互作用的关系，研究生态经济结构、功能、规律、平衡、生产力及生态经济效益，生态经济的宏观管理和数学模型等内容。

## 三、粤港澳地区生态休闲产品需求分析

### （一）理论视角与假设

1. 理论视角

（1）需求层次理论视角

根据马斯洛提出的需要层次理论，随着现代人的生活水平的逐渐提高，当

生理、安全、爱的需求得到满足时，人们会追求更高层次的需求。旅游是因人们追求更高层次需求而逐渐发展起来的，在日益激烈的竞争下，观光型旅游已经不能满足人们的需要，而建立在生态环境上发展起来的生态休闲圈更迎合人们多元化的需求。人们选择生态休闲有以下原因：放松身心；远离喧嚣的都市，体验生态休闲地的魅力；消费能力增强；自身对生态休闲地环境的向往。

（2）可持续发展理论视角

可持续发展强调的是环境与经济的协调，追求的是人与自然的和谐。其核心思想就是健康的经济发展应建立在生态可持续能力、社会公正和人民积极参与自身发展决策的基础上。生态休闲是与旅游、休闲、生态等领域既相关又不完全相同的研究领域，它是指在生态环境中的休闲方式，是以生态为背景、环境、内容，以休闲为目标的休闲、游憩、生活方式。对生态休闲的需求，源于工作环境紧张、单调，人们需要在生态环境中休闲、放松、舒缓压力，以重新焕发活力，继续投入工作。这是唤起人们对生态休闲需求的重要因素，生态休闲最终会成为一种日常生活的需求，融入人们的生活习惯之中。

在海滨地带、乡村田园与古村镇、湖泊地带、山岳风景区、温泉疗养地、特色城镇等发展生态休闲地，首先是通过适度利用环境资源，实现经济发展，满足生态休闲地的基本需要；在此基础上，再满足外来生态休闲者对更高生活质量的需求，满足其发展与享乐等高层次的需要。

2. 假设

（1）生态休闲者是一个具有某些显著特征的群体

20 世纪 80 年代以后，生态休闲在西方受到高度重视，在市场上发展快速。生态旅游的兴起是人们自然环境和环境保护意识不断增强的结果，被看作传统大众旅游的替代品，是当代世界旅游业的转折点。

休闲者到户外休闲，受到休闲者个人社会经济属性的影响。那么什么人会选择生态休闲呢？一般认为，性别、年龄结构、职业、闲暇时间、受教育程度、家庭收入等是影响休闲者户外需求的 6 项约束因子。那么，这 6 项因素如何导致休闲者选择休闲空间的差异呢？选择生态休闲的消费者是集中于某一具有显著特征的群体，还是平均分布于各群体中？这有助于分析生态休闲者的需求。

（2）生态休闲者具有探新求异与放松身心的需求动机

随着消费层次与知识文化水平的提高，人们已经不满足于传统的大众化的旅游方式，而是追求更高层的、更新奇的旅游活动形式与内容，如生态旅游、探险旅游等。不少人除了到户外休闲享受大自然的美丽风光外，还想通过一些参与性的休闲活动，如参与休闲地的生态环境保护活动等，获得科学文化知识，提高自身素质。

此外，社会竞争的激烈使人们长期处于紧张而有压力的工作环境中，这种心理紧张与压力驱使他们在闲暇时间离开自己生活的地方，到远离喧嚣的郊外呼吸新鲜的空气，放松身心。生态休闲因此具有远大的发展前景，此而逐渐发展起来。

（3）人们大多数会选择在节假日出游

随着国民经济的持续增长，尤其是1999年国家开始实行"黄金周"休假制度以后，旅游逐渐成为国民生活的重要组成部分。众多数据表明，在黄金周期间，各地的旅游景点都出现"人满为患"的现象。闲暇时间充足是保证人们选择出游的重要因素，因此尽管景区拥挤，可是人们还是会选择节假日出行，以保证有充足的时间放松。

（4）娱乐性、消遣性的自然体验活动更受青睐

从已有的文献和休闲旅游的有关研究中了解到，在旅游时，人们最喜欢躺在沙滩上尽情享受阳光、沙滩、海水，享受美食，同时喜欢参加各种娱乐休闲活动，尤其是探险性活动；还喜欢与同行者进行交流沟通。这种行为偏好是否也体现在粤港澳地区人们中呢？

（5）组织方式上大多数选择自助旅游方式

国内许多提及休闲旅游出行方式的文献都认为，近年来，旅游者在选择出行方式时，一般选择自助游，而不需要旅行社提供服务。自助游因其时间灵活而受到广大休闲消费者的欢迎。

通过实证研究，对以上假设进行验证。

### （二）实证研究

该调查问卷由17个问题组成，具体内容涉及个人信息、以往度假方式、热衷的旅游类型等。调查对象均在广东省内，分别是惠州、梅州、佛山、深圳、清远、广州、湛江7个城市中的各类场所（包括居民小区、政府部门、旅游区、繁华商业区、交通枢纽等）里的行人。调查历时近2个月，实际发出问卷300份，回收有效问卷259份，问卷有效率为86.3%。

1. 样本特征分析

（1）性别

根据回收的问卷统计出的结果显示，调查对象男女比例接近1：1，性别比例相差不大。随着社会经济的发展，女性在工作领域所占的比例逐年增长，随之收入增加，压力也增大，女性从繁杂的公务与家务中解脱出来的需要空前强

烈，在休闲活动中的参与度越来越高，她们在休闲旅游中的比重也将越来越大。

（2）年龄结构

从表6-1的受访者基本特征可以看出，近82%的受访游客年龄段集中在15岁到44岁之间，属于中青年游客群体，出游经历多。从年龄构成看，一般青少年精力充沛，对外界事物的好奇心比较强，喜欢探索，因此渴望外出旅游。中年人精力旺盛，又有工资收入及带薪假期，因此也会在空闲的时候与同事、伴侣或家人外出观光。而老年人则主要受身体健康因素的限制，比较少外出。

（3）受教育程度

学历上，超过六成的受访者具有大专以上学历，知识水平越高，对生态休闲的需求理解越深刻。知识阶层主要是有专业知识、技能和实际工作能力的"白领"。在服务业所占比例逐渐增加的背景下，这一阶层在社会发展中的地位和作用将会越来越显示出其不可替代的重要性。他们一般具有稳定的较高的收入，并且侧重于发展性和精神性的消费，所以他们也将成为生态休闲消费的主体。知识分子阶层一般来讲文化水平较高，文化底蕴深厚，其选择的休闲活动一般都具有学习功能，如文化旅游等。

（4）职业

职业特征上，企事业管理人员、一般职员及学生所占的比例较大，企事业单位工作者工作和生活压力相对较大，而学生的闲暇时间较多，因此对休闲旅游的需求较为强烈。而公职人员也因工作需要到外地出差，接触到生态休闲的机会较多。比例最小的是离退休人员，休闲需求相对较弱。

（5）收入

休闲旅游不属于生活必需品，因此与收入密切相关。大约30%的受访者的月收入为2001~4000元，约18%的受访者月收入为4001~6000元，另外还有少部分家庭的收入已经超过10000元[①]。由此可见，我国的国民的收入大部分已经较为稳定。这些家庭除了日常生活支出外，其他的可支配收入相对比较多。人们的可支配收入提高从而刺激了生态旅游、生态休闲等各种休闲形式的需求，并进一步带动了休闲产业需求增加。

有关调查表明，广东绝大部分地区已经进入温饱阶段，大中城市、沿海地区则进入小康阶段，全省人均GDP水平接近或者超过3000美元，人们的消费需求开始向高档次、多元化方向发展。生态旅游的目的地的管理和保护需要更多的人力物力，所以其消费比传统大众旅游要高些。如今，人们的可支配收入分配

---

① 数据详见表6-1生态休闲游客基本特征。

增加，满足自身的精神需求成为闲暇时间的选择，而此时，贴近自然的生态休闲正中下怀。粤港澳庞大的市场容量和潜在需求是生态休闲业发展的最大优势之一。

**表 6-1 生态休闲游客基本特征**

| 项目 | 内容 | 百分比 |
|------|------|--------|
| 年龄 | 15～24 岁 | 39.92% |
|      | 25～44 岁 | 43.02% |
|      | 45～64 岁 | 16.28% |
|      | 65 岁以上 | 0.78% |
| 学历 | 小学 | 3.09% |
|      | 初中 | 10.81% |
|      | 高中或中专 | 22.01% |
|      | 大专或本科 | 61.39% |
|      | 研究生以上 | 2.70% |
| 职业 | 公务员 | 7.00% |
|      | 企事业管理人员 | 14.40% |
|      | 一般职员/文员/秘书 | 12.06% |
|      | 专业/文教技术人员 | 8.95% |
|      | 服务营销人员 | 5.06% |
|      | 私营企业主 | 5.45% |
|      | 离退休人员 | 0.78% |
|      | 工人 | 3.89% |
|      | 农民 | 6.23% |
|      | 学生 | 29.96% |
|      | 其他 | 6.22% |
| 收入 | 2000 元以下 | 10.17% |
|      | 2001～4000 | 30.08% |
|      | 4001～6000 | 17.58% |
|      | 6001～8000 | 10.55% |
|      | 8001～10000 | 8.20% |
|      | 10001～16000 | 11.72% |
|      | 16000 元以上 | 11.70% |

2. 选择生态休闲方式的原因

为了了解影响人们选择生态休闲方式的因素，问卷以"完全不赞同""不赞同""没意见""赞同""非常赞同"为衡量尺度，经统计"非常赞同"和"赞同"的百分比结果，发现影响人们选择的因素的重要程度依次为放松自己（75.68%）、体验旅游地的魅力（45%）、消费能力增强（39%）、一直喜欢（38%）、自身向往西方的旅游方式（21%）。见表6-2。

粤港澳的经济发展在我国位于前列，人们在繁忙、紧张的工作中，不仅感到身体疲劳，更感到精神上的疲惫。休闲时间，人们希望自己能从紧张的工作环境中解放出来，既能达到愉悦身心、丰富阅历、开阔视野的休闲目的，也可增强热爱自然、保护环境等意识的生态休闲成为休闲度假的新方式。另外，家庭可支配收入的增加也会促进更高层次的文化生活的消费活动。

表6-2 选择生态休闲的原因

| 原因 | 完全不赞同 | 不赞同 | 没意见 | 赞同 | 非常赞同 |
|---|---|---|---|---|---|
| 放松自己 | 5.79% | 3.86% | 14.67% | 29.73% | 45.95% |
| 体验旅游地的魅力 | 7% | 11% | 37% | 27% | 18% |
| 消费能力增强 | 19% | 18% | 24% | 24% | 15% |
| 自身向往 | 38% | 21% | 20% | 12% | 9% |
| 一直喜欢 | 18% | 13% | 31% | 18% | 20% |

3. 生态休闲的动机因素

在生态休闲的决策因素的重要程度的调查中，问卷从主体和客体两方面设计了18个影响因素，以"完全不重要""不重要""一般""重要""非常重要"的衡量尺度。经统计"重要"和"非常重要"，主体因素对生态休闲决策的重要程度前三名依次是欣赏自然景色（82.72%）、领略城乡风光（72.68%）、享受异地美食（66.01%）。客体因素对生态休旅游决策的较重要的是度假环境（83.57%）、旅游地景观（78.98%）、住行等接待设施（74.93%）。可见人们对度假地的环境氛围、景观、服务管理关注度较高，而对旅游地的知名度、娱乐设施关注度较低，餐饮、住宿、交通等接待设施的关注度居中。具体见表6-3。

表6-3 生态休闲动机因素

| 主/客体因素 | 完全不重要 | 不重要 | 一般 | 重要 | 非常重要 |
|---|---|---|---|---|---|
| 享受海水沙滩 | 8.17% | 17.18% | 20.28% | 20.28% | 34.08% |
| 领略城乡风光 | 3.38% | 6.76% | 17.18% | 38.31% | 34.37% |
| 欣赏自然景色 | 2.27% | 6.23% | 8.78% | 23.51% | 59.21% |
| 增长见识 | 1.42% | 1.14% | 26.99% | 29.26% | 41.19% |
| 娱乐康体活动 | 7.08% | 9.92% | 32.86% | 26.35% | 23.80% |
| 享受异地美食 | 5.67% | 8.78% | 19.55% | 38.81% | 27.20% |
| 体验不同的生活 | 6.80% | 14.16% | 25.21% | 24.65% | 29.18% |
| 增进感情 | 3.97% | 16.15% | 23.80% | 28.61% | 27.48% |
| 结识新朋友 | 24.93% | 11.80% | 26.91% | 25.50% | 10.76% |
| 放松身心 | 4.24% | 3.11% | 11.30% | 27.40% | 53.95% |

| 主/客体因素 | 完全不重要 | 不重要 | 一般 | 重要 | 非常重要 |
|---|---|---|---|---|---|
| 度假环境 | 1.98% | 4.53% | 9.92% | 29.75% | 53.82% |
| 娱乐设施 | 2.56% | 5.13% | 24.22% | 32.76% | 35.33% |
| 旅游地知名度 | 19.83% | 14.73% | 24.08% | 18.98% | 22.38% |
| 住行等接待设施 | 1.42% | 5.70% | 17.95% | 33.90% | 41.03% |
| 服务与管理 | 2.00% | 5.14% | 18.00% | 25.14% | 49.71% |
| 特色餐饮 | 2.55% | 8.22% | 20.96% | 29.18% | 39.09% |
| 旅游地景观 | 1.70% | 3.41% | 15.91% | 28.98% | 50.00% |
| 收费 | 5.90% | 4.56% | 19.09% | 24.50% | 45.87% |

### 4. 生态休闲消费偏好

（1）生态休闲目的地类型偏好

大部分居民在闲暇时间活动都较为单调，种类不丰富，趣味不高雅。同时在每年外出旅游的次数这一问题上，66.80%的人表示他们每年外出旅游的次数在 3 次以下甚至一次也没有，而在一年里外出旅游次数达到 7 次以上的人也仅仅 4.25%，如图 6-1 所示。可见我国居民的生态休闲消费能力仍不乐观，生态休闲消费的观念也仍需提高。

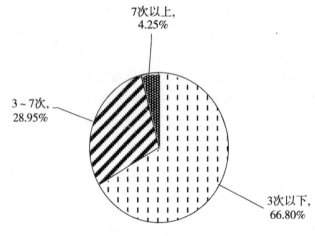

7次以上，
4.25%

3~7次，
28.95%

3次以下，
66.80%

**图 6-1　每年出游的次数**

此外，在调查中，我们发现，人们在对生态休闲目的地的选择上，较青睐于湖泊地带、游玩场所、大都市；在生态休闲产品的选择上，他们更倾向于自然体验、餐饮购物、文化民俗活动，而对艺术类、探索冒险、博彩体育、娱乐康体活动却鲜有人涉及，见表 6-4。这表明人们在生态休闲消费中，都比较喜欢那些充满娱乐性、消遣性的自然体验活动，却忽视了发展性、智力性的活动，如艺术、探索冒险类活动；重感官性，轻体验性、参与性消费。

表6-4　休闲旅游目的地类型偏好

| 休闲地类型 | 偏好百分比 |
|---|---|
| 海滨地带 | 49.0% |
| 乡村田园与古村镇 | 49.0% |
| 湖泊地带 | 72.9% |
| 山岳风景区 | 54.3% |
| 温泉疗养地 | 64.3% |
| 大都市 | 70.0% |
| 少数民族风情区 | 63.3% |
| 游玩场所 | 71.0% |
| 特色城镇 | 58.1% |

（2）生态休闲时间偏好

时间是休闲旅游得以进行的重要保障，休闲需求量与人们的闲暇时间基本上呈同方向变化。如表6-5所示，受访者在选择休闲旅游时间时，40.97%受访者选择个人自由支配时间出行。使休闲旅游时间的安排更自主自由。34.42%的受访者选择法定节假日，认为在法定节假日更有旅行的气氛。15.23%的受访者选择在周末出游，显然短期休闲方式也仍受广大消费者的青睐。9.38%的受访者选择在带薪假期出行。带薪假期对游客来说心理压力相对较少，但是只有少部分人才能享受带薪休闲的待遇。

表6-5　生态休闲时间偏好

| 周末 | 法定节假日 | 带薪假期 | 个人自由支配时间 |
|---|---|---|---|
| 15.23% | 34.42% | 9.38% | 40.97% |

（3）生态休闲方式偏好

在生态休闲方式的选择上，如表6-6，近一半的受访者喜欢自驾出游，认为自驾游更休闲轻松，同时在时间安排上也宽裕随意。

如表6-7，在选择休闲旅游游伴的问题上，选择和家人一起的占44.96%，选择和朋友或同事出游的占42.25%，而选择与伴侣或独自一人出行的所占比例较小。由此可见，生态休闲也成了人际交往的一种重要途径。

表 6-6　生态休闲方式偏好

| 参团 | 自由行 | 单位安排 | 旅游网安排 | 自驾游 | 其他 |
|------|--------|----------|------------|--------|------|
| 29.34% | 12.36% | 11.58% | 0.39% | 44.79% | 1.54% |

表 6-7　生态休闲同行者

| 家人 | 伴侣 | 同事或朋友 | 独自一人 |
|------|------|------------|----------|
| 44.96% | 8.14% | 42.25% | 4.65% |

# 四、粤港澳生态休闲产品供给分析

## （一）需求与供给的系统动力分析

需求分析表明，随着居民经济收入的提高和闲暇时间的增多，粤港澳地区的生态休闲供给资源开发的重要程度与日俱增，而现有部分生态休闲产品已经无法满足人们对生态休闲的需求，满足需要的休闲产品具有潜在的广阔市场。同时，人们的要求已经不再局限于单纯的娱乐消遣方面，而是转向发展型、自然体验型的生态休闲产品，动机多为探新求异与放松身心，因此新型生态休闲产品设计应更加注重考虑人们的这种需求，使消费者的需求能够得到最大限度的满足。此外，调查结果显示，消费者更加倾向于在节假日期间选择自助旅游的方式，因此势必造成某些生态休闲景点在某一时间段人流消费较高的现象，故有必要对原有的生态休闲产品进行升级，完善有关服务配套设施。面对庞大的市场需求，如何在已有的资源中对粤港澳的生态休闲供给进行合理规划配置，才能既使消费者的需求得到满足，又能使各地区生态休闲产品保持其自身的独特性和创新性，成为本研究的重点。

系统动力学对问题的理解，是基于系统行为与内在机制间的相互紧密的依赖关系，并且通过数学模型的建立与操作的过程而获得的，逐步发掘出产生变化形态的因果关系，从而形成一组环环相扣的行动或决策规则所构成的网络。图 6-2 为生态休闲资源供给与需求因果关系图。

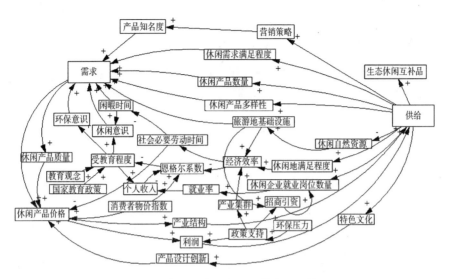

**图6-2 生态休闲资源供给和需求因果关系图**

如图所示，方框中利润、休闲产品价格、休闲产品知名度、休闲需求满足度、休闲意识等都属于影响生态休闲供给和需求的变量。这些变量通过正相关或负相关的作用影响着生态休闲系统，生态休闲供给通过影响相关生态休闲产品的资源、生态休闲企业的数量及生态休闲政策等变量间接影响生态休闲需求，生态休闲需求又影响生态休闲产品价格等作用于生态休闲供给，从而形成了一个不断循环作用的动态系统。

将以上生态休闲产品供给、需求的因果关系图转换成流程图，则如图6-3所示。

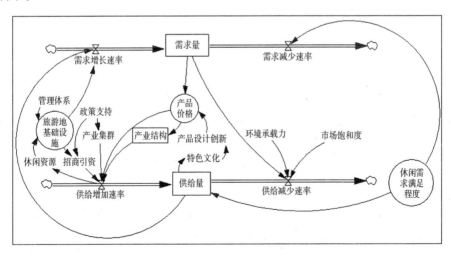

**图6-3 生态休闲产品供给和需求流程图**

如图 6-3 所示，供给量与需求量均为存量，而招商引资、政策支持、休闲资源、旅游地基础设施等都属于使生态休闲供给速率增加的流量，即这些流量的增加能促进生态休闲供给的增加。相反，如环境承载力、市场饱和度等属于使生态休闲供给速率减少的流量，故此类流量的增加将会使生态休闲供给减少。

在生态休闲的供给与需求系统中，生态休闲供给与生态休闲需求相互影响，一般来说，生态休闲供给源自生态休闲需求，因需求而产生、存在，但生态休闲产业发展到一定程度后，生态休闲供给反过来又能刺激新的生态休闲需求的产生，使生态休闲需求的数量和层次得到扩大和提升，因此通过对其中的相关变量做出一些改进，能够有效地刺激生态休闲的供给。

### （二）粤港澳生态休闲资源分析

1. 港澳地区休闲资源特色分析

香港是享誉世界的购物天堂，香港的商店将购物与休闲融为一体。各色购物场所一应俱全，荟萃了中西精品。香港是一个集世界美食于一地的"美食天堂"，是著名的"美食之都"。到香港只要看看香港人就能感受到这座城市的快节奏，其夜生活之繁华璀璨，可与任何著名的国际大都会相媲美。

以博彩业著称的澳门，与美国的拉斯维加斯和摩洛哥蒙地卡罗并称世界三大赌城，因而被冠誉为"东方拉斯维加斯"。博彩带动了旅游业，它也成为澳门四大经济支柱之一和外汇主要来源。澳门特殊的历史背景，使中西文化在这里得以并存并和谐发展，因而它是东西文化交流的桥梁。

在历史上，香港和澳门曾经都受到了欧洲文化的深远影响和熏陶。港澳地区的居民无论是在文化思想方面还是在生活习惯方面，都与内地的居民有着一定的差别，传统的东方文化与现代的西方文化浑然天成地交融在一起。虽然如今香港和澳门都回归了祖国，但是两地都保留和继承了这两个欧洲国家的一些文化，这是港澳地区最大的特点。对于众多的内地游客来说，这是极具吸引力的。

2. 珠三角地区休闲资源特色分析

珠三角地区位于广东省的东南部，珠江下游，毗邻港澳，与东南亚地区隔海相望，海陆交通便利，其城市包括广州、深圳、珠海、佛山、江门、东莞、中山、惠州和肇庆，总人口 4230 万，土地总面积 41698 平方千米，是全国经济发展最迅速的地区之一。珠江三角洲属于热带气候三角洲，地貌水文上表现为多河道的良好水网，广宽深水河道众多；气候上热量和辐射丰富，对工农业生产非常有利。在中国热带地区较稀少的国情下，应重视充分发挥珠江三角洲的热带性特点和潜力。

作为珠三角经济区的大中城市，广州已成为工业基础较雄厚、第三产业发达、国民经济综合协调发展的中心城市。该地工农业生产持续稳定增长，对外经济贸易蓬勃发展。珠海是一座著名的花园式海滨城市，东与香港水域相连，南与澳门陆地相接。海岸线长达690千米，拥有146个海岛，有"百岛之市"的美称。为确保本身的高科技和旅游地位，珠海抑制重工业发展。肇庆，有"中国山都""黄金水道"之称，交通便利，四通八达，形成了水陆衔接、江河相通、客货配套的水陆运输网络，是沿海发达地区通往西南各省的重要交通枢纽。惠州是中国内地除深圳外，距离香港最近的城市，海湾众多，海边度假胜地良多。

3. 珠三角以外地区休闲资源特色分析

珠三角以外的地区包括汕头、汕尾、潮州、韶关、茂名、梅州、河源、阳江、清远、揭阳、云浮、江门、湛江。这些地区相比珠三角地区经济发展水平较落后，但各具特色，主要有广府文化、客家文化、潮汕文化三大块。

云浮，被称为广东大西关，是连接广东珠三角和大西南的枢纽，全国有名的"石材王国"，素有"硫都"和"石都"之称。云浮经济薄弱，旅游业规模较小，知名景点也较少，在当地经济占比较小，再加上交通不便，接待条件有限。

粤北地区为清远和韶关，其中清远作为一座二线城市，其地势以山地丘陵为主，水资源丰富。近年来，清远旅游发展着力打造清新生态、飞霞风景名胜、英西奇特峰林、英佛湖光山色、连阳民族风情"五条热线"和温泉休闲、漂流感受、山水风光、溶洞奇观、民族风情"五大品牌"。韶关，被称为广东的北大门，是粤北政治、经济、文化中心和交通枢纽，是广东著名的历史文化名城。韶关是广东省旅游资源最丰富、旅游文化品位最高的地区之一，拥有世界级、国家级景区景点17处和省级及以下景区景点100多处。韶关具有丰富的森林资源和独特的生态系统，是广东省最大的再生能源基地和天然生物基因库，森林资源及野生动、植物资源极其丰富，是广东省重要的用材林、水源林、天然林基地及重点毛竹基地，是珠江三角洲重要的生态屏障，森林资源居省内首位。

粤东山区经济区位于珠江流域的东部，包括梅州、河源。该区四面环山，气候温和，雨量充沛，水资源丰富，森林资源丰富，森林覆盖率为71.7%。其生态休闲业的特色之处在于当地民风淳朴、热情好客的客家文化，衍生出一系列文化产品，如客家山歌、客家特产、客家民俗活动。同时，该区域农产品丰厚，别具风味，深受游客喜爱，能够极大地满足游客对美食的需求。

粤东沿海经济区位于广东东部沿海地区，是包括汕头、潮州、揭阳、汕尾四市的行政辖区。常年温和，热量丰富，光照充足，雨量丰沛，为农林业发展提供了良好的自然条件。本区依山面海，海岸线绵长、曲折，海湾港口多，沿海滩涂资源丰富，是发展海洋养殖与围垦的良好场所。汕头市将按照建设生态滨海旅游示范区的总体要求，着力打造八大特色旅游区，包括南澳岛旅游区、潮侨文化旅游区、滨海旅游区、宗教文化旅游区、环海湾综合旅游区、小公园老城旅游区、大莲花山生态旅游度假区和东部城市旅游区。汕尾山地生态绿色旅游资源丰富，其特色是峰峦叠翠、山抱水绕、泉涌飞瀑、鸟类云集，拥有全国最大的红椎林母林基地，适合发展海上的各种运动。

粤西沿海经济区包括湛江、茂名、阳江三市的行政辖区共 13 个县市，热带和亚热带气候兼属，热量资源仅次于海南岛，成为全省最大的甘蔗生产和糖业基地。本区海岸线长，渔港多，沿海滩涂资源丰富，有利于海水养殖业。茂名的生态旅游资源优势主要为：海滨旅游资源优势、生态旅游资源优势、温泉旅游资源优势。阳江是地广人稀的旅游地，其资源以自然风光为主，以规模大、数量多、质量好、景观美的优质滨海沙滩为代表，加上阳春的喀斯特峰林、溶洞风光，以及丰富而优质的温泉群、高山瀑布和森林湖泊，构成了品种齐全、品位很高、空间组合良好的山海风光旅游资源。湛江，近海滩涂海湾众多，是得天独厚的天然良港，可发展为世界一流的国际大港口。同时，良好的生态环境使湛江盛产天然优质的海鲜食材，被授予全国首个"中国海鲜美食之都"。

### （三）粤港澳生态休闲资源开发策略

休闲资源开发利用模式的确定，要根据休闲资源自身的状况与区位的配合条件及拟安排休闲活动的行为结构来进行。根据粤港澳地区的生态休闲资源及区位条件，可划分为以下四种情况。

1. 资源丰富、区位条件良好的地区

这种地区具有发展休闲业得天独厚的优势，如香港、澳门及珠三角地区，经济发展迅速，生态休闲资源丰富，客流量大，生态休闲市场前景广阔。在开发其休闲资源时，综合要求较高，既要注重增加购物设施和娱乐场所，配以一定的为各种专门休闲服务的设施，并提高服务的质量和级别，使以住宿、餐饮为主的有限消费与以购物、娱乐为主的无限消费在档次上同步提升，从而显著增加休闲收入；又要考虑丰富休闲活动的行为结构，以利于开展形式多样的专项休闲。香港与澳门的特殊历史背景，使其成为国际化、多元化的开放城市，而珠三角地区经济的繁荣、得天独厚的区位优势以及丰富的水资源、历史遗迹、粤文化的积淀为该地的生态休闲资源开发带来了契机。但因这一地区均为高度城市化的地区，所以地少人多，土地利用率高成为发展生态休闲产业的最大障碍，因此对港澳地区及珠三角地区的生态休闲资源应精细开发，科学规划。这一地区适合都市娱乐休闲产品的开发和购物美食休闲产品开发，其中都市娱乐休闲产品的开发包括主题公园、环球嘉年华、KTV、慢摇吧等；购物美食休闲产品开发有商业街、大型购物中心、酒吧、特色餐厅等。如广州市荔湾区的中心游憩区的开发模式。

2. 资源匮乏、区位条件良好的地区

这些地方往往人文、社会和经济环境良好，多在临海地带，但区内自然休闲资源明显不足，如茂名、湛江、揭阳、云浮、汕尾等均属于这种模式。因此，开发其休闲资源，应注意有针对性地增建人造和自然休闲项目，充分将每一份已有的生态休闲资源利用起来。同时，尽可能地发挥社会人文资源的吸引力，发掘当地独特民俗文化，完善休闲行为结构，并有计划地开辟"远郊一日游"活动，注重对体验情景的营造，以期创造出能使生态休闲者全面参与、值得回忆的活动和项目，以增强休闲区域的吸引功能，实现生态休闲产品主题形象化、产品内涵特色化、产品个性时尚化、产品优势品牌化。这一地区水资源丰富，温泉众多，适合开发水疗康体休闲产品，包括温泉、足疗按摩、SPA 等，沿海地带还可以开发相关水上活动。

3. 资源突出、区位条件欠佳的地区

具备这种形式的休闲区极具开发潜力，其开发利用休闲资源的首要任务在于解决进出的交通条件，配备相应的服务接待措施，提高旅游地基础设施和生态休闲产品质量，同时还要提高休闲过程中购物和娱乐的内容，并通过积极宣传促销活动树立和塑造区域生态休闲形象和品牌，提高旅游地的知名度，努力使其成为国内外休闲的热点。广东肇庆、阳江、清远、韶关地区均适用于这一开发模式。

4. 资源、区位条件都中等的地区

针对这一类地区，生态休闲资源的开发工作不宜全面铺开，而应分清主次、突出重点。具体来说，要注意对自然资源进行分级评价，确定特色鲜明、价值高的自然资源作为优先发展的目标。此外，还要促进交通区位条件的改善，有选择性地发展相应的特殊休闲，适当增多购物和娱乐的内容，如广东的梅州、河源、潮州、汕头等地均为这一类型，地理区位较偏远，经济不发达，但地方特色文化浓厚，具有极大的潜在开发价值，但成本相对较高。这一地区多山地，因此适合户外运动休闲产品的开发，比如攀岩、蹦极、露营等，又因其经济欠发达，客家氛围浓厚，适合开发乡村体验休闲产品，有农家乐、农业观光园、民族风俗等活动形式。这一方面，可以借鉴广西桂林旅游景点的农业生态旅游发展模式。

此外，根据美国得克萨斯大学盖恩教授于1792年提出的"都市旅游环带模式"，将城市分为四个旅游带，分别是城市旅游带、集中休闲带、乡村旅游带、偏远广泛旅游带。根据这一发展模式，可以对相关城市的生态休闲资源进行类似规划，可以将这一规划模式转变为旅游时间与旅游距离影响的图，如图6-4所示。

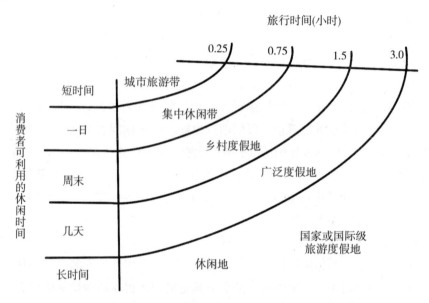

**图6-4 旅游时间与旅游距离影响下的"都市旅游环带模式"**

借鉴这一理论，可以将其应用到广东的生态休闲发展模式中，再与广东的地方特色相结合。因此，将港澳珠三角地区建设为城市旅游带，重点建设自然风景、餐馆、酒店、酒吧、节日和庆祝活动、画廊、历史吸引物（历史景点和建筑等）、博物馆、体育竞技场、和体育事件、音乐厅、剧院等文化艺术类场所、广场、塔和高层建筑物、购物、会议和贸易中心、酒店和汽车旅馆群、少数民族街区、公园和开放的空间（绿色廊道等）、动物园等生态休闲设施。珠三角地区是广东省最繁荣、最有活力的地区，具有悠久的历史和岭南特色文化。但是在旅游资源开发方面，各市旅游资源开发相对孤立地进行，缺乏联合开发的意识和视野，即使是各市区域内部的旅游资源开发也很少顾及本区内其他旅游资源的区位或性能，因此可以联合珠三角地区各市的资源，发展城市旅游业。

　　珠三角周围地带如惠州、阳江、清远、汕尾则可发展为集中休闲带，主要发展工业与科技园区、机构、历史建筑与名胜、体育馆、酒店群、大型超市购物区、娱乐公园、水上运动地、野营地等生态休闲活动；发展短时间旅游，打造建设适合白天开展的生态休闲活动，集中发展休闲产业。

　　而如梅州、河源、潮州、湛江、韶关等打造为乡村旅游带和广泛度假地，这一地区由于远离城市工业化污染，有较好的原生态的田园风光和自然风貌，适合开发野营地、度假村、旅游服务中心、乡村旅游、农家乐旅游、观光农业生态旅游、历史与乡土建筑、特色街区、古镇、历史定居地（村落）、农场与牧场旅游等的生态休闲项目。同时对偏远地带可建设国家或地方性公园、森林公园、野生动植物保护区、国家野营地，开展开车、打猎、钓鱼、爬山、野外体验、远足等生态休闲活动，发展周末旅游产业等。偏远地区则发展成偏远旅游带，建设适合留宿度假等的生态休闲产业，在这一地区梅州、河源、韶关及潮汕地区北部的生态休闲资源相当丰富，地方特色浓厚，相当具有开发潜力，但因其地处山区地段，成为制约其经济发展，阻断对外交流的重要因素。对这一山区地区的生态休闲开发将极大地促进广东地区生态休闲产业的发展，扩大其生态休闲市场。

## 五、粤港澳地区生态休闲产品研究

### （一）粤港澳地区开发休闲产品的优势条件

1. 区位优越、交通便捷、客源潜力巨大

　　广东位于南岭以南，南海之滨，与香港、澳门、广西、湖南、江西和福建接壤，与海南隔海相望、人脉相通。旅游发展基础较好，旅游设施设备相对完善，铁路、高速公路纵横交错，交通便利。旅游消费群体集中，在语言风俗、历史文化等方面都有着独特的一面。

2. 资源丰富、类型多样、文化底蕴深厚

　　广东水资源相当丰富，名胜古迹众多，植物种类繁多，自然风光秀美，旅游资源更为丰富、集聚度高。该区域不仅资源数量众多、类型多样，而且特殊资源荟萃、民俗风情独特、文化底蕴深厚，呈现出自然与人文兼容并包的特点，具有能够生成多样性的组合资源或景观反差优势，互补性强。同时，海岸线长、海域辽阔、海洋资源丰富。丰富的生态休闲资源无论是对生态休闲产品的开发速率，还是生态休闲品种的增加速率都是极其有利的前提条件。

3. 休闲旅游成为新时尚，产业市场前景广阔

我国是发展中国家，虽然距离"休闲时代"还有一大段路要走，但我们已起步。从我国现阶段的社会实际来看，人们进行休闲生活已经具备了一定的客观条件，中国休闲经济已初具规模，且呈现出强劲的发展势头。随着中国经济的增长，人们收入的不断提高，闲暇时间也越来越多，人们的休闲观念也在逐步加深，生态休闲必将成为中国旅游业中的热点和支柱，发挥着越来越重要的作用，其市场发展前景一片光明。

### （二）市场分析

1. 按人口因素细分市场

如图 6-5 所示，生态休闲产品的需求量及供给量是存量，其流入与流出受多个因素的影响，其中生态休闲产品的需求量的流入速率受消费者的受教育程度、休闲意识、经济水平、社会阶层、年龄性别结构、消费习惯以及宗教信仰和民族等因素的影响。而产品的质量、多样化程度、创新与否、结构以及价格的制定会影响产品的需求与供给。在生态休闲产品占领市场前，制定适宜的市场营销策略来保证产品的供给量能满足需求。根据经济规律，在市场扩张到一定规模时，产品的供给将保持稳定或者适当减少。

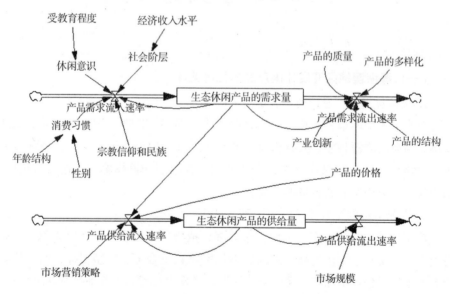

**图 6-5　生态休闲产品的市场分析**

（1）性别

由于生理上的差别，男性和女性在产品需求和偏好上会有所不同。比如，到一个陌生的城市度假，女性会对该城市的商业繁华地带充满好奇，而男性可能则会偏向需要体力的户外活动。因此，在产品设计上应该充分考虑到男女性的不同需求。

（2）年龄

青少年精力充沛，对外界事物的好奇心比较强，喜欢探索，喜欢外出旅游。但由于收入有限，所以较少出现在中高端生态休闲市场。考虑到青年群体对惊险刺激的需求，可以结合生态休闲与大型娱乐设施两者并存的方式，既可以满足该人群的需要，又可以开展绿色低碳消费。

中年人精力旺盛，有一定的购买力及假期，会在空闲的时候与同事、伴侣或家人外出观光，此人群遍布市场的各个消费层次。

老年人则主要受身体健康因素的限制，经济能力也有限，比较少出远门，但由于其闲暇时间丰富，依旧属于中低端产品的消费者。

因此，中年人和老年人是生态休闲产品市场的主体，设计产品和营销策略时应着重考虑此类人群的需求。

（3）经济收入

消费者的经济收入水平是购买力的决定因素。当人们手中的可支配收入越高，他们在选择产品的时候越会充分考虑到产品质量、营养等各方面的因素，对产品的要求相对而言更高。但是对于较低收入水平的家庭，产品设计应更倾向大众化。

（4）受教育程度

受教育观念的影响，一般认为，受教育水平较高的人群休闲意识较高，对休闲的需求也比较高，他们会在闲暇时间选择各种户外活动放松身心，因此这一群体也将成为休闲产品的主要消费者。他们对产品的要求比较高，产品的设计除了在价格设置、质量等方面有严格要求外，产品的创新、产品的多样化会更容易吸引这一部分人的眼球。

（5）其他

除了以上提及的因素，根据部分顾客的宗教信仰和民族的不同，产品设计也应充分考虑到这一小部分人的不同喜好与需求，以便更好地体现大众化的消费，体现产品结构的合理化。

## 2. 按心理因素细分

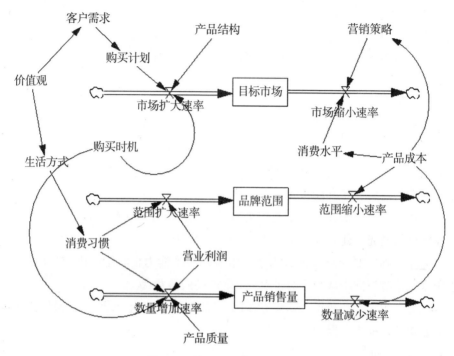

**图 6-6　按心理因素的市场细分**

市场细分还应考虑心理因素和行为因素。如图 6-6 所示，各人不同的价值观将直接影响他们对市场的需求，从而影响他们对产品的购买计划，继而影响市场的扩大。同时，不同的价值观也将使人们形成不同的生活方式以及消费习惯，从而使他们购买产品的数量增加或者减少。

品牌产品会给企业带来可观的营业利润，与此同时，在日常生活中，部分人钟情于品牌产品，在消费者需求的推动下，品牌的影响范围将随之扩大。可是由于品牌产品较为重视质量和广告，因此成本较高，适合消费水平较高的目标群体，目标市场由此而缩小。

（1）社会阶层

在社会上具有相对同质性和持久性的群体，这些群体的成员一般具有相似的价值观、爱好、兴趣和行为方式。社会阶层一般可以分为上层、中层和下层，不同阶层的人在价值观、爱好、兴趣和行为方式等方面存在较大的差异。社会各阶层在生态休闲产品消费方面存在不同的偏好，消费水平也有很大的不同。企业应仔细分析各社会阶层消费者的需求偏好、购买方式和购买计划，并据此选定自己的目标市场，并根据各阶层消费者的不同特征来制订自己的营销策略。

（2）生活方式

这是指一个人或一个群体对消费、工作、娱乐的特定习惯和倾向性。人们形成和追求的生活方式不同，对产品的偏好也不同，如有的人追求质量，有的人追求时髦，有的人追求高雅，有的人追求价格。据此，企业便可以将追求某种生活方式的消费者群体作为细分市场的标准，并据此来选择目标市场。

3. 按行为因素细分

行为细分就是按消费者的消费行为来细分市场。消费行为因素包括购买时机、消费规模、追求利益、市场进入程度和对品牌的忠诚度等。行为细分是市场细分最重要的因素之一。

消费者购买休闲产品时机很多，如节假日到来时（如元旦、春节、五一劳动节、国庆节等）。企业进行时机细分，就是要抓住销售机会，扩大消费者购买本企业产品的范围，促进产品销售。

在销售过程中，应该注重对产品的品牌效应的培养，将品牌的影响范围扩大化。

### （三）产品设计与营销策略

1. 产品设计

（1）政策导向

2009 年，温家宝同志所作的《政府工作报告》中也明确要求"加快发展旅游休闲消费，扩大文化娱乐、体育健身等服务消费"。可见我国政府对于休闲产业相当重视，在政府政策的激励下，生态休闲产业的发展前景将更加可观。

根据《珠江三角洲地区改革发展规划纲要（2008—2020 年）》，未来一段时期，珠三角产业发展的定位是：坚持高端发展的战略取向，建设自主创新高地，打造若干规模和水平居世界前列的先进制造产业基地，培育一批具有国际竞争力的世界级企业和品牌，发展与香港国际金融中心相配套的现代服务业体系，建设与港澳地区错位发展的国际航运、物流、贸易、会展、旅游和创新中心。在规划纲要中我们能看到，在接下来的十年，珠三角将优先发展现代服务业，建设现代服务业和先进制造业相辅相成的主体产业群，目标是形成产业结构高级化、产业发展集聚化、产业竞争力高端化的现代产业体系。

（2）需求导向

依据美国学者詹姆斯·A. 菲茨西蒙斯和莫娜·A. 菲茨西蒙斯的分析，人类社会的发展可以分为三个阶段：前工业化社会、工业化社会和后工业化社会。在前工业化社会里，人类生活的基本特征是维持生存。在工业化社会里人们生活的基本特征是追求更多数量的物质产品。后工业化社会即我们现在所处的社会，人们生活的基本特征是追求高品质的生活，包括健康、教育、娱乐等。这些产业就是针对人们的休闲时光，使人们的身心更健康、愉悦，能满足人类不断探索新鲜事物的好奇心的需要。

由需求结构，我们可以开发以下产品：度假、探索冒险、自然体验、体育、节事活动、文化民俗等的生态休闲产品。

（3）消费者行为导向

依据美国学者查克·Y. 基的观点，可以将休闲消费者的共同的休闲活动需求与相应的休闲产品谱系概括为：各种娱乐活动产品；美食产品；舒适与整洁的住宿设施；出色和个性化的服务；具有吸引力的地点；组织的活动；在胜地度假期间逛街选购物品，要求物品的价格和价值的关系显示出良好的性价比；拥有和与自己类似的或较高社会、经济地位人物见面的机会；文化吸引物与观光活动；家庭气氛；宜人的气候。

此次调查中，我们发现，人们在对生态休闲地的选择上，较青睐于海滨地带、乡村田园与古村镇、山岳风景区；在生态休闲产品的选择上，他们更倾向于自然体验、餐饮购物、文化民俗活动。无论是较长的还是较短的闲暇时间，人们对旅游地的自然风光、环境设施、服务管理以及旅游地对旅游者的身心放松的需求都是受访者选择外出旅游的因素。

另外，我们发现，文化程度相对较低的居民却比文化程度较高的居民更倾向于注重娱乐康体方面的活动，在生态休闲活动中，他们更在乎的是结识朋友、增进友谊，对餐饮方面及旅游地知名度较为关注。教育水平越高，休闲意识越强，休闲反映越积极。城市居民在户外游泳、开车、郊游的参与率更高，而农村居民在钓鱼、露营方面参与率较高。

从数据中，我们发现休闲频率的高低因年龄、性别、职业不同而呈现差异性。男性比女性休闲频率高，从事的社交活动更多；年龄低的人群比年龄高的人群休闲频率低，年轻人追求新的体验和活动型的休闲形式，而老年人则追求熟悉的空间和静态的休闲形式。

因此，生态休闲产品的设计应根据消费者的爱好，按不同的年龄阶段、不同的文化程度设计产品。

2. 营销策略

著名营销管理大师菲利普·科特勒认为："营销（marketing）是个人和集体通过创造，提供出售，并同别人自由交换产品和价值，以获得其所需所欲之物的一种社会过程。"

（1）关系营销

在调查问卷中，少于40%的人认为在生态休闲时，体验到结识新人群，享受与陌生人交往乐趣是重要的；57%的人认为，在生态休闲时体验到与平时不一样的生活是重要的。大部分居民在闲暇时间活动都较为单调，种类不丰富。可见，生态休闲消费观念尚未深入人心。因此，生态休闲企业需要加强与政府的合作，借助政府的宣传手段增强公民的生态休闲意识。生态休闲企业既可以改善当地自然环境，又可以增加当地的旅游收入和税收，他们可以以此为契机，与当地政府协商签订互惠互利的条约，这将极有利于企业进入当地市场。

关系营销以真诚为原则，以长远为方针，靠不断承诺和给予对方高质量的产品、优良的服务和公平的价格来实现企业目标。企业可与当地的供应商和合作伙伴建立战略伙伴关系。长期稳定的合作关系可减少不断更换供应商的成本并降低供应品的价格，并且与合作伙伴共享部分资源，提高效益。关系营销还包括要正确处理与员工和媒体的关系。休闲企业与员工关系融洽，才能保证员工提供给顾客优质的服务和满意的产品。而与媒体适当的接触既可以为企业做免费宣传，又可以加大企业的社会影响力。

当生态休闲企业面对高价值的高端客户时，如高档度假山庄的客户，应设法提高客户的忠实度，应用CRM、ERP等现代客户资料管理软件管理客户信息，配套专人与客户联系，与客户建立稳定的关系。

（2）差别定价策略

由于生态休闲景区在假期和平时人流量差异巨大，因此产品按不同层次需要差别定价。根据不同的消费时间应用差别定价策略既可以提高企业利润，又可以分流高峰期的人流量，降低对自然环境和休闲区的人流压力。

（3）社会责任营销

社会营销观念认为，企业生产或提供任何产品或服务时，不仅要满足消费者和用户的需求，符合本企业的优势，还要符合消费者和社会发展的整体和长远利益。在这个观念的指导下，现代企业可以很好地将企业利益、消费者利益、社会利益有机地结合起来，因此可以说，社会营销观念是一种迄今为止最完善的市场营销观念。

在可持续发展的政策指引下，人们不断加强对生态环境及生态景点的保护意识。生态可持续发展为经济可持续发展提供基础，生态和经济的可持续发展又为社会的可持续发展提供基础。如西双版纳旅游景点的开发，它以独特的"绿色"吸引着广大的旅游者，从而增加了当地的经济收入。社会责任营销还能赢得政府和环保机构的支持，将对企业长期稳定发展十分有利。

（4）方向侧重

深圳、广州是广东省最具旅游消费能力的两个一线城市，休闲企业在广告推广等宣传时，应加强一线发达城市的宣传力度，将主要的宣传资源配置在发达地区，使得宣传能够针对相应的受众。

（5）绿色营销

绿色营销是指现代企业在市场营销活动中，不仅要谋求自身利益，还要满足消费者和用户的需求，更要维护自然环境，有利于自然生态平衡。基于生态休闲企业本身的特点，宣传时应着力打造企业有益个人身心健康、有益社会、有益自然环境的正面形象。应用绿色营销理念时应先制订绿色营销战略计划，保障绿色营销策略在长期的施行和监督；同时还需设计绿色营销组合方案，以确保绿色营销策略的有效施行。

关系营销常通过客户管理系统，根据不同客户的不同特点和需要给客户提供个性化的服务，从而给他们带来更高的满意度，使得客户再次消费的可能性增大，因此提高了客流量。关系营销不仅包括与顾客的关系，还包括与政府、环保组织等非营利组织和供应商、采购商的关系。通过社会责任营销，能有效提高企业的社会声誉，从而提高企业品牌价值。而与上下游企业的长期稳定的战略伙伴关系，将降低多方的经营成本，如提供给长期伙伴的优惠采购价等，互惠互利，从而提高生态休闲企业的经营净利润。生态休闲产品的市场营销如图6-7所示。

社会责任营销着重于建立企业与社会的关系，而绿色营销则是处理企业与生态环境的关系，亦是生态休闲企业与生俱来的可用于提高企业品牌价值的优势之一。通过有利于环境的经营理念，不仅能得到政策的有力支持，还能在社会上建立生态环境友好者的形象。

由此而得到提高的品牌价值是企业经营的无形资产，一方面吸引着更多的顾客，给企业带来更多收入；另一方面又令企业有更充足的理由去提高自己产品的价格（产品的特异性）。

差别定价可按多种标准进行：按时间区分，在人流量较少的工作日，可通过各种优惠活动（如网上打折销售），变相降低价格，从而在景点较空闲时吸引更多游客，增加收入。按消费层次区分，在景区内设立阶梯的消费层级，使得企业既可以增加利润，建立高端品牌的形象，又可以保障其他层次消费者的度假享受。

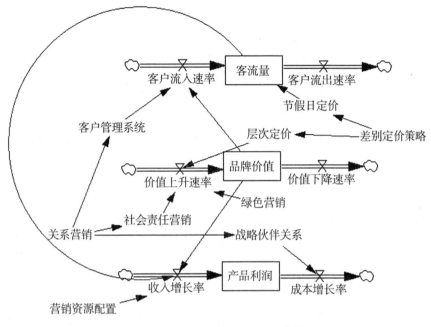

**图 6-7　生态休闲产品的市场营销**

　　综上所述，在粤港澳地区开发生态休闲产品是非常可行的，生态休闲产业的发展不仅顺应现在的经济产业升级转型，同时也符合当代社会的可持续发展的要求。

# 六、粤港澳生态休闲产业政策设计

## （一）现代生态休闲产业发展中的问题

　　随着人们生活水平的不断提高和环保、健康意识的不断加强，在现代化大都市快节奏生活和高强度工作压力下的城市人越来越向往农村"绿树村边合，青山郭外斜"的休闲生活，所以如今越来越多的城市人自驾游前往自己所在城市的郊区或附近的乡村，体验与自然亲密接触的休闲生活。由于该人群具备一定购买力，使当地的生态休闲产业获得了不菲的收益，于是更多商家进入了类似休闲农庄的面向该人群的休闲产品的供应市场。但是，与此同时该市场的迅速发展也暴露出不少问题。

　　目前中国的生态休闲产业是缺乏创新的。只有较少的生态休闲企业能够创造出自身独有的市场竞争优势，而众多生态休闲产品趋向同质化，各企业之间相互模仿，使得原本能凭借各自不同文化背景、地理特点而发展形成的各具特色的生态休闲产品消失殆尽。较少的选择种类会给消费者带来较低的福利。较低的效用使得顾客不愿意支付较高的价格，较低的利润令企业无法提供高质量的生态休闲产品，并容易因此产生恶性循环。

同时，生态休闲产业本身的特点也导致几个投资生态休闲产业的难题。首先由于生态休闲产业一般需要远离都市的繁华、亲近自然，因此往往需要在开发程度较低的地区租得较大的一片地皮，然后才能按照设计方案，进行较大范围的基础性生态改造。其次，如此规模的建设，需要较多的初始启动资金，如此一来便具有较长的成本回收期，使得普通规模的企业难以或不愿意涉足该领域。最后，生态休闲产业以自然资源为本，运营过程中需要十分关注企业对周围自然环境的影响，并且需要付出较大的保护资源的成本，具有较大的正外部性。这些特点就会降低企业投资生态休闲产业的积极性，所以需要相关的政策予以激励，以补偿其为产品外部性所支付的成本，同时也需要相关政策对这个新兴产业进行适量的引导并规范其产品和服务。

### （二）生态休闲政策的目标

基于以上生态休闲产业发展中所显露出的各种问题，我们有必要针对其进行政策制定，以期逐一解决。政策制定的目标大体可分为以下九类：

1. 发展生态休闲产业的同时保护生态资源。
2. 塑造具有当地特色的生态休闲企业品牌。
3. 培育具有高效益、高产值的产业链。
4. 使生态休闲产业的管理者具备自律意识。
5. 用法律手段规范生态休闲企业行为。
6. 为新兴的生态休闲企业所在地提供必要的交通、通信等基础设施。
7. 为缺乏资金的生态休闲企业引进投资。
8. 保证生态休闲消费者的基本权益。
9. 对违反相关法律法规的企业进行惩处，以儆效尤。

### （三）生态休闲产业的政策设计

1. 生态资源保护政策

生态资源保护流程如图6-8所示。

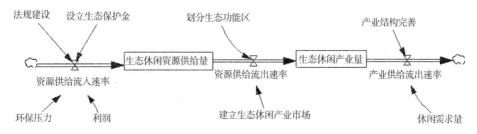

图 6-8 生态资源保护流程图

政策支持与利润、环保压力是正相关关系。利润与供给也是正相关关系。随着环保压力越来越大，必然会增加企业成本，造成企业利润的下降，最终导致供给减少，不利于生态休闲产业市场的正常运转，因此政府必须出台相关的生态保护政策支持企业，吸引更多的投资者，从而间接刺激生态休闲产业的供给。

构建区域环境科技教育平台，是提高消费者的环保意识的重要举措。从因果图中可知，环保意识与生态休闲需求是正相关关系，因此提高环保意识必定促进生态休闲需求。

（1）加强法制建设与政策引导，提高绿色行政能力

第一，完善生态资源等相关法规建设。整合资源立法，突出资源保护，增强其可操作性，做到有法可依。严格在旅游基地执行各种生态资源保护条例，根据实施过程中反映的实际问题，对其进一步修改完善，使其更有利于旅游地生态资源的保护。逐步出台"环保问责""环保考核""环保重奖"等环保政策，并通过建立环保执法部门联动机制、实施区域限批制等，强化环保政策的落实。

第二，强化环境政策引导，发展绿色、低碳和生态经济。相关的机构和管理部门进一步转变观念，强化综合管理功能，由重治理转向重预防，强化非工程措施的应用；加强政府、企业、科学家和公众对话与合作，提高各界人士的环境保护意识，建立重大决策环境影响评估、部门联合会审、决策监督等综合决策制度，坚持产业发展要与环境保护有机结合。大力发展低碳技术和循环经济，实现从"招商引资"向"招商选资"转变；大力发展高附加值特色种植业、养殖业和生态旅游业，不断扩大绿色、无公害和有机农产品的比例；推广合理开发利用模式。积极稳妥推进退田还湖、生态移民、渔民上岸转产转业工作，制定相应配套政策。

（2）设立国家生态保护基金

一是调整财政支出结构，确保国家财政用于生态保护和建设的资金比例不低于全部财政支出的5%。二是征收生态补偿基金，主要从矿产资源、林木资源、淡水资源和草食动物资源耗用者征收。三是基金主要用于森林及草原恢复保育工程、保护区居民生活补助、资源调查与监测三大方面。四是成立民生公益财务局，专职管理民生公益资金，包括国家生态保护基金。

（3）构建"一环、三核、一区面"的生态安全与发展格局

要加强自然保护区体系和生态公益林建设，积极治理水土流失，构建陆域环形生态屏障；应加大力度保护广佛都市经济圈、深（港）莞惠都市经济圈和珠（澳）中山城市经济圈三大城市群现有的公园绿地，建设环城绿地体系和城际生态走廊；要大力发展生态农业，全面治理面源污染，建设整体的生态防护区面。通过生态保护与建设工程，全面提升各种生态系统的生态防护功能，确保珠三角地区的生态安全，真正实现"城在绿中，山在城中"的山水城市建设目标。

强化珠三角周边环状连绵山体保护，限制在珠三角外围环状山体进行大规模开山取土采矿等开发活动和城镇建设，加强水土流失治理和矿山环境治理恢复，优先开展天然林保护和生态公益林建设，将生态公益林占林业用地面积的比例提高到60%以上。加强珠江水系生态廊道保护，严格控制在西江、北江、东江干流和主要支流排放污水和堆放垃圾，严格控制建设截流设施，完善沿岸防护林和水源涵养林体系，90%以上江河干流和主要支流要建立完善的防护林带。加强南部沿海近岸海域和海陆交错带生态保护，落实近岸海域环境功能区划，加强对近岸海域岸线开发、养殖和排海倾废的环境监管，加强海岸和海岛生态保护，逐步恢复珠江口、大鹏湾、广海湾等沿海红树林；控制滩涂围垦、填海和岛屿采砂，综合整治珠江八大口门。

（4）合理区划生态功能区，明确各分区的生态服务功能，以指导区域经济、社会与环境协调有序地发展

结合珠三角的自然地理条件和气候特征、生态服务功能特点等合理区划生态功能区，并明确各分区的生态服务功能，设立结构性生态控制区，重点保护饮用水源保护区、水土流失区、自然保护区等敏感区域，明确指出某些区域"不能做什么"，以解决生态保护与项目建设的矛盾，改变重建设轻保护的现象，指导区域经济建设。

（5）把大力调整产业结构、发展生态产业、合理布局重大产业作为率先基本实现现代化的核心任务

随着珠三角社会经济的发展，产业结构与布局不尽合理、生态产业发展水平低下等问题逐步凸显。一直以来，依靠资源高投入实现经济高增长的发展模式造成耕地大幅度减少、资源大量耗费、环境污染严重、自然生态系统破坏加剧、生态服务功能下降等问题。珠三角地区必须合理调整产业结构，走资金密集型与技术密集型的发展道路，打破条块、地区、行政、行业、所有制等界限，实现区域经济一体化。根据各城市的区位优势、名牌产业优势和资源优势，进行城市内部产业结构调整与城市间互利共进的产业方向调整，建立有利于区域经济快速发展的产业互动发展格局。

（6）加强生态旅游景点的环境保护，优化自然保护区结构

加大对珍稀物种、栖息地和典型生态系统、地质遗迹的抢救性保护，以红树林类型湿地生态系统保护恢复为重点，加强滨海湿地保护区建设。每年旅游观光的人数、人次较多，对我区的生态环境产生一定的影响。因此，对于旅游区内的宾馆、饭店及各种旅游设施均要做环境影响评价，并实现污水、烟尘和生活垃圾的科学处置，达标排放。禁止破坏生态环境、破坏生物多样性和污染环境的旅游。提高自然保护区建设管理水平。强化自然保护区基础设施建设，增强自然保护区管理能力，提高管理人员素质。

（7）构建区域环境科技教育平台，提高社会生态文明

第一，充分利用大珠三角以及国家有关机构环境科研力量，建立珠三角一体化环境科研合作、交流平台，进一步强化科技支撑。统一区域环保人才政策，建立和完善环保人才的合作对话机制、交流考察机制、挂职锻炼与学习培训机制，切实推进区域环保人才合作培养与开发。加大对环境科学研究的财政支持力度，加强区域污染防治基础性和综合决策研究，重点开展珠三角区域性大气环境污染控制、跨界水污染防治、饮用水安全防治技术、湿地生态恢复、重金属污染防治、持久性有机污染物污染防治、放射性核素环境污染防护技术研究、低碳经济发展以及相关环境政策研究，推动环境科研自主创新能力建设，加快环境科技成果应用转化，加大对区域新型环境问题的防控。

大力加强生态文明教育，普及生态科学知识和生态理念。将环境教育作为国民素质教育的重要内容，在大中小学和各级党校行政学院开设环境教育课程。在珠三角创建生态文明示范区，建设一批生态文化教育基地，广泛开展环境与资源国情省情教育和生态环境警示教育；开展以建设资源节约型和环境友好型社会为主题的宣传活动，增强全社会的资源忧患意识、节约意识及生态环境保护意识。

第二，完善公众环境知情权、参与权和监督权。建立信息公开、公众环境

权益听证、论证和公示制度，以及建设项目环境公益诉讼制度和权利补偿机制。鼓励企业公开环境信息，并按照《环境信息公开办法》，通过多渠道申请获知企业的环境信息，有效监督环境破坏及污染等违法行为。

2. 市场培育政策

市场培育流程如图6-9所示。

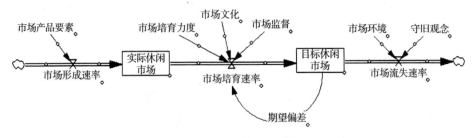

**图6-9 市场培育流程图**

粤港澳生态休闲产业要想在当前产品以及开发手段高度雷同的今天取得跨越式发展，就必须要在市场运作方面坚持运用市场培育策略，在现代化的生态休闲发展与管理思维指导下，结合竞争力培育与市场基础，制定符合粤港澳生态休闲市场培育策略。当前，应当抓住粤港澳生态休闲产业发展机遇，迎接产业发展挑战和区域性品牌的市场竞争，从而使粤港澳生态休闲产业发展跃上一个新台阶。

市场培育属于政策支持，提高旅游地基础设施，使生态休闲产业拥有一个良性发展的市场背景，又因为政策支持及旅游地基础设施均与生态休闲供给成正相关关系，所以一个和谐健康发展的生态休闲市场必然能够促进生态休闲的供给，丰富生态休闲产业市场。

生态休闲市场培育与开发的对策主要有以下几个：

（1）打造一个有利于生态休闲文化市场健康运行的政策环境和公平竞争环境

深化生态休闲文化产业管理体制改革，加快国有生态休闲文化企业公司制改造，培育生态休闲文化产业战略投资者，鼓励非公有资本进入生态休闲文化产业，深入开展商誉商德教育，大力倡导诚信经营，从而加快市场培育速率，达到目标市场。

（2）大力推进生态休闲文化产品市场尤其是市场要素的发展

进一步发展生态休闲文化产品市场，加快完善生态休闲文化要素市场，培育农村生态休闲文化市场，鼓励和引导生态休闲文化消费，改善生态休闲文化消费环境，促进生态休闲市场的形成速率的提高。

（3）加大各方对生态休闲市场培育的支持力度

建立与市场相适应的生态休闲业运行机制，加大生态休闲业人力资源和旅游资源的开发利用，大力培养生态休闲产业经营管理人才，加强政府有关部门的规划和引导，还应做好大力培育生态休闲消费市场，合理规划生态休闲布局等工作。大力发展文化市场中介和行业组织，加强对文化中介组织和行业组织的规范，提高文化中介组织的综合素质。

（4）进一步强化生态休闲市场监管机制

要加快整合生态休闲文化产业、文化市场资源，在符合公平公正、一视同仁原则的前提下，既鼓励外资企业进入，又促进国内和本地企业在生态休闲文化市场中壮大。健全法律法规，提升政府部门管理生态休闲文化市场的公信力。加强执法队伍建设，努力提高执法水平。加快建立快速反应的预警、预测和监控机制，加强生态休闲文化产品价格监管，建立和完善生态休闲文化产品消费投诉、受理机制，维护消费者的合法权益。

（5）转变观念，培育符合市场需求的项目

积极探寻适应粤港澳市民需求的生态休闲项目，有目的、有计划地开展区域性、小型多样的群众体育活动和竞赛活动。要培养市场意识、服务意识，与社会建立密切的联系，了解社会对生态休闲消费的需求，打破传统的保守落后的观念，最大限度地提高资源的利用率，多渠道、多形式地发展粤港澳生态休闲产业。

3. 地方品牌塑造政策

地方品牌塑造流程如图 6-10 所示。

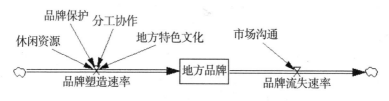

**图 6-10 地方品牌塑造流程图**

生态休闲品牌是区域旅游开发成果和旅游业发展水平的集中体现，它同某个具体旅游产品或旅游产品群相关联。生态休闲品牌在提升旅游地整体形象，巩固和拓展生态休闲市场方面起着重要作用。在某种意义上说，生态休闲地之间的竞争表现在品牌的竞争。

我国生态休闲产品竞争力不强，一个很重要的原因就是缺乏规模化、实力强的生态休闲企业集团，使丰富的生态休闲资源得不到有效的开发利用，无法形成强有力的生态休闲品牌竞争优势。为此，我们应当根据各地经济特点和生态休闲资源的集中程度以及产业链的关联效应，加大对生态休闲支柱产业的投入，联合打造各地生态休闲集群统一品牌，在市场运作的基础上，高层次、大规模地实行相关生态休闲企业的战略重组，打破地区封锁和行业垄断，形成由大型生态休闲骨干企业集团主导和规范市场的格局。

地方品牌塑造涉及生态休闲需求满足程度，当生态休闲供给达到一定数量，生态休闲市场接近饱和时，消费者会产生新的需求，因此为了满足消费的需求或刺激消费者产生新的需求，打造地方特色品牌，刺激已接近饱和的生态休闲市场。

（1）围绕品牌整合生态休闲资源

保护品牌资产的基础，是加强品牌资产的前提。区域旅游资源的开发要围绕着主题品牌来进行，应该合理规划，重视影响品牌的每一个要素。对粤港澳生态休闲资源进行系统的整合，由点到面推出系列生态休闲产品。充分发掘生态休闲资源，展示各类民间技艺和传统活动，凸显文化内涵，从而加快塑造地方品牌速率。

（2）强化生态休闲行业品牌建设，规划有效的市场沟通

生态休闲核心产品是无形的，生态休闲服务可以提升旅游者的精神享受。行业品牌的建设和完善需要政府起主导作用，政府要通过宏观管理，促进良性竞争氛围的形成。增加品牌实质内涵，以名副其实的生态休闲地面貌和良好的生态休闲服务来展示品牌，扩大品牌影响。生态休闲地要实施生态休闲品牌营销战略，以特殊魅力吸引八方游客。缺少良好的市场沟通，不仅浪费生态休闲资源，而且使各种雷同产品层出不穷，导致地方品牌流失。

（3）合理分工、密切协作打造地域品牌

明确的分工使每个中小企业专注于核心能力的培养和成本潜力的挖掘；密切的协作集成富有竞争力产业链，两者集结成强大的产业竞争优势，进而赢得市场，形成强大的产业品牌群。企业、社会团体或协会要降低品牌创建成本，缩短品牌成长时间，扩大品牌影响范围，多方配合，不懈努力，有效推动产业品牌化、品牌产业化。

（4）培育保护地域品牌

地域品牌是区域产业发展最有价值的无形资产，是增强生态休闲区域竞争力的一种重要战略资源。可以通过以下措施来保护地域品牌：申请集体商标（或证明商标）和原产地域标志，为地域品牌保护奠定产权基础；出台行业标

准，建立质量认证体系，为地域品牌保护提供品质保证；培育企业品牌群，促进地域品牌与企业品牌的交互发展；充分发挥行业协会的作用，为地域品牌的保护建立有效的产业内部协调机制；充分发挥政府监管、指导和服务作用，建立地域品牌保护的有效机制。

4. 产业集群政策

产业集群流程图如图 6-11 所示。

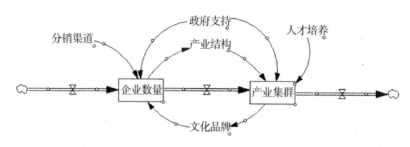

**图 6-11 产业集群流程图**

根据上面的系统流程图，我们可以看出，图中方框里的企业数量和产业集群都是状态变量，他们是随着时间变化逐年累积的变量，其他的变量如文化品牌、人才培养、产业结构和政府支持力度等是辅助变量或者是常量。应用系统动力学专用的 Vensim 软件，可以方便地写出图中的各类变量以及不同因素之间的定量关系式。

产业集群是指某一产业领域相互关联的企业及其支撑体系在一定地域内发展并形成具有持续竞争优势的经济群落，培育产业集群是壮大产业规模、提升产业竞争力的有效途径，具有区域特性、产业关联性、专业化分工协作、地方根植性的特点。

生态休闲企业间无序竞争激烈，专业化分工协作产业不成熟，上规模的星级酒店多，经济型的中小规模酒店少；旅行社多，但大型旅行社少，经济效益不明显，总体竞争力不强；生态休闲旅行景点多，但规模化的景点少。生态休闲产业本身具有很强的关联性，行业间的互补性和竞争性造成了它们之间不仅关联性强而且互动性也很强。粤港澳地区丰富的旅游资源是发展生态休闲产业集群的重要保证。

产业集群与生态休闲供给中的企业数量有关，因为供给与企业数量是正相关关系，即随着供给的增加，企业数量也会越来越多。为了协调众多企业和谐发展，利用好有限的自然资源，达到共赢的目的，企业间应相互合作，形成生态休闲产业链，故需要有关产业集群政策来规范引导众多的企业。

（1）发挥政府在旅游产业集群化发展中的支持和推动作用

政府不仅要为旅游产业集群化发展创造良好的硬件环境，更要为集聚区内生态休闲相关企业提供良好的制度环境，积极推动区域生态休闲产业集群体系的构建和完善。

（2）优化生态休闲产品结构，推动集群区域差异化发展，品牌带动产业发展

企业找准自己的定位点，做出自己的特色，并把它做专、做精、做大、做强，从而避免在生态休闲区集群化发展过程中出现恶意竞争、产业雷同、"大而全、小而全"及"柠檬市场"等问题。

（3）树立区域品牌，推进生态休闲产业集群文化品牌建设，重视品牌的营销活动

通过整合群内、人文、经济、社会等生产要素和组织优势，从整体上促进群内生态休闲企业形象和产品形象的设计与包装，循序渐进地整合生态休闲资源为生态休闲产品，为树立区域生态休闲品牌创造条件。

（4）拓展分销渠道，提高认知程度

充分利用国际互联的链接功能，将区域内相对零散的生态休闲吸引物链接为统一的有机整体，实现生态休闲资源的多样性整合，以满足生态休闲市场的个性化需求。全方位、全时段、多视角地发布生态休闲信息，提升区域生态休闲的整体形象。

加强生态休闲文化整合，建立人才培养机制。有计划地培养生态休闲开发规划、经营、管理以及服务等方面的人才；创新用人机制，为高素质人才提供就业机会和发展空间。

5. 行业自律政策与规范生态休闲行业的政策

根据图6-12，我们可以看出，行业自律是一个状态变量，它是随着时间的变化逐年积累的变量，而其他如多元化发展、法制管理和完善产业体系等是辅助变量或者常量。通过应用系统动力学专用的 Vensim 软件，可以方便地写出如图6-12中的各类变量以及不同因素之间的定量关系式。然后可以分析出相应的因素之间的关系。

（1）行业自律政策

①主管部门强化服务，指导产业的发展

强化主管部门的服务，加强专管机构的法制管理。进一步促进与扩大旅游、文化娱乐、体育、保健等相关的产业部门的沟通与协作，建立产业间、部门间的联动，推动行业规范化的发展，树立良好的行业形象，共同创造良好的经济

与社会效益，营造良好的社会发展。重视非政府组织的作用，加强粤港澳地区与生态休闲产业相关的非政府组织之间的交流，不断创新生态休闲产业行业的观念，利用正确的理论引导生态休闲产业开发出健康向上的产品或服务，并使其逐渐成为大众喜爱的、环境友好型的休闲方式，为人们提供更好的放松休闲的方式，促进身心的健康发展。

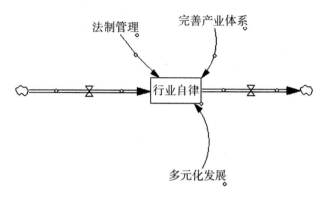

**图 6-12 行业自律流程图**

②鼓励促进多元化发展政策

粤港澳地区生态休闲产业的发展基础较为薄弱，除了人们的认识观念比较落后之外，还受到基础设施、地区经济、相关产业发展水平等各种因素的制约。在一些大中型城市，休闲产业初具规模，但在一些小城市、农村及偏远地区，由于上述各种原因，则发展速度较慢。近年来，人们的休闲需求不断增长。

生态休闲产业应该为人们提供更多的休闲选择，向多元化的方向发展，建立以生态为背景的休闲方式，进一步满足现代人的休闲需求。将生态与休闲很好地融合在一起，合理地开发利用原生态地区，促进当地的资源开发，带动当地的经济发展，避免人们都选择旅游为主要的休闲方式，减少黄金周的旅游"井喷"现象带来的某一时间某一地域的集中消费，对资源、环境造成的负面影响，平衡供求关系。

③完善产业体系，加强有效的引导

不断地完善生态休闲产业发展体系，加强对生态休闲产业方面积极有效的引导。生态休闲产业是一个相互配套的系统工程，涉及众多部门，诸如饭店、餐饮、接待、公安、医疗、交通、商业、旅游、通信、文化艺术等，各部门必须同步发展，忽视了任何一方，休闲产业都将举步维艰。随着休闲逐渐成为大规模的常规性的社会生活方式，粤港澳地区也将逐步建立休闲产业发展的政策主导系统，改变休闲产业整体落后、人们休闲需求无法得到充分满足的落后局面。利用现有的相关政策、法规来明确指导生态休闲产业发展的方向和目标，通过确立生态休闲产业的行业范围、作用和地位，引导休闲产业向着有利于政治稳定、社会进步、经济繁荣的方向发展。

（2）规范生态休闲行业的政策

生态休闲行业规范流程图如图6-13所示。

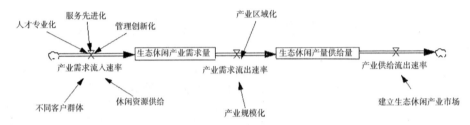

**图6-13  生态休闲行业规范流程图**

①处理好高端休闲资源与大众休闲资源的关系

粤港澳地区人们的生活水平在不断提高，不同的社会阶层会选择不同的休闲方式。针对各种消费群体，要提供有效的方式需求，不能使高端的休闲需求与大众需求相对立。

正视高端休闲资源与大众休闲资源的关系。不能把资源的提供看成一个个独立的单体，要把其看成在这个区域里能有效提供满足各类消费者需求的整体能力。个体必须依托整体环境，达到吸引消费者使用设施的目的。

逐渐降低高端休闲需求的门槛，把平民百姓纳入享受高端休闲资源的范围内，扩大高端休闲需求的市场，使得普通大众也能有享受高端休闲资源的机会，满足普通大众对休闲的需求，促进生态休闲业的发展。

大众休闲资源与高端休闲资源是一种共生的关系，彼此依赖，大众休闲资源的开发，因其大投入和整体性，可以带动一个特定地区的资源利用和开发；而高端休闲资源可以提升特定地区的资源品质和品牌影响度。一个区域发展休闲供给的完善的环境和有效的供给模式，需要处理好高端休闲与大众休闲的关系。

②加强休闲产业的专业研究

加强休闲科学研究和教育培训。休闲的发展，必须建立在科学的研究基础之上，对于产业的规模、经济的贡献率、组成部分、影响的因素等的专门研究，在专业的发展和社会进步方面产生促进作用。再如对于相关的产业政策、社会福利政策、消费政策方面的研究，促进了休闲消费的产业发展，在休闲产业方面应给予足够的重视。

③培养专业性人才，创新休闲服务及经营

通过系统的专业教育培养生态休闲产业发展所需的专业性人才，努力扩大休闲教育，向公众进行广泛宣传，普及休闲知识。与粤港澳地区各高等院校合作，加强休闲产业方面的专业知识的教育，开设相关的专题课程。对休闲从业人员进行系统科学的专业培训，提高休闲产品的服务水准。另外，对一些休闲经营者、管理者进行理论指导及专业知识的传授，使其改变现状，对现有的休闲服务及经营进行改革创新，促进休闲产业的发展。引进一批高素质高水平的休闲教育专家，或选派一些中青年骨干前往发达国家培训学习，掌握国外先进的休闲管理经验，了解最新的国外休闲发展趋势，并以此来带动、培育粤港澳地区的师资力量。通过系统的理论教育以及实务培训，培养本土的休闲管理者、休闲策划师以及休闲服务等方面的专才，从而促进产业的规模化与区域化，提供更高质量的产业供给，建立生态休闲产业市场。

6. 基础设施建设政策与引资政策

基础设施与引资流程图如图6-14所示。

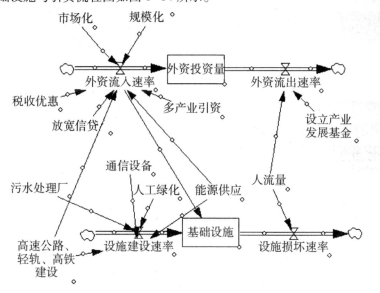

**图6-14　基础设施与引资流程图**

（1）基础设施建设

基础设施是指为社会生产和居民生活提供公共服务的物质工程设施，是用于保证国家或地区社会经济活动正常进行的公共服务系统。具有完善的基础设施的生态休闲景区能够为消费者提供更多便捷的服务，因此能够吸引更多消费者前往。"基础设施"不仅包括公路、铁路、机场、通信、水电煤气等公共设施，即俗称的基础建设，而且包括教育、科技、医疗卫生、体育、文化等社会事业，即社会性基础设施。

生态休闲基础设施建设在生态休闲供需市场中占有举足轻重的地位，供给与生态休闲基础设施建设成正相关关系，生态休闲基础设施建设与需求成正相关关系，因此为了满足消费者的需求，必须建设好生态休闲地的基础设施。

①交通设施建设

依据当地实际情况，开设公交、船舶等专线途径景区，加紧建设高速公路、轻轨、铁路等，减少消费者路途时间。优越的交通条件同时会加大外资投资的吸引力。

②设立环保部门

针对重要生态资源所在地设立专门的环保部门，负责园林绿化、垃圾收集与处理、污染治理，监督该地企业的经营对环境的影响，并干预过度开发资源或污染环境的企业的经营行为。

③邮电通信项目

建设当地电信、通信、信息网络等，确保顾客在景区内通信顺畅、网络便捷。

④保障能源供应

包括电力、煤气、天然气、液化石油气和暖气等；充足、稳定的能源供应可以确保当地的生产生活正常有序地进行，因此可作为吸引外资的有利条件。

（2）引资政策

招商引资是指地方政府或开发区吸收外来投资者资金的活动，是指地方政府（开发区）以说服投资者受让土地或租赁厂房为主要表现形式的，针对一个地区的投资环境的销售行为。招商引资可以增加当地政府税收和当地居民收入，促进了当地经济发展，同时能够引进先进的技术和设备，促进当地生产力水平的提高。政府收入增加后能够提供更多的环保拨款，先进的技术和管理、经营经验也将使企业的经营对环境造成更小的破坏。

有投资者才有供给者，生态休闲产业才能诞生，因此引资是生态休闲产业建设的首要工作，合理的引资政策必然能吸引一大批投资者投身到生态休闲行业中，提供更多的生态休闲产品。

①鼓励民营资本投资休闲度假项目建设

把旅游资源开发推向市场，通过参股、合资、独资或多种形式的资产重组，形成投资主体多元化、项目开发市场化。在符合国家法律法规和政策的前提下，允许对景区（点）实行所有权与经营权分离，通过租赁、承包、拍卖经营权等形式，积极引进规模化、专业化、集团化、国际化的现代企业参与休闲度假旅游开发，使优质资源与优势企业强强结合，实现资源开发高起点、管理高水平、经营高效益。

②多方向引资

开发景区的生态、农业和旅游资源，同时吸引 3 个产业的企业入驻。提供给企业一个完善的产业链，为企业创建一个优越的经营环境。

③制定优惠政策

对处于起步阶段的生态休闲企业进行税收减免及放宽信贷等多方面的扶持。

④设立产业发展基金

利用财政拨款和休闲企业的税收设立生态休闲产业发展基金，主要用于编制旅游规划、建立项目库、宣传促销、项目招商费用以及对生态休闲产业发展有突出贡献的单位与个人进行奖励。奖励可按固定资产投资额、景点等级、游客数量等标准发放。

7. 产品售后服务政策与违规处罚政策

产品售后流程图如图 6-15 所示。

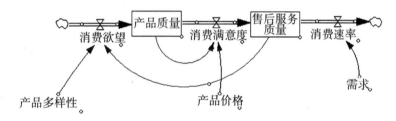

**图 6-15　产品售后流程图**

（1）产品售后服务政策

①承诺服务

休闲企业对外销售产品的过程中必须要对消费者的服务进行承诺。如消费者对某项休闲产品的消费不满意并提出实质性的问题，企业须在一定的期限内为消费者免费提供同种类型的产品或服务。

②合同服务

合同服务是针对特殊的消费者制定的。休闲企业在消费者逾期提出对产品不满意后应向其推出一种优惠服务。消费者虽然超出了承诺服务的期限，但是如果其同意休闲企业的合同服务服务条款，可经双方协商后签订服务合同，对消费者进行同种类型产品或服务的消费可按服务合同的收费标准进行优惠收费。

③跟踪服务

对某些享受体验性服务的消费者进行跟踪服务，及时了解、跟踪其进行消费后的情况，并针对其实际情况免费设计并定制适合其本身的体验性服务，供其消费参考，或者免费向消费者提供一系列的建议和改善措施。

④消费者意见调查

加强对客户的服务，培养服务人员"顾客第一"的观念，在客户每次消费后进行及时的意见调查，为改善服务和相关的设备设施提供依据。

⑤建立消费者档案

将消费者资料分别入档，建立消费者档案库，对消费者进行分类，定期与消费者沟通并进行跟踪服务，针对不同的消费群体制订一系列的优惠消费方案。

（2）违规处罚政策

违规处罚流程图如图6-16所示。

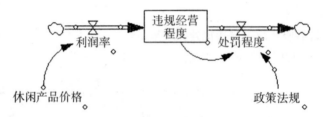

**图6-16 违规处罚流程图**

①超范围经营的处罚

生态休闲作为一种特种服务行业，一般实行经营许可证制度。经营许可证不得转让或变相转让。经营者必须在核定的经营范围开展业务，并按国家有关规定收取费用。如果超出核定的经营范围开展业务，未取得相应的业务经营许可，经营范围超出本企业的经营范围，提供的服务不能保障消费者人身、财物安全致使其受到损害，不按照国家的有关规定收费，介绍和提供含有损害国家利益和民族尊严，含有民族、种族、宗教、性别歧视，含有淫秽、迷信和赌博等内容的项目，擅自增加服务项目强行收费，由工商行政管理部门责令其限期改正；有违法所得，则没收其违法所得；逾期不改的，处以停业整顿，并处罚款；情节严重的，吊销经营许可证。

如果擅自使用其他经营组织的名称，假冒其他经营组织的注册商标、品牌和质量认证标志，诋毁其他经营组织的名誉，向消费者提供虚假的消费信息和广告宣传，以低于正常成本价的价格参与竞销，以及其他被工商行政管理部门认定为扰乱市场秩序的行为，由工商行政管理部门依照有关法律、法规处罚。

②价格欺诈行为的处罚

经营者违反相关的价格政策、法规的，如不执行国家规定的价格标准，采取巧立名目、变相涨价、以次充好等手段谋取非法利润的，对检举、揭发违反价格方针、政策的人进行打击报复的，由物价管理部门按照有关的规定予以经济制裁，并由工商行政管理部门勒令停止整顿或吊销营业执照。采取抬价压价、变相涨价等非法手段从中贪污或者违反价格规律的，对抵制、控告和揭发违反价格政策的人员进行报复陷害造成严重后果的，应当加重行政处分和经济制裁，构成犯罪的由司法机关依法追究刑事责任。

③收受回扣索要小费的处罚

违反规定索要、收受回扣的，根据数额大小，可以处以没收非法所得、罚款、行政警告或记过、留用察看、开除公职等处分，对经营单位可责令停业整顿，或者由工商部门依法吊销营业执照。所有工作人员不得向消费者索要收受小费。消费者主动赠送礼品的应当谢绝，确实谢绝不了的应当按照国家有关礼品的规定处理。收受回扣、索要小费情节严重触犯法律的，交司法机关依法追究刑事责任。

# 七、结论与展望

现代社会，生态休闲对人们越来越重要，人们对它的需求也呈增加的趋势。同时，人们生活水平的提高，物质满足与精神满足的差距，使人们越来越发觉精神上的满足的重要性。生态休闲产业是跟上了低碳时代的潮流、顺应了社会的可持续发展而出现的产物。生态休闲产业的出现，可以在很大程度上满足人们精神上的需求，从而均衡人们在物质和精神上的满足。因此，广大居民积极倡导和推广以生态为背景的休闲消费方式以及注重自身精神上的需求，在中国经济社会结构加速转型的关键时刻有着十分重要的意义，是实现可持续发展的必然选择。

广东省居民消费能力居我国前列，旅游业规模占全国总规模的1/4。广东省内多个经济特区处于我国改革开放的前沿，思想、经济、文化全面开拓发展，使得人们以享受生活、感受自然为目的，提倡人与自然和谐共处的生态休闲产业得到极大的发展。休闲产业被专家称为改变世界的第五浪潮，而生态休闲则是休闲产业中符合可持续发展的重要分支。广东省如此多的大中城市都在大力摸索绿色低碳的生态休闲发展模式，由此为我省居民供给了大量生态休闲资源，但是由于我国生态休闲产业仍处于初步发展阶段，经验相对缺乏，因此在建构生态休闲产业的过程中出现的问题不容忽视。

以珠三角环保一体化为契机，深化粤港澳合作，拓展合作领域，创新合作机制，打造绿色大珠三角优质生活圈，是未来珠三角地区规划的重要蓝图。

《珠江三角洲环境保护一体化规划（2009—2020年）》对珠三角地区的发展规划设定了明确的目标：把珠江三角洲地区建成全面、协调的可持续发展示范区。到2020年，基本形成生态环境安全格局，循环经济体系逐步完善，生态环境良性循环，所有城市达到生态市要求，建成生态城市群。

因此，珠江三角洲地区的发展在今后将要更重视生态资源的保护，以提高人民群众的生活水平和改善环境质量为目的，坚持污染防治与生态保护并重，发展循环经济，推行清洁生产，倡导生态文明，走生产发展、生活富裕、生态良好的发展道路，促进经济、社会和环境协调发展。

在这个发展过程中，应结合当前建设的实际，在各种政策的指导下，调整产业结构，促进经济发展带动区域的发展，合理建设粤港澳优质生活生态圈，实现可持续发展产业开发模式。

# 参考文献

一、中文文献

1. 专著

［1］A.V. 西顿，M.M. 班尼特. 旅游产品营销：概念、问题与案例［M］. 北京：高等教育出版社，2004.

［2］陈广平，袁持平. 中国区域经济发展与泛珠三角区域合作［M］. 广州：中山大学出版社，2008.

［3］陈国生. 旅游政策法规［M］. 南京：东南大学出版社，2007.

［4］程道品. 生态旅游开发模式及案例［M］. 北京：化学工业出版社，2006.

［5］戴维·A. 芬内尔. 生态旅游［M］. 张凌云，译. 北京：旅游教育出版社，2004.

［6］戴宏伟. 国际产业转移与中国制造业发展［M］. 北京：人民出版社，2006.

［7］菲利普·科特勒. 营销管理［M］. 王永贵，于洪彦，何佳讯，等译. 上海：格致出版社，2009.

［8］H. 登姆塞茨. 关于产权的理论［M］//R. 科斯，A. 阿尔钦，D. 诺斯，等. 财产权利与制度变迁. 上海：上海人民出版社，1994.

［9］郝寿义，安虎森. 区域经济学［M］. 北京：经济科学出版社，2004.

［10］李成威. 公共产品的需求与供给评价与激励［M］. 北京：中国财政经济出版社，2006.

［11］李天元，王连义. 旅游学概论［M］. 天津：南开大学出版社，1991.

［12］李旭. 社会系统动力学［M］. 上海：复旦大学出版社，2009.

［13］林南枝，李天元. 旅游市场学［M］. 天津：南开大学出版社，1995.

［14］林毅夫. 制度、技术与中国农业发展［M］. 上海：上海三联出版社，1994.

［15］刘东，梁东黎．微观经济学［M］．北京：科学出版社，2005．

［16］卢根鑫．国际产业转移论［M］．上海：上海人民出版社，1997．

［17］马惠娣，张景安．中国公众休闲状况调查［M］．北京：中国经济出版社，2004．

［18］马惠娣．走向人文关怀的休闲经济［M］．北京：中国经济出版社，2004．

［19］密德尔敦．旅游营销学［M］．北京：中国旅游出版社，2001．

［20］平狄克，鲁宾费尔德．微观经济学：第三版［M］．北京：中国人民大学出版社，1997．

［21］申建军，刘智勇，等．北京市行政服务体系建设研究［M］．北京：首都经贸大学出版社，2010．

［22］宋军继．中国中小城市户外休闲地发展研究［M］．北京：中国社会出版社，2006．

［23］唐湘辉．休闲经济学——休闲经济视野中的休闲研究［M］．北京：中国经济出版社，2009．

［24］田松青．休闲经济［M］．北京：新华出版社，2005．

［25］王鹏飞．旅游产品设计基础［M］．北京：首都师范大学出版社，2005．

［26］王婉飞．休闲管理［M］．杭州：浙江大学出版社，2009．

［27］魏小安．中国休闲经济［M］．北京：社会科学文献出版社，2005．

［28］吴承忠．国外休闲经济发展与公共管理［M］．北京：人民出版社，2008．

［29］夏林根．乡村旅游概论［M］．上海：东方出版中心，2007．

［30］谢彦君．旅游体验研究：一种现象学的视角［M］．天津：南开大学出版社，2005．

［31］徐汎．中国旅游市场概论［M］．北京：中国旅游出版社，2004．

［32］徐菊凤．中国休闲度假旅游研究［M］．大连：东北财经大学出版社，2008．

［33］许继琴．产业集群与区域创新系统［M］．北京：经济科学出版社，2006．

［34］杨小凯，张永生．新型古典经济学和超边际分析［M］．北京：中国人民大学出版社，1999．

［35］于光远．论普遍有闲的社会［M］．北京：中国经济出版社，2004．

［36］约翰·特莱伯，李文峰．休闲经济与案例分析［M］．沈阳：辽宁科学技术出版社，2007．

[37] 约瑟夫·斯蒂格利茨，阿马蒂亚·森，让-保罗·非图西. 对我们生活的误测：为什么 GDP 增长不等于社会进步 [M]. 阮江平，王海昉，译. 北京：新华出版社，2010.

[38] 张建春. 生态旅游研究 [M]. 杭州：杭州出版社，2007.

[39] 张建萍. 生态旅游理论与实践 [M]. 北京：中国旅游出版社，2001.

[40] 张建宇，刘淑琴. 排污权交易与中国的总量控制 [M]. 北京：化学工业出版社，2001.

[41] 张自如. 国际产业转移与中国对外贸易结构 [M]. 北京：中国财政经济出版社，2008.

2. 期刊

[1] 安礼伟，李伟，赵曙东. 长三角五城市商务成本比较研究 [J]. 管理世界，2004（8）.

[2] 白南生. 中国的城市化 [J]. 管理世界，2003（11）.

[3] 鲍甫成，熊满珍. 我国木材及林产品供需平衡研究 [J]. 林产工业，2005（4）.

[4] 鲍静. 适应完善社会主义市场经济体制的要求，进一步推进行政审批制度改革——国务院行政审批制度改革工作领导小组办公室主任李玉赋接受本刊专访 [J]. 中国行政管理，2004（1）.

[5] 蔡继明，周炳林. 小城镇还是大都市：中国城市化道路的选择 [J]. 上海经济研究，2002（10）.

[6] 常叔杰. 西安曲江旅游产业集群发展 SWOT 分析 [J]. 经济与社会发展，2008，69（09）.

[7] 陈国权，蔡磊. 通往法制行政之路——关于我国行政审批制度改革的思考 [J]. 社会科学，2004（5）.

[8] 陈安国，王愉吾. 污染控制的两种主要经济手段的对比 [J]. 地质技术经济管理，2002，6（24）.

[9] 陈才. 环渤海旅游圈的形成与发展 [J]. 人文地理，1999（02）.

[10] 陈建成，李红勋. 对国外林务官制度与我国森林资源管理制度改革的思考 [J]. 北京林业大学学报（社会科学版），2006，23（1）.

[11] 陈建军. 中国现阶段的产业区域转移及其动力机制 [J]. 中国工业经济，2002（8）.

[12] 陈伟. 当前行政审批制度改革亟待解决的主要问题及对策 [J]. 中共

四川省委党校学报，2003（3）.

[13] 陈伟. 困境与发展：行政服务中心发展趋势分析 [J]. 理论与改革，2008（4）.

[14] 陈先运. 产业经济发展中的政府行为效率——以中国旅游产业为例 [J]. 文史哲，2004（02）.

[15] 董国辉. 经济全球化与"中心—外围理论" [J]. 拉丁美洲研究，2003（2）.

[16] 樊金挂，颜茹，何玉杰. 大力发展非公有制经济推动林业可持续发展 [J]. 西北农林科技大学学报（社会科学版），2004（1）.

[17] 范柏乃，朱华. 我国地方政府绩效评价体系的构建和实际测度 [J]. 政治学研究，2005（1）.

[18] 范智军. 广东乡村生态旅游开发探讨 [J]. 广东农业科学，2010（12）.

[19] 弓志刚，陈囿淞. 休闲产业发展规律研究 [J]. 商业研究，2011，408（04）.

[20] 郭鲁芳. 时间约束与休闲消费 [J]. 数量经济技术经济研究，2006（2）.

[21] 何俊，何王坤. 参与式方法在集体林权制度改革中的应用思考 [J]. 林业经济，2007（2）.

[22] 洪银兴，陈雯. 城市化模式的新发展 [J]. 经济研究，2000（12）.

[23] 胡冕. 行政服务中心建设的组织行为学分析市场周刊 [J]. 管理探索，2005（1）.

[24] 黄弘，陈爱娟. 我国建筑陶瓷产业战略转移因素分析 [J]. 中国陶瓷，2008（3）.

[25] 黄婕. 生态伦理视角下生态休闲的思考 [J]. 武汉电力职业技术学院学报，2010（8）.

[26] 黄仕红，宋小娥. 行政审批制度改革的法律思考 [J]. 人大研究，2002（4）.

[27] 康伟平. 排污权交易的中国实验 [J]. 财经，2003（9）.

[28] 兰州大学中国地方政府绩效评价中心课题组. 兰州试验：第三方政府绩效评价新探 [J]. 上海城市管理职业技术学院学报，2005（3）.

[29] 雷加富. 关于深化重点国有林区改革的几点思考 [J]. 林业经济，2006（8）.

[30] 李爱香.“产业品牌化、品牌产业化”打造产业集群——以浙江省嘉兴市为例 [J]. 企业经济, 2008, 333 (05).

[31] 李谋监, 周淑月. 台湾休闲农业之经营发展及其消费行为之研究 [J]. 台湾经济, 1993, 200.

[32] 李松志. 佛山禅城建筑陶瓷产业转移机理 [J]. 经济地理, 2007 (2).

[33] 李堂兵, 向阳. 行政审批改革的基本思路 [J]. 成都行政学院学报, 2002 (1).

[34] 李周. 私有林与中国林业发展 [J]. 林业经济问题, 2005 (3).

[35] 李周. 发展的含义及评价体系的演进与全面小康社会建设 [J]. 中国农村观察, 2006 (2).

[36] 李周. 政府的主要职责是推动落后地区的新农村建设 [J]. 调研世界, 2006 (10).

[37] 林金忠. 城市聚集经济理论及其演进 [J]. 经济评论, 2007 (4).

[38] 刘班. 1978—1997 年金寨县农户生产力发展与消除贫困问题研究——前沿生产函欲分析方法 [J]. 中国农村观察, 2004 (1).

[39] 刘璨, 吕金芝, 王礼权, 等. 集体林产权制度分析 [J]. 林业经济, 2007 (1).

[40] 刘力燕, 徐奇渊.“公地悲剧”与产权环保效应分析 [J]. 经济纵横, 2005 (1).

[41] 刘水良, 吴吉林, 田金霞. 湘鄂渝黔边区发展休闲旅游的思考 [J]. 资源开发与市场, 2008 (10).

[42] 刘水良, 吴吉林, 田金霞. 国内休闲旅游市场需求分析与营销策略——以张家界、凤凰为例 [J]. 怀化学院学报, 2010 (5).

[43] 刘伟平. 三明市集体林产权制度变迁研究明 [J]. 林业经济问题, 2006 (6).

[44] 刘文杰, 刘志晖. 中国行政审批制度改革的回顾与前瞻 [J]. 成都行政学院学报, 2009 (6).

[45] 马惠娣. 未来 10 年中国休闲旅游问题的若干思考 [J]. 旅游管理, 2002 (4).

[46] 毛艳华. 泛珠三角洲的产业分工和协调机制研究 [J]. 中山大学学报, 2005 (1).

[47] 倪星. 地方政府绩效评估指标的设计与筛选 [J]. 武汉大学学报（哲

学社会科学版），2007（2）．

[48] 彭国甫．地方政府公共事业管理绩效评价指标体系研究［J］．湘潭大学学报（哲学社会科学版），2005（3）．

[49] 曲格平．发展循环经济是 21 世纪的大趋势［J］．机电产品开发与创新，2001（6）．

[50] 荣仕星．关于我国行政审批制度改革的若干思考［J］．中共中央党校学报，2004（1）．

[51] 佘建国，孟伟．建立跨部门联办机制提高政府行政能力［J］．中国行政管理，2006（2）．

[52] 唐任伍，唐天伟．2002 年中国省级地方政府效率测度［J］．中国行政管理，2004（6）．

[53] 汪波，金太军．从规制到治理：我国行政审批制度改革的理念变迁［J］．上海行政学院学报，2003（2）．

[54] 王健．关于行政审批制度改革的若干思考［J］．广东行政学院学报，2001（6）．

[55] 王静．产业集群与区域创新融合发展的可行路径［J］．科技进步与对策，2009，26（22）．

[56] 王立群．林业生态工程实施中道德风险产生的根源及其防范［J］．北京林业大学学报，2006（12）．

[57] 王少波．解决清远陶瓷工业城发展中国问题的建议［J］．地区经济，2008（1）．

[58] 魏后凯．产业转移的发展趋势及其对竞争力的影响［J］．福建论坛，2003（4）．

[59] 吴德进．试论林业产权的特点与乡村集体林业产权制度的缺陷［J］．林业经济，1997（2）．

[60] 吴玲，梁学庆．农地使用制度创新的发展趋势及保障体系［J］．中国农业大学学报，2006（3）．

[61] 吴晓松．制度创新的理论的机制和应用研究［J］．经济问题探索，2006（4）．

[62] 刑铭，沈抚．同城化建设的若干思考［J］．城市规划，2007（10）．

[63] 徐斌．农村土地经营制度创新的又一次突破［J］．农业经济，2005（12）．

［64］徐菊凤．北京市居民旅游行为特征分析［J］．旅游学刊，2006（8）．

［65］徐菊凤．度假旅游者需求与行为特征——以中、俄赴三亚旅游者为例［J］．旅游学刊，2007（12）．

［66］徐湘林．行政审批制度改革的体制制约与制度创新［J］．国家行政学院学报，2002（6）．

［67］徐秀英，石道金．森林可持续经营的制度创新研究［J］．生态经济，2004（1）．

［68］徐秀英，石道金．集体林地产权制度变革的农户心态调查［J］．林业经济问题，2004（2）．

［69］徐秀英，马天乐，刘俊昌．南方集体林区林权改革之行政征用制度研究［J］．林业经济问题，2006（4）．

［70］徐秀英，尹润富，王峥嵘．南方集体林区林权明晰化研究［J］．浙江林学院学报，2006，23（1）．

［71］许兆君．国有林业产权制度改革的探索与前瞻［J］．中国林业，2006（08A）．

［72］杨干生，李金叶．环境商品消费与投资的心理学分析［J］．经济师，2003（7）．

［73］杨天宇．中外政府行政审批制度比较研究［J］．上海经济研究，2002（12）．

［74］杨天宇．政府行政审批制的经济学分析［J］．经济学家，2003（1）．

［75］杨文琪．城市居民生态旅游消费调查研究［J］．合作经济与科技，2010（397）．

［76］杨永．影响国内旅游需求因素的实证分析［J］．北方经济，2010（6）．

［77］姚铁明．江苏沿海发展生态休闲产业前景广阔［J］．科技创新导报，2011（5）．

［78］易成栋，谢海燕．建设中国生态工业园的必要性分析［J］．中国资源综合利用，2002（4）．

［79］尹红．论佛山陶瓷产业转移［J］．中国陶瓷，2007（10）．

［80］于江．度假旅游者需求与行为分析——以海滨度假旅游为例［J］．经济研究导刊，2010（96）．

［81］余德辉，王金南．循环经济21世纪的战略选择［J］．再生资源研究，2001（5）．

[82] 喻柔涓. 我国行政服务中心建设的组织社会学反思 [J]. 理论探讨, 2008 (3).

[83] 原小能. 国际产业转移规律和趋势分析 [J]. 上海经济研究, 2004 (2).

[84] 张春霞. 林业产权与社会利益之关系的讨论：林业产权制度研究之三 [J]. 林业经济问题, 1994 (4).

[85] 张春霞, 蔡剑辉. 集体林业产权制度改革的趋势 [J]. 林业经济, 1996 (4).

[86] 张建明. 行政服务中心法律问题研究 [J]. 法治研究, 2009, (2).

[87] 张静. 我国休闲旅游产品开发现状与对策分析 [J]. 生产力研究, 2006 (11).

[88] 张敏新, 肖平. 南方集体林区森林产权的界定与清晰 [J]. 林业经济问题, 1995 (5).

[89] 张正, 高岚. 南方集体林区林地产权制度历史变迁思考 [J]. 福建林业科技, 2007 (3).

[90] 中国人民银行宜春市中心支行课题组. 对高安市承接陶瓷产业梯度转移的调查与思考 [J]. 工作研究, 2008 (8).

[91] 周新楣. 对当前行政审批制度改革的几点思考 [J]. 四川行政学院学报, 2002 (5).

[92] 周志平. 杭州休闲产业的现状及发展对策 [J]. 商业时代, 2006 (27).

[93] 庄晨辉, 陈星, 李闽丽. 福建省滨海湿地生态旅游产品策划研究 [J]. 2007 (3).

[94] 卓越. 政府绩效评估的模式建构 [J]. 政治学研究, 2005 (2).

3. 报告

[1] 广东省环境保护局. 珠江三角洲和广东省环境保护规划（简报）[R]. 北京：中国环境规划院, 2003.

[2] 中国网络电视. 国务院召开深入推进行政审批制度改革工作电视电话会议 [R/OL]. 央视网, (2011-11-14).

4. 学位论文

[1] 艾斌. 企业迁移决策模型的研究 [D]. 长沙：长沙理工大学, 2006.

[2] 陈梦. 铁山国家森林公园生态旅游产品结构与可持续开发研究 [D].

成都：成都理工大学，2008.

［3］卢海英 . 佛山市行政审批制度改革实践研究［D］. 广州：中山大学，2008.

［4］王强 . 佛山陶瓷产业发展的研究［D］. 北京：对外经济贸易大学，2006.

［5］吴杰 . 行政服务中心的困境与出路——基于泉州市的实证分析［D］. 厦门：厦门大学，2009.

［6］张孝锋 . 产业转移的理论与实证研究［D］. 南昌：南昌大学，2006.

［7］周丽华 . 佛山陶瓷产业可持续发展研究［D］. 长春：吉林大学，2008.

5. 会议录

［1］刘伟平，陈钦 . 福建省人工商品林筹资能力研究［C］. 2004 年中国林业投融资国际研讨会，2023.

［2］赵红军，罗长远 . 交易效率、城市化与经济发展——理论预测与经验证据［C］. 第四届中国青年经济学者论坛论文集，2004.

6. 报纸

［1］高亚芳，王三北 . 休闲经济视角下的旅游产品供给［N］. 光明日报，2008-04-29.

［2］张希 . 休闲度假之供给特征［N］. 人民日报，2010-02-29.


二、英文文献

1. 专著

［1］BALLEISEN E J, MOSS D A. Government and Markets：Toward a New Theory of Regulation［M］. U. K：Cambridge University Press，2009.

［2］BERKEY L, FREY B S, STUTZER A. Happiness and Economics：How the Economy and Institutions Affect Human Well-Being［M］. Princeton：Princeton University Press，2002.

［3］COUNCIL R N. Estimating Mortality Risk Reduction and Economic Benefits from Controlling Ozone Air Pollution［M］. Cambridge，U. K：National Academies Press，2008.

［4］CARPENTER D. Confidence Games：How Does Regulation Constitute Markets?［M］. New York：Cambridge University Press，2009.

［5］DEATON A, FORTSON J, TORTORA R. Life（Evaluation），HIV/AIDS，and Death in Africa［M］. New York and Oxford：Oxford University Press，2010.

[6] DIENER E, LUCAS R E, SCHIMMACK U, et al. Well-Being for Public Policy [M]. New York and Oxford: Oxford University Press, 2009.

[7] GILBERT D T. Stumbling on Happiness [M]. New York: Alfred A. Knopf, 2006.

[8] HARTER J K, ARORA R. The Impact of Time Spent Working and Job fit on Well-Being Around the World [M]. New York and Oxford: Oxford University Press, 2010.

[9] KAHNEMAN D. Objective Happiness [M]. New York and Oxford: Russell Sage Foundation, 1999.

[10] KAHNEMAN D, SCHKADE D A, FISCHER C, et al. The Structure of Well-Being in Two Cities: Life Satisfaction and Experienced Happiness in Columbus, Ohio; and Rennes, France [M]. New York and Oxford: Oxford University Press, 2010.

[11] KAPLOW L, SHAVELL S. Fairness vs. Welfare [M]. Cambridge: Harvard University Press, 2002.

[12] KRUEGER A B, KAHNEMAN D, SCHKADE D, et al. National Time Accounting: The Currency of Life [M]. Chicago: The University of Chicago Press, 2009.

[13] LANE R E. The Loss of Happiness in Market Democracies [M]. New Haven: Yale University Press, 2001.

[14] MOSS D, JOHN C. New Perspectives on Regulation [M]. Cambridge, U. K: National Academies Press, 2002.

[15] NEUMARK D, WASCHER W L. Minimum Wages [M]. Cambridge: The MIT Press, 2008.

[16] SEN A. Development as Freedom [M]. New York and Oxford: Oxford University Press, 1999.

[17] SEN A. Commodities and Capabilities [M]. New York and Oxford: Oxford University Press, 1999.

[18] TRIBE J. The economics of leisure and tourism [M]. Oxford: Butterworth-Heinemann, 1999.

[19] WILHELMINE M, LISA A R, ROBERT S L. Valuing Health for Regulatory Cost-Effectiveness Analysis [M]. Washington, D. C: National Academies Press,

2006.

[20] WILIAM D N, KOKKELENBERG E C. Nature's Numbers: Expanding the National Economic Accounts to Include the Environment [M]. Cambridge, U. K.: National Academies Press, 1999.

[21] WARR P. Well-Being and the Workplace [M]. New York: Russell Sage Foundation, 2003.

2. 期刊

[1] ACEMOGLU, DARON, ANGRIST, et al. Consequences of Employment Protection? The Case of the Americans with Disabilities Act [J]. Journal of Political Economy, 2001, 109 (5).

[2] ANTHONY V. Behavioral Economics in Federal Regulation [J]. Yale Journal on Regulation, 2010, 27 (1).

[3] BANERJEE A V, DUFLO E. The Experimental Approach to Development Economics [J]. Annual Review of Economics, 2009 (1) .

[4] BERMAN E, BUI L T. Environmental Regulation and Labor Demand: Evidence from the South Coast Air Basin [J]. Journal of Public Economics, 2001 (79).

[5] BERMAN E, BUI L T. Environmental Regulation and Productivity: Evidence from Oil Refineries [J]. The Review of Economics and Statistics, 2001, 83 (3).

[6] BERTRAND M, KRAMARZ F. Does Entry Regulation Hinder Job Creation? Evidence from the French Retail Industry [J]. The Quarterly Journal of Economics, 2002, 117 (4).

[7] BLANCHFILOWER D G, OSWALD A J. Well-Being Over Time in Britain and the USA: Hypertension and Happiness Across Nations [J]. NBER Working Paper, 2007.

[8] BLANCHFILOWER D G, OSWALD A J. International Happiness [J]. National Bureau of Economic Research Working Paper Series, 2010.

[9] BLOOM D E, CANNING D, SEVILLA J. The Effect of Health on Economic Growth: A Production Function Approach [J]. World Development, 2004, 32 (1).

[10] BRUNNERMEIER S B, LEVINSON A. Examining the Evidence on Environmental Regulations and Industry Location [J]. The Journal of Environment and De-

velopment, 2004, 13 (1).

[11] COOKE A J, POLUNIN N V C, MOCE K. Comparative assessment of stakeholder Management in traditional Fijian fishing grounds [J]. Environment Conservation, 2000, 27 (3).

[12] CHAY K Y, GREENSTONE M. Does Air Quality Matter? Evidence from the Housing Market [J]. Journal of Political Economy, 2005, 113 (2).

[13] CLARK A, FRIJTERS P, SHIELDS M A. Relative Income, Happiness and Utility: An Explanation for the Easterlin Paradox and Other Puzzles [J]. Journal of Economic Literature, 2008, 46 (1).

[14] COHE D, SOTO M. Growth and Human Capital: Good Data, Good Results [J]. Journal of Economic Growth, 2007 (12) .

[15] COLE M A, ELLIOT R J. Do Environmental Regulations Cost Jobs? An Industry-Level Analysis of the UK [J]. Journal of Economic Analysis & Policy, 2007, 7 (1).

[16] CHRISTINE J. Accommodation Mandates [J]. Stanford Law Review, 2000 (53) .

[17] DIENER B, VITTERSO J, DIENER E. The Danish effect: Beginning to explore high well-being in Denmark [J]. Social Indicators Research, 2010 (97) .

[18] DAN C. Protection without Capture: Dynamic Product Approval by a Politically Responsive, Learning Regulator [J]. American Political Science Review, 2004, 98 (4).

[19] DEATON A. Income, Health, and Well-Being Around the World: Evidence from the Gallup World Poll [J]. Journal of Economic Perspectives, 2008, 22 (2).

[20] DEAN T J, BROWN R L, STANGO V. Environmental Regulation as a Barrier to the Formation of Small Manufacturing Establishments: A Longitudinal Examination [J]. Journal of Environmental Economics and Management, 2000, 40 (1).

[21] DJANKOV S, LA PORTA R, FLORENCIO L D S, et al. The Regulation of Entry [J]. Quarterly Journal of Economics, 2002, 107 (1).

[22] DYNAN K E, RAVINA E. Increasing Income Inequality, External Habits, and Self-Reported Happiness [J]. American Economic Review, 2007, 97 (2).

[23] ENGELBRECHT H J. Natural Capital, Subjective Well-Being, and the

New Welfare Economics of Sustainability: Some Evidence from Cross-Country Regressions [J]. Ecological Economics, 2009, 69 (2).

[24] GRAY W B, SHADBEGIAN R J. Environmental Regulation, Investment Timing, and Technology Choice [J]. The Journal of Industrial Economics, 1998, 46 (2).

[25] GREENSTONE, MICHASEL. The Impacts of Environmental Regulations on Industrial Activity: Evidence from the 1970 and 1977 Clean Air Act Amendments and the Census of Manufacturers [J]. Journal of Political Economy, 2002, 110 (6).

[26] GODOY R, KIRBY K, WILKIE D. Tenure security, private time preference, and use of natural resources among lowland Bolivian Amerindians [J]. Ecological economics, 2001, 23 (1).

[27] HAGERTY M, VEENHOVEN R. Wealth and Happiness Revisited – Growing National Income Does Go with Greater Happiness [J]. Social Indicators Research, 2003 (64).

[28] HARRINGTON W. Grading Estimates of the Benefits and Costs of Federal Regulation [J]. Social Science Electronic Publishing, 2006.

[29] HAHN R W, HIRD J A. The Costs and Benefits of Regulation: Review and Synthesis [J]. Yale Journal on Regulation, 1991 (8).

[30] HARRINGTON W. Grading Estimates of the Benefits and Costs of Federal Regulation [J]. Social Science Electronic Publishing, 2006.

[31] IFCHER J, ZARGHAMEE H. Happiness and Time Preference: The Effect of Positive Affectin in Random-Assignment Experiment [J]. American Economic Review, 2011.

[32] Ii C L B. The Effect of State Maternity Leave Legislation and the 1993 Family and Medical Leave Act on Employment and Wages [J]. Labour Economics, 2003, 10 (5).

[33] INGLEHAT R, FOA R, PETERSON C, et al. Development, Freedom, and Rising Happiness: A Global Perspective (1981—2007) [J]. Perspectives on Psychological Science, 2008 (3).

[34] ISEN A M. Positive Affect, Cognitive Processes, and Social Behavior [J]. Advances in Experimental Social Psychology, 1987, 20 (1).

[35] JONATHAN G. The Incidence of Mandated Maternity Benefits [J]. Ameri-

can Economic Review, 1994, 84 (3).

[36] JAFFE A B, et al. Environmental Regulation and the Competitiveness of U. S. Manufacturing: What Does the Evidence Tell Us? [J]. Journal of Economic Literature, 1995, 33 (1).

[37] JAFFE A B, PALMER K L. Environmental Regulation and Innovation: A Panel Data Study [J]. Review of Economics and Statistics, 1997, 610 (9).

[38] JAFFE A B, STAVINS R N. The Energy Paradox and the Diffusion of Conservation Technology [J]. Resource and Energy Economics, 1994, 16 (91).

[39] JORGENSON D W, WILCOXEN P J. Environmental Regulation and U. S. Economic Growth [J]. RAND Journal of Economics, 1990, 21 (2).

[40] KAHN M E. The Beneficiaries of Clean Air Act Regulation [J]. Regulation Magazine, 2001, 24 (1).

[41] KRUEGER A B. Measuring the subjective well-being of nations : national accounts of time use and well-being [J]. Nber Books, 2009, 66 (4).

[42] KAHN M E. Particulate Pollution Trends in the United States [J]. Journal of Regional Science and Urban Economics, 1997 (27) .

[43] KAHNEMAN D, DEATON A. High Income Improves Evaluation of Life But Not Emotional Well-Being [J]. Proceedings of the National Academy of Sciences, 2010, 107 (38).

[44] KAHNEMAN D, KRUEGER A B, SCHKADE D, et al. Toward National Well-Being Accounts [J]. American Economic Review, 2004, 94 (2).

[45] KAMENICA, EMIR, MULLAINATHAN, et al. Helping Consumers Know Themselves [J]. American Economic Review: Papers & Proceedings, 2011, 101.

[46] KELLER W, LEVINSON A. Pollution Abatement Costs and Foreign Direct Investment Inflows to U. S. States [J]. The Review of Economics and Statistics, 2002, 84 (4).

[47] KRUEGER A B, SCHKADE D A. The Reliability of Subjective Well-Being Measures [J]. Journal of Public Economics, 2008, 92 (8-9).

[48] KOLSTAD C D, XING Y. Do Lax Environmental Regulations Attract Foreign Investment? [J]. Environment and Resource Economics, 2002, 21 (1).

[49] LANOIE P, PATRY M, AJEUNESSE R. Environmental Regulation and Productivity: Testing the Porter Hypothesis [J]. Journal of Productivity Analysis,

2008, 30.

[50] LEVINSON A, TAYLOR M S. Unmasking the Pollution Haven Effect [J]. International Economic Review, 2008, 49 (1).

[51] LIST J A, MILLIMET D L, FREDRIKSSON P G, et al. Effects of Environmental Regulations on Manufacturing Plant Births: Evidence from a Propensity Score Matching Estimator [J]. The Review of Economics and Statistics, 2003, 85 (4).

[52] LUTTMER E F P. Neighbors as Negatives: Relative Earnings and Well Being [J]. The Quarterly Journal of Economics, 2005, 120 (3).

[53] LEWIN S B. Economics and Psychology: For Our Own Day From the Early Twentieth Century [J] Journal of Economic Literature, 1996, 9 (XXX IV).

[54] MORGENSTERN R D, PIZER W A, SHIH J S. Jobs Versus the Environment: An Industry-Level Perspective [J]. Journal of Environmental Economics and Management, 2002, 43.

[55] MATTHEW A, ERIC A P. Happiness Research and Cost-Benefit Analysis [J]. Journal of Legal Studies, 2008, 37 (S2).

[56] OLIVIER B, FRANCESCO G. Macroeconomic Effects of Regulation and Deregulation in Goods and Labor Markets [J]. The Quarterly Journal of Economics, 2003, 118 (3).

[57] OSWALD, ANDREW, J, et al. Measures of Human Well-Being: Evidence from the U. S. A. [J]. Science, 2010, 327.

[58] OLIVIER B, FRANCESCO G. Macroeconomic Effects of Regulation and Deregulation in Goods and Labor Markets [J]. The Quarterly Journal of Economics, 2003, 118 (3).

[59] OSWALD, ANDREW, J, et al. Measures of Human Well-Being: Evidence from the U. S. A. [J]. Science, 2010, 327.

[60] PORTA R L, LOPEZ-DE-SILANES F, SHLEIFER A. Corporate Ownership around the World [J]. Journal of Finance, 1999, 54 (2).

[61] PEOPLES J. Deregulation and the Labor Market [J]. Journal of Economic Perspectives, 1998, 12 (3).

[62] PUHM J C. The Economic Consequences of Parental Leave Mandates: Lessons From Europe [J]. The Quarterly Journal of Economics, 1998, 113 (1).

[63] RANDY B, VERNON H. Effects of Air Quality Regulation on Polluting Industries [J]. Journal of Political Economy, 2000, 108 (2).

[64] REMA, HANNA. US Environmental Regulation and FDI: Evidence from a Panel of US-Based Multinational Firms [J]. American Economic Journal: Applied Economics, 2010, 2 (3).

[65] RABIN M. Psychology and Economics [J] Journal of Economic Literature, 1998, 3 (XXX VI).

[66] STEVENSON B, WOLFERS J. Happiness Inequality in the United States [J]. Journal of Legal Studies, 2008b, 37 (S2).

[67] STONE A A, SHIFFMAN S, SCHWARTZ J E, et al. Patient Non-Compliance with Paper Diaries [J]. British Medical Journal, 2002, 324 (7347).

[68] SUMMERS H L. Some Simple Economics of Mandated Benefits [J]. The American Economic Review, 1989, 79 (2).

[69] STEL V A, STOEY J D, THURIK R A. The Effect of Business Regulations on Nascent and Young Business Entrepreneurship [J]. Small Business Economics, 2007, 28 (2/3).

[70] THOMAS E B, PO,, EREHNE W W, SCHNEIDER F. Comparing the Efficiency of Private and Ferris, James. The Decision to Contract Out: An Empirical Analysis [J]. Urban Affairs Quarterly, 1986 (12) .

[71] TING C M M. Regulatory Errors with Endogenous Agendas [J]. American Journal of Political Science, 2007, 51 (4).

[72] TEMPLE J. The New Growth Evidence [J]. Journal of Economic Literature, 1999, 37 (1).

[73] WHITE A, MARTIN A. Who Owns the Worlds Forests-Forest Tenure and Public Forests in Transition [J]. Forest Trends, 2002.

[74] WALDFOGEL J. The Impact of the Family and Medical Leave Act [J]. Journal of Policy Analysis and Management, 1999, 18 (2).

[75] WALKER W R. Environmental Regulation and Labor Reallocation: Evidence from the Clean Air Act [J]. American Economic Review: Papers & Proceedings, 2011, 101 (3).

[76] XAVIER G, DAVID L. Shrouded Attributes, Consumer Myopia, and Information Suppression in Competitive Markets [J]. Quarterly Journal of Economics,

2006（2）．

3. 报告

［1］ Advisory Commission on Intergovernmental Relations. Significant Features of Fiscal Federalism ［R］. Washington, D. C.: U. S. Government Printing Office, 1987.

［2］ CURTIS W C. How Agencies Monetize "Statistical Lives" Expected to Be Saved By Regulations, CRS Report for Congress ［R］. Congressional Research Service, 2010.

［3］ Environmental Protection Agency. Valuing Mortality Risk Reductions for Environmental Policy: A White Paper ［R/OL］. （2010-11-10） http: //yosemite. epa. gov/ee/epa/eerm. nsf/vwAN/EE-0563-1. pdf/ $ file/EE-0563-1. pdf.

［4］ FULLERTON D. Six Distributional Effects of Environmental Policy. NBER Working Paper 16703 ［R］. Cambridge, Mass: National Bureau of Economic Research, 2011.

［5］ GOODSTEIN E B. Jobs and the Environment: the Myth of a National Trade-Off ［R］. Washington, D. C.: Economic Policy Institute, 1994.

［6］ GREENSTONE M, LIST J, SYVERSON C. The Effects of Environmental Regulation on the Competitiveness of U. S. Manufacturing ［R］. Suitland: U. S. Census Bureau Center for Economic Studies, 2011.

［7］ MICHAEL G. Toward a Culture of Perisistent Regulatory Experimentation and Evaluation ［R］. Cambridge, MA: The Tobin Project, Inc. , 2009.

［8］ NORDHAUS W D. Principles of National Accounting For Non-Market Accounts ［R/OL］. （2004-02-06）．

［9］ STEVENSON B, WOLFERS J. Economic Growth and Happiness: Reassessing the Easterlin Paradox ［R］. Washington: Brookings Institution, 2008a.

4. 会议录

［1］ URRY J. The Tourist Gaze: Leisure and Travel in Contemporary Society ［C］ // Sites of Memory, Sites of Mourning: the Great War in European Cultural History. History: Reviews of New Books, 1990.

5. 电子资源

［1］ DALE L, ANTINORI C, MCNEIL M, et al. Retrospective Evaluation of Declining Prices for Energy Efficient Appliances: Proceedings of the ACEEE 2002 Summer Study on Energy Efficiency in Buildings ［EB/OL］. （2002-08-23）．

# 后 记

本书是在笔者承担的多项政府委托研究项目的基础上撰写而成的。这些项目涵盖了广东省改革开放以来的制度创新的方方面面，既是中国特色制度设计与创新的重要组成部分，更是其中的先试先行者。不仅能从中窥得广东省制度创新之一斑，亦可成中国特色制度创新之一瞥。倘能在经验总结与传播中尽绵薄之力，当是笔者之大幸。

当今世界风云诡谲，当是人类社会历史长河中出现大变革之前兆。从中华人民共和国建立之始，即展现其优越制度之光彩。从一贫如洗、列强环伺、岌岌可危之弱国，经 30 年之奋斗，终能建立起基本齐全的工业部门，成功拥有"两弹一星"，以独立自主之势站立起来。又经改革开放 40 余年，乘世界经济全球化之东风，强势崛起为世界最大、部门最全的制造业大国，成为世界第二大经济体，开始强大起来。如此迅速崛起，不可谓不是奇迹，不可谓不是"制度优势"。

未来世界，终有我中国崭露头角之时。西方所谓之普世价值，终成笑谈。试想中华文明再现辉煌之时，当能见"中国特色制度设计与创新"于世界文明嬗变中之浓墨重彩，而中华民族伟大崛起之"中国梦"终将实现，自不待言。

此时此刻，伟人诗词萦回耳际："惜秦皇汉武，略输文采。唐宗宋祖，稍逊风骚。一代天骄，成吉思汗，只识弯弓射大雕。俱往矣，数风流人物，还看今朝。"

感谢华南师范大学国际商学院提供的良好治学育人环境，感谢领导和同事的支持鼓励，也感谢家人的支持陪伴。

杨干生

2023 年 5 月